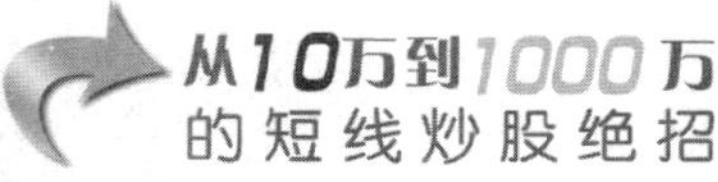

中国书刊发行业协会“全行业优秀畅销品种”

跟庄就这几招

跟庄实战技法必读全书

第3版

老 金◎主编

中国纺织出版社

内容提要

本书深入分析讲解股票交易中散户跟随庄家的各个环节、技巧，详细解剖庄家在操盘过程中使用的各种操作手法、操作技巧和盘面现象。通过阅读本书，投资者可以洞察庄家的操作思路和操作策略，学会从K线走势图、成交量的特征来判断一只股票是否有庄家入驻，了解庄家在不同阶段的操盘动态，准确判断庄家动作的意图，及时做出买进卖出的操作决策。本书是广大投资者识破庄家意图和跟庄获利的利器，也是投资者全面认识庄家以及在实战操作中判断庄家意图、跟庄获利的实用参考书。

图书在版编目（CIP）数据

跟庄就这几招 / 老金主编．—3版．—北京：中国纺织出版社，2015.5（2025.6重印）

ISBN 978-7-5180-1561-0

Ⅰ.①跟…　Ⅱ.①老…　Ⅲ.①股票投资—基本知识
Ⅳ.①F830.91

中国版本图书馆CIP数据核字（2015）第085461号

策划编辑：曹炳镝　　责任印制：储志伟

中国纺织出版社出版发行
地址：北京市朝阳区百子湾东里A407号楼　邮政编码：100124
销售电话：010—67004422　传真：010—87155801
http://www.c-textilep.com
E-mail:faxing@c-textilep.com
中国纺织出版社天猫旗舰店
官方微博 http：//weibo.com/2119887771
大厂回族自治县益利印刷有限公司印刷　各地新华书店经销
2010年1月第1版　2015年5月第3版
2025年6月第8次印刷
开本：710×1000　1/16　印张：15
字数：205千字　定价：58.00元

PREFACE | 前言

股市具有一定的投机性，有的股票换手率极高，股价往往被各类庄家机构所操纵。即便是原本毫无投资价值业绩亏损的个股，有时候也往往因庄家资金的操作而业绩飘红。所以股市各只股票的业绩有时候不取决于企业的实际经营绩效，而是取决于庄家资金是否眷顾；股票投资人有时所获取的也不是上市公司的业绩成长回报，而是通过交易获取差价。“大鱼吃小鱼、小鱼吃虾米”，庄家在想方设法挣散户的钱，散户若想不被吃，跟庄是一个赢利方法。

现今大多数股民都或多或少懂一点技术分析。由于各种技术指标严重失真，这反而又成了庄家欺骗散户的工具。所以，洞察庄家的盘面举动，了解庄家的操作内幕和操作手法，就成了散户投资者获取利益、战胜庄家的必要条件。

当然，同样作为投资者，有些人可以从中不断地获取利润，而有些人却在股市投资中屡屡亏损。很多投资者仅仅学习了各种各样的炒股技巧，甚至把投资理念背得滚瓜烂熟，但却无法跑赢大盘，甚至在牛市行情中也忍受着套牢和亏损带来的痛苦与煎熬。其实，投资者要想在股市中赢利，在股市中生存下来并战胜这个市场，就必须做到知己知彼。也就是说，不仅要了解自己，还要了解对手——庄家，了解庄家在做什么，庄家的意图是什么。而投资者要想摸清庄家的底细，就必须学会跟庄，在跟庄的过程中了解庄家的操作手法。

本书从不同侧面深度剖析了庄家行为，教会读者全面了解庄家的操盘手法和盘面特征，快速洞察市场中有关庄股的美丽谎言和陷阱，从而看透庄家，借力庄家，最终实现自己财富的增值。

在编写本书的过程中，我们力求内容全面、系统，但还是难免会有一些错误和疏漏，欢迎读者提出宝贵的意见和建议，以便在以后的修订工作中借鉴和修正。

编者

2015 年 3 月

CONTENTS | 目录

第一章 会跟庄的散户能赚钱

第二章 擒贼擒王：初识庄家真面目

第三章 跟庄准备：庄家建仓需盯紧

第四章 盘口解密：庄家试盘和洗盘

第五章 依傍庄家：拉升出货获利多

第六章 跟庄策略：不同市道不同跟法

第七章 跟庄细节：不可不知的八大技巧

第八章 谨防庄家陷阱与骗术

第一章

会跟庄的散户能赚钱

第一节　股市本质：庄家和散户的博弈

一、认识庄家

庄家是指能影响股市行情的大户或机构投资者。庄家资金量大，能控制个股走势，甚至能影响股市中短期走势。理论上庄家资金应占其入驻股票——庄家操盘个股（以下简称“庄股”）发行量的50%以上。但在实践中，还要视股票品种和各类庄家持仓结构而定，庄家控盘量不一定达到50%，一般10% ~ 30%即可控盘。图1-1为“一带一路”概念股停盘前2015年3月27日中国南车的分时图，图中，大单买卖比例高达90%，小单只有6%。说明中国南车由强庄在控盘。

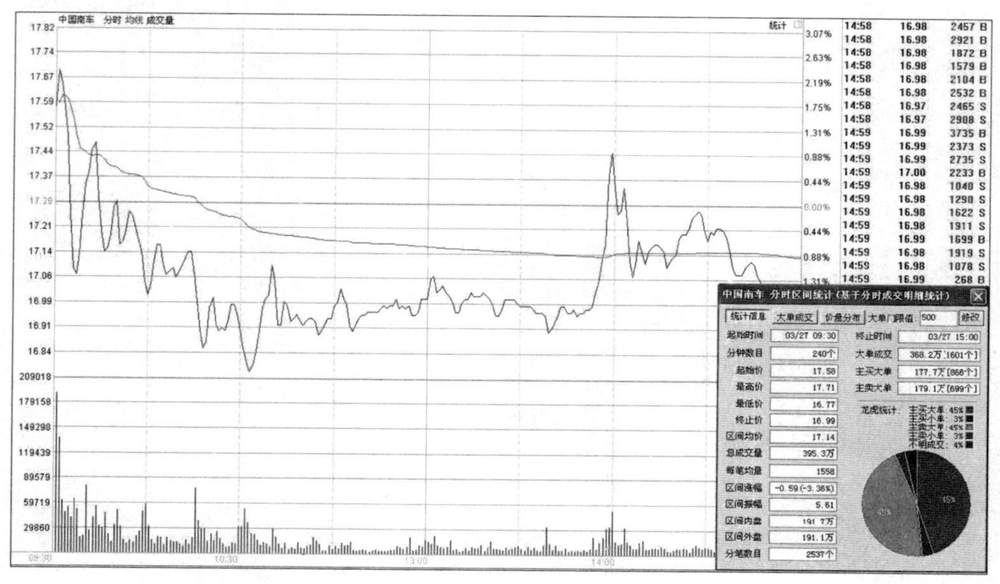

图1-1　中国南车2015年3月27日分时图

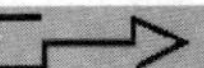

二、了解散户

散户有狭义和广义区分。狭义的散户是指股市中那些投入资金量较小的个人投资者。广义的散户是相对于机构而言的，个人投资者（无论资金的多少）都可以称为散户。这主要是因为，无论个人拥有多少资金，在资本市场面前都是极其少量的。散户的主要构成为工薪阶层、职员、退休人士、在读学生以及有一定资本的个体投资人等。图 1–2 为 2015 年 3 月 27 日航天电器的分时图，图中，大单买卖比例只有 15%，小单高达 82%。说明这是一只弱庄股，或是一只经过周密伪装的强庄股，庄家的性质有待通过其他指标研判。

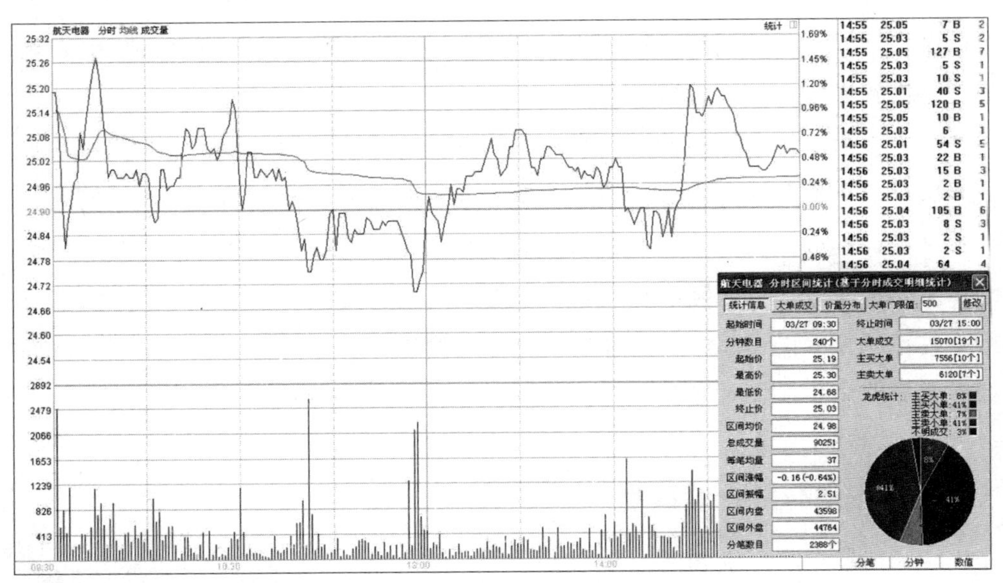

图 1–2　航天电器 2015 年 3 月 27 日分时图

三、庄家的特点

庄家的特点如下：

（1）财力雄厚。要在股市上做庄家，起码要有上亿元甚至上数十亿元的资金，可见，财力雄厚是做庄家的基本条件。

（2）以市场为对手。机构调动巨量资金杀向股市，无非是要赚钱。庄家要赚钱必然有人输钱。为此，庄家就必然要以市场为对手，千方百计把市场上小户的钱“抢”到自己手中。

（3）用各种手段影响甚至操纵股票价格。庄家影响股价走势的手法层出不穷，庄家的水平高低，反映在这些手法的高明与否，它直接影响庄家的利润。

（4）以获利为目的。庄家调动巨额资金，苦心经营，无非就是想获利。

四、散户的特点

在证券市场上，散户的投资额较少，缺乏计划性，无定则，组织松散，彼此间关联不大，是完全依行情而动的小额投资者。散户通常由个人投资者组成，人数很多，但每户投资额较少。

散户在投资活动中虽然不是影响行情变化的庄家，但也是股市中不可缺少的组成部分，而且在每次股价涨跌波动中起着一定的推波助澜的作用；同时，散户又往往是大户及做手获利之后的牺牲品和侵吞对象。因此，散户在股市中的命运是很难预料的，除非精明强干，能够克制自己的冲动，一般散户大多抵挡不住市场气氛的诱惑，往往在行情上涨时抢进，而在行情下跌时卖出，从而经常成为股市中的牺牲者。

五、庄家与散户的区别

庄家与散户的区别如下：

（1）庄家做一只股票要用一年甚至几年，散户做一只股票只做几周甚至几天。

（2）庄家用几亿、数十亿做一只股票，散户用几万、几十万或者数百万做十几只股票。

（3）庄家一年做一两只股就大功告成，散户一年做几十只股、上百只股还心有不甘。

（4）庄家喜欢集中资金打歼灭战，做一个成一个；散户喜欢买多只个股作分散投资，有的赚，有的赔，最终没赚多少。

（5）庄家在炒作一只股票时对该股的基本面、技术面要做长时间的详细调查、分析，制订了周密的计划后才敢慢慢行动；散户看着计算机屏幕，三五分钟即可决定买卖。

（6）庄家特别喜欢一些较冷门的板块或个股，将其由冷炒热赚钱；散户总喜欢一些当前最热门的个股，由热握到冷而赔钱。

（7）庄家虽然有资金、信息等众多优势，但仍然不敢对技术理论掉以轻心，道琼斯理论、趋势理论、江恩法则等基础理论早已烂熟于心；散户连K线理论都没能很好地掌握，就开始宣扬技术无用论。

跟庄秘籍

正是由于有着与散户截然不同的思维方式和操作方式，庄家最终成为市场的赢家。如果我们散户也能谦虚地向庄家学习，学习他们的思维方式、操盘技巧、耐心的心态，最后以其人之道还治其人之身。不久的将来，我们也会成为市场的大赢家。到那时，庄家只能感叹：“聪明的散户越来越多了！”

第二节　了解庄家与散户的优势和劣势

一、庄家的优势和劣势

1. 庄家的优势

庄家具有如下几个方面的优势：

（1）思维超前。庄家比散户占优，因为庄家的动作往往领先于散户一步，在把握大盘走势方面尤其如此，当大盘狂跌，跌到极点，散户们都在大举抛售时，庄家却在调集巨额资金悄悄杀入建仓。而在牛市中个股炒得最为火爆，散户们都在纷纷买进杀入时，庄家却在抛售股票悄悄出货。往往庄家会在拉升或出货之后，更多地分析大多数散户的心态，了解公众传媒对投资的建议，并根据市场中投资者的心态及相应的市场行为来确定下一步的操作策略，所以在思维上总比散户快一拍。图 1–3 为 2014 年 1 月 10 日秦川机床的 K 线图，当股价跌至底部时，高达 57% 的小单纷纷卖出。当散户们纷纷抛盘时，庄家却杀入建仓，此后股价一路飙升。

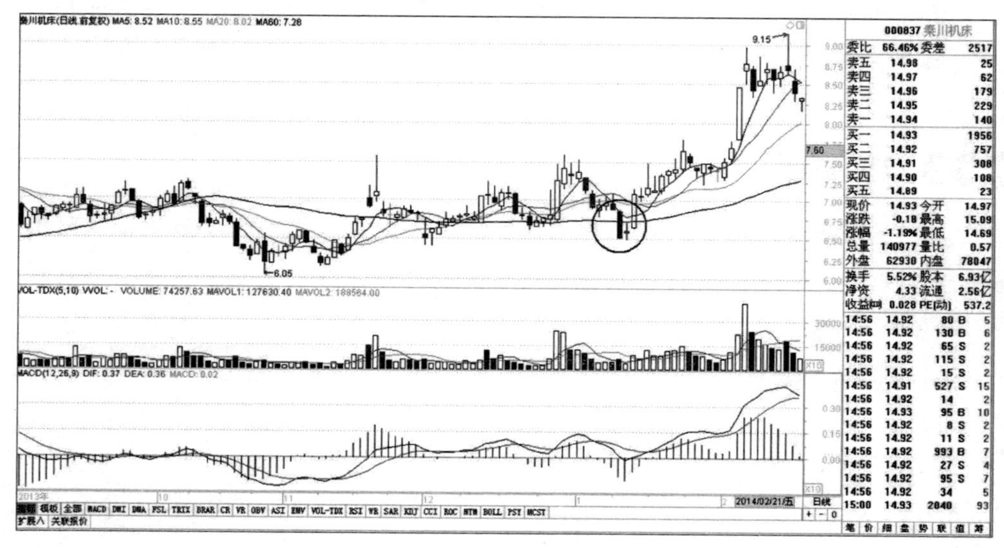

图 1–3　2014 年 1 月 10 日秦川机床的 K 线图

（2）资金优势。相对于散户而言，庄家最大的优势就是资金优势。拥有大量资金，要往上做，可以将筹码变现；往下做，则可以将资金变筹码。如果将一只股票“统吃”，完全控盘后，再差的垃圾股都可以变成横冲直撞的黑马。拥有大量资金，便占据了主动地位，可以造市，在股市中呼风唤雨。

（3）控制消息。消息本身就是左右股价的催化剂。在多头市场里，利空消息的出现可能会是牛市行情的尽头。在空头市场里，利好消息的出现也许会是下跌行情的结束。在股市中谁能较快、较准确地掌握消息，就等于掌握了市

场的节奏。消息闭塞是散户投资者的软肋，往往当散户得到消息时，股价早已有了较大幅度的变化，使得散户无法及时采取相应的操作策略来进行补救。而对于庄家来讲，消息灵通恰恰又是他们的一大优势，因为他们总能从各种渠道提前得到自己所需要的消息，并根据其对市场的影响制定出相应的操作策略。有时庄家还擅长向市场散布假消息，来误导散户投资者上当，从而隐藏他们高抛低吸的目的（图 1–4）。

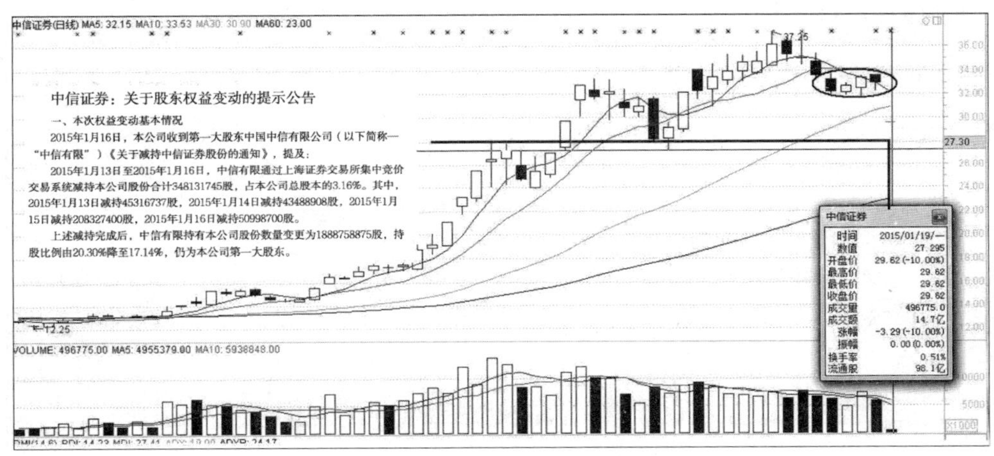

图 1–4　中信证券大股东提前减仓

（4）人才方面的优势。庄家炒作股票要有一批高水平的操盘手和精通股市基本面和技术面的人才。因此，优秀的操盘手、政策研究员、行业分析师以及高级公关人才等，都是庄家重点招揽的对象。对于大型投资资金和券商而言，他们具备天然人才优势。

（5）反向操作手法的应用。在散户们的眼里，图表便是股市的掌纹，而纵横交错的曲线就是市场中的生命线。所以无数的技术理论也就成了投资者完全信赖的分析方法，但是在震荡起伏的市场中，技术分析也是庄家可反向操作的工具。大家经常会见到某只股票按照技术图形该涨不涨反而大跌，或者该跌不跌反而大涨的情况出现。其实这大多是庄家利用散户熟知的技术分析来反向操作所致。他们还利用一般散户对股市价格的运动规律难以深入研究，以及对反技术手法不能有效确认的特点，使之误入一个又一个陷阱中，有时甚至连一些颇有技术分析知识的投资者也成为此类陷阱的受害者，反向操作法除了反技术操作，还有反趋势操作，总之是逆向思维与散户博弈。可见，庄家在技术上的应用水平要远远优于散户。图 1-5 为经营远洋航运、船舶租赁等业务的中海发展的 K 线图，在股市整体形势看好，且“一带一路”、沿海各“自贸区”等利好政策轮番出台，相关概念股一轮轮飙升的情况下，中海发展只有一次较大的涨幅，3 月 18 日以后的中海航运不涨反跌，且跌跌不休，体现了庄家的深谋远虑和反向操作意图。

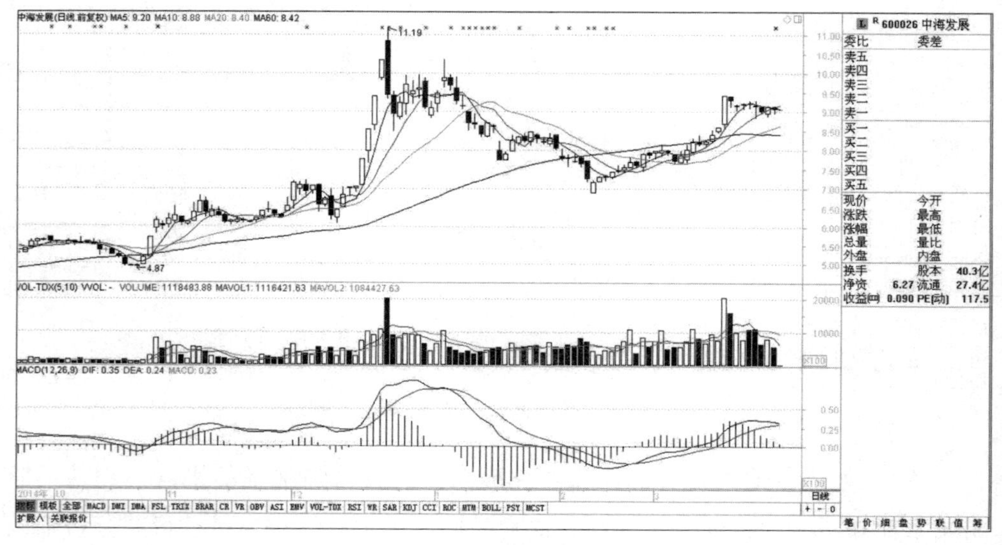

图 1-5 中海发展的反趋势操作

2. 庄家的劣势

（1）面对诸多对手，疲于应付。在股市中，庄家可称得上是“万人敌”，既要面对最广大的散户投资者，还要面对拥有可观资金的大户，甚至其他可相匹敌的机构投资者也可能入驻。尤其是一些身经百战、经验老到的大户高手，往往先于庄家建仓，早已抄到大盘或个股的底部，只待庄家来入驻。这路高手成为庄家的克星。

（2）庄家最难的是出货。庄家入驻后，必须持有 30% ~ 50% 的筹码，甚至是将筹码“统吃”以后，才能控制股价的走势。当庄家把股价拉抬到目标价位后，面临的难题就是派发出货，将账面利润变为实在的赢利。然而，出货谈何容易？如果此时大市向上、利多，则可能出货会比较顺利。而一旦大盘居高位，成交量萎缩，则出货十分困难；如果大盘调整时出货，那庄家只得跳水了。

跟庄秘籍

有的庄家因缺乏细致的调查研究，计划部署欠周全，入驻以后反将自己套牢。这是因为，一是选错个股，炒作的因由不为市场认可，导致无人跟风；二是有的庄家在介入个股后，不研究大市和波段，迷恋手中股票，夸大个股利好，以致逆势狂拉，导致股价高企而无人问津，时间越长，成本越高，账面赢利逐渐消失，终被套牢。如果资金为短期拆借而来，只能是亏损斩仓出局。

二、散户的优势和劣势

1. 散户的优势

股市中，散户投资者也有许多庄家所没有的优势，比如散户有快捷灵活的优势、易于操作的优势，另外还有一个得天独厚的优势，那就是时间成本的优势。庄家的资金虽然强大，但都是有时间成本的，而且绝大部分资金的利息高于同期贷款利息。这些资金在短时间内确实能发挥强大的威力，但是，天长日久，庄家就不堪重负了。市场中常会出现这样的现象，每到长假来临，都会有部分流动性强的庄家资金撤出股市，这就是时间成本造成的结果。

散户则完全不同，散户由于资金数额小，时间成本很低，几乎可以忽略不计。即使有好事的散户自己计算时间成本，那也不过是账面上的，用不着真的支付高息，更没有严格的期限要求。

一般来说，不管庄家是盈是亏，散户只要掌握好时机跟住庄，便可大赚一把。图 1–6 为 2014 年下半年招商银行的 K 线图，因为只要操盘，庄家就会有拉抬，这就是散户的机会。有突发利空的时候，庄家很难逃脱，散户则易如反掌。散户是不可能被套的，如果套住，那是散户自愿留在套里，否则散户可认亏随时出来。“留得青山在，不怕没柴烧”，亏的还可赚回来。留在套里等解套是散户愚蠢的通病。这种与个股共存亡的心理，在追随庄家的赚钱法则里是不可取的。出来，认亏，寻找新的升浪或等待时机，这才是散户的赚钱之道，这才能充分发挥散户资金量小、易于操作的优势。

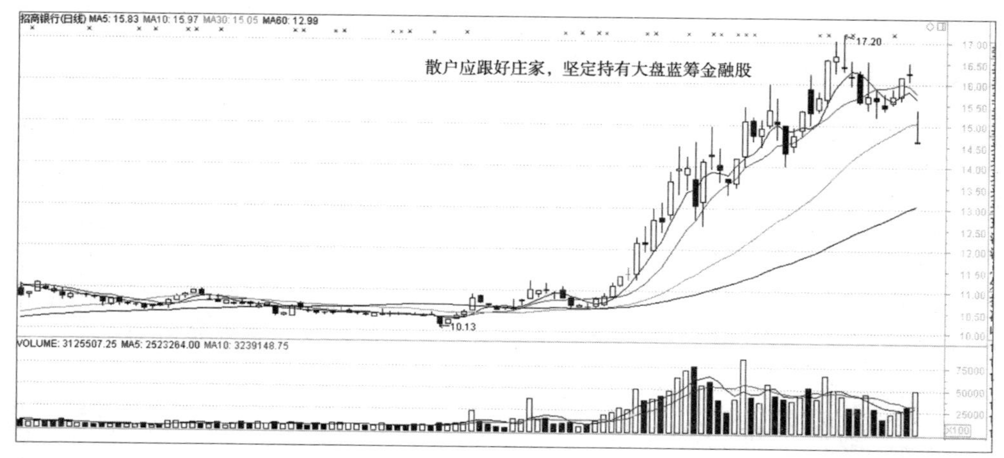

图 1-6　散户跟庄家一致

2. 散户的劣势

散户对政策、信息掌握的能力较差，消息得到较晚；对股市技术分析理论的研判远远落后于庄家机构。散户操作股票的依据为一知半解的技术分析方法或某股票理论，股评舆论的推荐介绍，朋友推荐介绍，传言、小道消息，感觉。这些依据均有极不负责任的误导性。还有盲从跟风，心态脆弱，常无主见，无原则，无纪律，各自为战等。与有实力的庄家机构相比较，可以说散户的劣势与生俱来。

跟庄秘籍

散户并非如通常所设想的那样表现出低水准，在他们的理解范围内往往能对上至国家宏观经济政策、行业政策，下至上市公司财务状况、具体的高级管理层讲话阐述翔实的个人观点。某些特别敬业的散户除时常切磋看盘技巧外，

甚至会赴上市公司作实地调研，作风特点颇类似于投资机构研究员。

第三节　庄家与上市公司的关系

庄家在操盘时，首先必须先获取公司流通盘筹码的分布情况，尤其是要了解前几名最大筹码持仓量的情况，为日后操作提供第一手资料。庄家与上市公司搞好关系，上市公司的经营状况、重大事项的变化，庄家都能第一时间知晓，在操盘过程中，能获得上市公司的密切配合，为发布消息、制造题材提供方便。庄家与上市公司形成一个特殊的利益群体，结成一种特殊的同盟，以达到利益的互动。

这种特殊同盟的形成一般有三种情况，一种是庄家寻求上市公司的配合，一种是上市公司主动寻找庄家，还有一种情况是上市公司自己就是庄家。当然，也有一些庄家并没有与上市公司形成同盟。庄家其实也是股民，只不过他是大资金客户，可以利用自己大量的资金买入这家公司的大量股票，从而达到控制股价的目的；有的上市公司可能本身的经营情况不太好，一方面是为了讨好这种大资金客户，使其投资本公司；另一方面，也可能是上市公司和庄家同谋，利用公司的消息来配合庄家资金的运作，以控制股价的走势。

庄家与上市公司的关系如下：

一、庄家寻求上市公司的配合

一般是庄家筹集了资金之后缺乏项目，于是通过种种分析寻找目标公司，最后与公司谈判合作。为什么庄家要找公司呢？因为操盘本来风险就很大，如果上市公司不配合，该出利好的时候出利空，该出好业绩的时候偏宣布亏损，庄家就有苦难言了。但公司不能只口头上说配合，一般要出一部分资金交给庄家来做，美其名曰投资。

同时，庄家有求于上市公司，所以一些庄家要送钱给公司。庄家给上市公司的钱不多但也不少，一般是几千万元。有的还根据上市公司出资的多少给一定回报，比如公司出 3000 万元，庄家一般给公司分利 3000 万元。这笔资金上市公司要妥善处理才能入账，变成利润，也有的不入账，但留给了母公司，因为母公司的报表不要公布。还有利润分成式的，但是利润分成不好控制，所以谈得比较少。上述情形是不合法的，随着法制的规范和健全，相信今后会越来越少。

二、上市公司主动寻找庄家

上市公司主动寻找庄家这种情况，一般是上市公司进入配股时期，或者有好的项目，但股价比较低，上市公司希望股价涨上去，所以找庄家来做自己的股票。尽管是上市公司来找庄家，但庄家也是要给上市公司好处的，为什么呢？因为庄家能赚一个亿或是两个亿，需要公司的充分配合，所以庄家愿意给公司好处。在双方的合作中，上市公司主要负责消息面的配合。如果是单纯进行消息面的配合，上市公司获得的报酬往往就是操盘纯利润总额的 20%左右。这笔资金大多会通过某个公司与上市公司进行贸易或是上市公司投资的某个公司以投资回报的方式输入上市公司，成为上市公司业绩的一个重要补充。

三、上市公司自己就是庄家

上市公司自己就是庄家，这样的例子也不少（图 1-7）。由于上市公司自己就是庄家，所以在操作的时候更加从容，进出也更方便，利润更丰厚。多年之前许多上市公司就是依靠做自己的股票才得到利润的，现在这种现象逐渐少了。

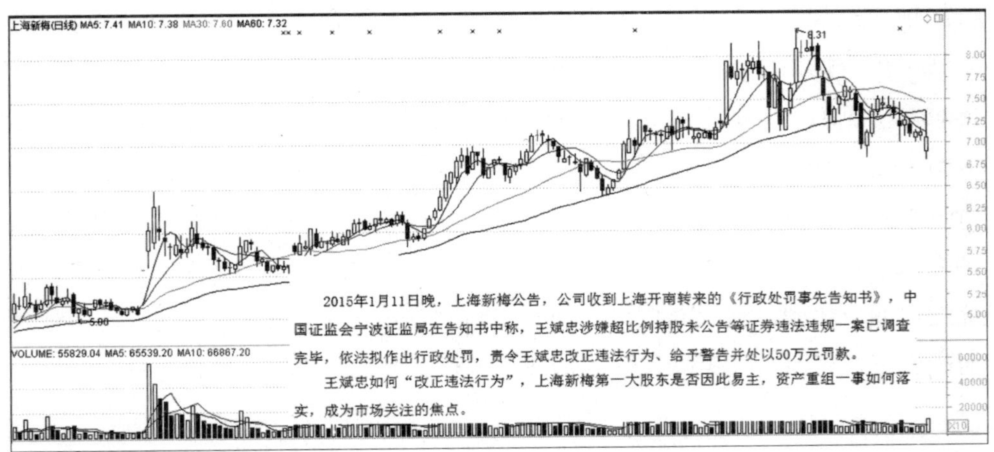

图 1-7　上市公司股东自弹自唱

跟庄秘籍

庄家与上市公司无联系，这种情况一般发生在私募或者游资为主的短线庄家中。他们快进快出，操作手法凶狠，短时间内完成建仓、拉升、出货。但是这种庄家往往难以持久，一般是自顾自，吃一波就走；也有的时候会被其他庄家阻击，吃不了兜着走。

第四节　庄家如何操纵大盘

一、庄家与大盘的关系综述

庄家与大盘的关系是子系统与大系统、小环境与大环境、局部与整体的关系。大系统大环境和整体对子系统小环境和局部具有激发和抑制的能力与作用。比如说，当大多数庄家都在做多的时候，人气上升，投资者蜂拥而入，这时拉抬一只股票比较容易，好像水到渠成一样，不需要多少拉抬成本，甚至根本就不需要拉抬成本，自然而然地被散户抬了起来。当整个大市处于下跌行情的时候，拉抬一只股票就比较困难，因为大势已去，人气锐减，投资者争先恐后地离场，犹如兵败如山倒，拼命大逃亡，谁愿做股市中流砥柱，千难万险无所畏惧呢？这就是股市大环境大系统对个股运作激发和抑制的能力与作用，这种情况也称为大势所趋。图 1–8 为 2014 年 8 月至 2015 年 3 月柳工的个股与上证指数的对比图。通过对比可发现柳工与大盘走势完全相同，显示出庄家顺势而为的操作思路，庄家炒作股票的成本较低，且成功率高。

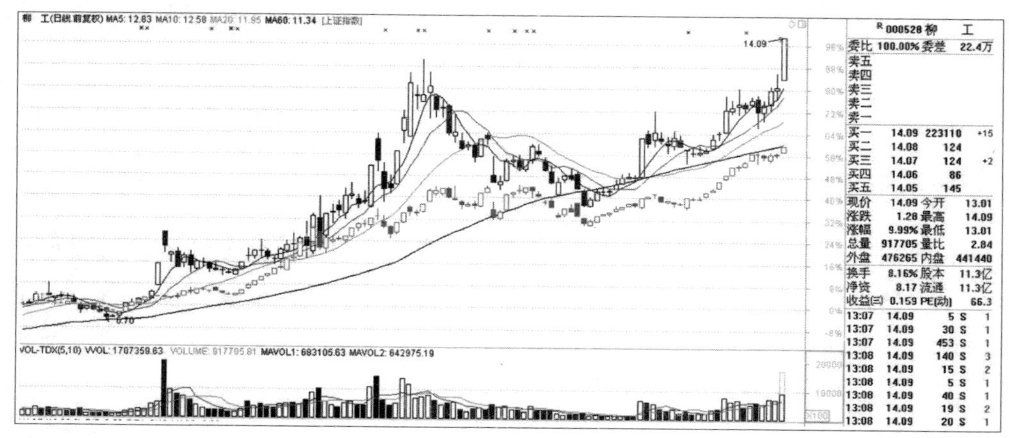

图 1–8 庄家顺势而为坐庄

二、庄家在行情中的行为

在一轮行情中，总有一些庄家是作为行情的发动者率先启动的。有些庄家则没有把握住机会，大盘已经启动了仍然没有完成建仓，不得不拉高一级以实现在高位快速建仓，这与散户被轧空后跟进是一样的。有的庄家拉抬迟缓，当他们完成拉抬或者还没有完成拉抬的时候，其他庄家就已经开始出货了，大盘下跌，市场承接力不足，庄家无法出货。虽然庄家可以维护股价，维持账面赢利，但这没有多大意义，因为当下一轮行情到来的时候，前一轮撤出的庄家可以重新选股入驻再炒一轮，而对套住的庄家来说则只能等待人气转暖拔高出

货，这与散户的解套跑掉没什么区别，都是等了两轮行情只落得个平手出局或者获小利出局。所以，庄家没能赶在大势变坏之前完成出货就等于被套住了。散户被套住要么割肉、要么死等，庄家不能割肉，因为他一割就失去控制了，庄家只能扛着，相当于散户的死不割肉，只不过散户不割肉会被深深套住，庄家不割肉股价就不会跌得太多，可以控制账面损失。所以，庄家的优势只不过是可以通过维持股价保持一种形式上的不被套住，但实际上庄家是可以被套住的，与散户在一只股票上被套住没什么两样。所以，庄家面对大势那种诚惶诚恐的心情和散户面对庄家时的感觉没有什么两样。

三、庄家在股市交易过程中的逆势而为

当然，股市交易过程中也常有一些逆势而为者，比如多数庄家做多的时候，某些股票就是不上涨，为什么呢？很可能庄家吸筹不足，跟风上涨则变成了为散户抬轿子，这时庄家不是不想上涨，而是没有准备好，不能上涨。另一种情况就是出了毛病或称有历史遗留问题的股票，这种股票一般情况下不能去碰。

图 1–9 为 2014 年 8 月至 2015 年 3 月荣安地产的个股与上证指数的对比图，荣安地产在几个时段选择了逆势而为的操作思路，增加了持股成本和炒作风险。

图 1–9 庄家逆势而为坐庄

多数庄家做空的时候某些股票逆势飘红，为什么呢？

第一种情况是这些股票在牛市行情的中期或末期才启动，大盘走熊而个股庄家还远没有达到目标位，迫不得已地挺立着。

第二种情况是大盘低迷或弱平衡市或大盘止跌，这时逆势拉抬的多数是庄家随短线行情做低吸高抛，当然也有走慢牛市的股票。无论如何，逆势而为是艰难的，多是强势庄家资金的投资和操作行为。

四、庄家与庄家群体

虽然单独两只股票中的庄家之间并不直接发生什么关系，互相对对方的影响是很微弱的，但对每个庄家来说，整个庄家群体对其影响则是巨大的。比如，当各路庄家都在做多的时候拉抬一只股票比较容易，当大势是在下跌的时候逆势拉抬一只股票就比较难。原因在于各路庄家所面对的是同一个市场群体，市场的群体心理受到所有股票表现的共同作用，就算庄家自己已经完全不受市场情绪的左右，但在操盘时也必须考虑市场情绪。所以，即使庄家实现了完全控盘也并不是不受制约的，其还要受到庄家群体行为和市场情绪的制约，这种作用表现为大势对个股的影响。

跟庄秘籍

股市存在庄家群体动能和群体效应。股市中庄家机构投资者是不相识、不结盟的，却是一脉相通、一呼百应的自组织群体，他们通过盘面语言传递信息，互相沟通。为什么要形成自组织群体呢？因为他们有着共同的竞争对手——散户群体，他们有着共同的经济利益——赢散户的钱，而庄家之间很少有这种竞争关系。他们非常重视和善于发挥群体动能和群体效应，因为就是超级庄家独此一家也很难推动大势，小庄家独来独往更是寸步难行，就像俗话所说的独木不成林、孤军难作战一样，而大家联合行动则其势不可阻挡，比如中级行情启动初期各个股票几乎不约而同地拉升，大势随之而起。庄家的群体动能和群体效应对大盘是一种推动力，对大盘走势起着主导作用。股市还存在板块联动效应、板块轮动规律等这些庄家与大盘的关系。

第五节　庄家如何影响资讯媒体

一、庄家如何影响股评人

股评，即股票评论，一般包括盘前提醒、午评和收评。股评是股评者对当日大盘走势进行描述并谈自己的看法。写股评的人被称为股评家。然而需要特别指出的是，不要把股评家理解为像思想家、科学家那样的“大家”，因为绝大部分股评家只是一个职业，但基本上股评家自己炒股都是赔钱的，所以自己不炒股的股评家大有人在。可能他的唯一长处就是懂得股市，而且股评人是不参与炒股的。

成功的股评家一定是一个专挖庄家股的高手，不了解庄家的进进出出是无法搞股评的。有一些公正、精明的股评家，发现庄家股后会在股价的底部或初涨阶段把他们的发现贡献给投资者，给投资者以指南，让投资者跟得安稳，赚得踏实。这些股评家也许自己不做股票，有什么就说什么，对了错了他都没有责任。但在股价的底部和初涨阶段泄露庄家的秘密总是让庄家不高兴的，它会延长庄家吸货的时间和拉升的难度。有些股评家在庄家准备出货的时候给中小散户警示，叫他们不要追高，这使庄家在高位自抬自拉，只有观众，没有参与者，出不了货，下不了台。

一些比较大的机构庄家往往与股评机构有着千丝万缕的联系。庄家希望股评机构来介绍他们这只股票，使投资者知道。有时候庄家要出货或者造势，就会找股评机构配合推荐。

多数股评机构还是讲职业道德、珍惜自己的名誉的。遗憾的是有股评人却可能因为自己的水平所限，无法判断出庄家的真实用意，有时候难免被人利用。

二、庄家如何影响媒体

任何庄家要做好股票，都要利用媒体宣传。最受庄家欢迎的当然是影响力大的一些网络、报纸等媒体（图 1-10）。

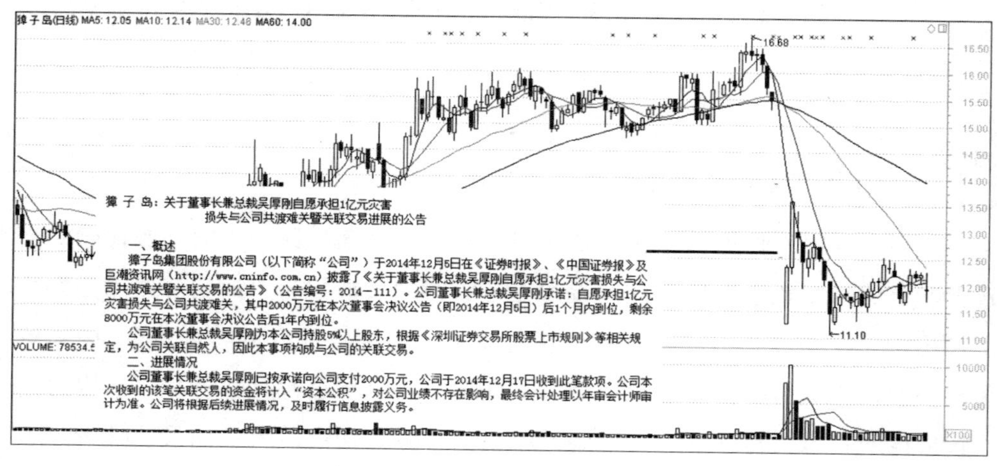

图 1-10　獐子岛在媒体披露消息

庄家在利用媒体的时候，有个基本次序：先通过媒体发布一些小消息，再逐渐发布一些老总的访谈录。很少有庄家光花钱作宣传而不出货的。

在庄家与媒体之间，庄家往往是主动的，而媒体是被动的。媒体是根据今天（昨天）盘面的走势来分析庄家的行为和近期走势，并且对今后的发展作出判断，发表评论。因为他们始终是在事后分析并推测次日的涨跌，可是次日股价的发展不是股评人士能左右的（黑嘴除外），所以媒体注定是被动方。在媒体中越是有影响的知名人士，被利用的概率就越大。如果在震荡期判断涨跌，由于此时的趋势不明朗，其判断成功的概率就小，评论时也会比较谨慎。

跟庄秘籍

做股票的时候要坚持一个基本原则：股评说得越好，媒体宣传得越多，可能就是庄家要出货了。所以投资者炒股不能依赖股评，不能寄希望于任何人，靠自己分析自己研究才能有所成。

第二章

擒贼擒王：初识庄家真面目

第一节 从成交量变化辨识庄家

我们从小就听过“按图索骥”的故事，根据马走过留下的足迹来找到走失的马。因为只要有所行动总会留下痕迹，一支大部队的行动总会留下痕迹，要么尘土飞扬，要么坦克轰轰，要么飞机盘旋，每一位看到这种情景的人都会情不自禁地叹道，大部队又开始行动了，战斗又要打响了。股市中也是这样，庄家一旦准备杀入一只股票，在K线图上总会留下痕迹，这个痕迹就是成交量开始明显放大，并且呈不规则状。那么具体怎么根据成交量的变化来辨识庄家呢？

一、根据成交量的变化辨识庄家洗盘

实践证明，对强庄股的庄家是不是在洗盘，可以根据成交量变化的以下特征做出较为准确的判断：

（1）由于庄家的积极介入，原本沉闷的股票在成交量明显放大的推动下变得活跃起来，出现了价升量增的态势。然后，庄家为了给以后的大幅拉升扫平障碍，会将短线获利盘强行洗去，这一洗盘行为在K线图上表现为阴阳相间的横盘震荡。同时，由于庄家的目的是要一般投资者出局，因此，股价的K线形态往往呈明显的“头部”形态。图2-1为2015年2月11日～16日的万向钱潮，出现了庄家积极介入的信号，股价先拉升，再盘整，再拉升。

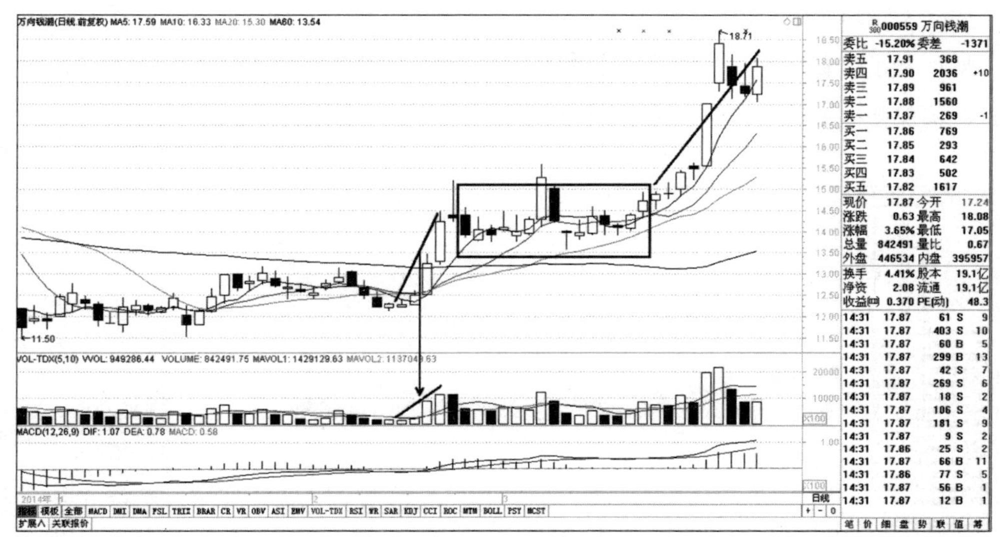

图 2-1　庄家积极介入的形态

（2）在庄家洗盘阶段，K 线组合往往是大阴不断，并且收阴的次数多，且每次收阴时都伴有巨大的成交量，好像庄家正在大肆出货。其实不然。仔细观察一下就会发现，当出现以上巨量大阴时，股价很少跌破 10 日移动平均线，短期移动平均线对股价构成强大支撑，庄家低位回补的迹象一目了然，这就是技术人士所说的“巨量长阴价不跌，庄家洗盘必有涨”。

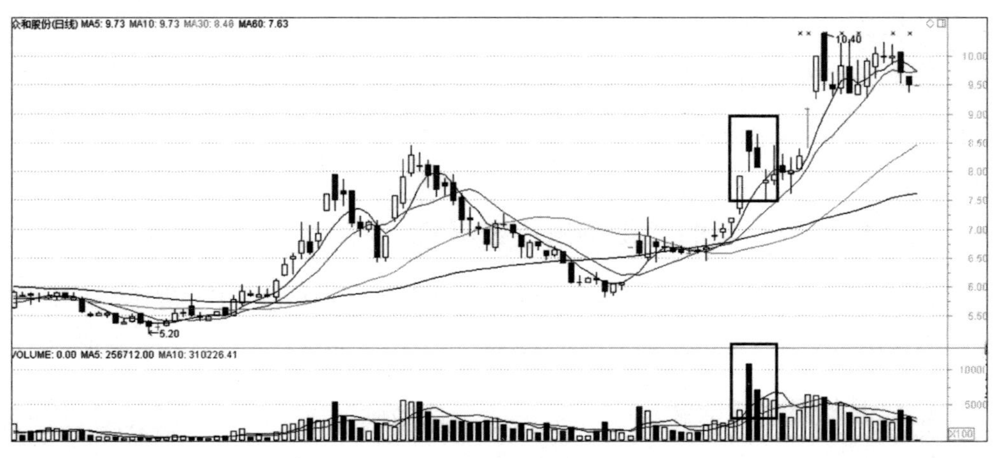

图 2-2　收阴放量洗盘——必涨

（3）在庄家洗盘时，作为研判成交量变化的主要指标 OBV、均量线也会出现一些明显的特征，主要表现为：当出现以上大阴巨量时，股价的 5 日、10 日均量线始终保持向上运行，说明庄家一直在增仓，股票交投活跃，后市看好。见图 2–3。

图 2–3　庄家洗盘信号：K 线长阴且 5 日与 10 日均线上行

（4）成交量的量化指标 OBV 在股价高位震荡期间始终保持向上，即使瞬间回落，也会迅速拉起，并能够创出近期的新高，这说明单从量能的角度看，股价已具备大幅上涨的条件。

如果一只股票在经过一波上涨之后，它的成交量变化出现以上四个方面的特征，那就说明该股庄家洗盘的可能性极大，后市看好。

二、根据成交量的变化辨识庄家吸筹

在大多数情况下，庄家吸筹的动作会比较隐蔽，成交量变化的规律性并不明显，但也不是无踪可觅。一般而言可以从以下几个方面来识别庄家是否在吸筹：

1. 涨时放量，跌时缩量

如果庄家吸筹较为坚决，则涨时大幅放量、跌时急剧缩量是成交量变化的主旋律。

2. 观察成交量均线的变化

观察成交量均线的变化在很多情况下是一个重要的手段。如果成交量在均线附近频繁震动，股价上涨时成交量超出均线较多，而股价下跌时成交量低于均线较多，则该股就应纳入密切关注的对象。见图 2–4。

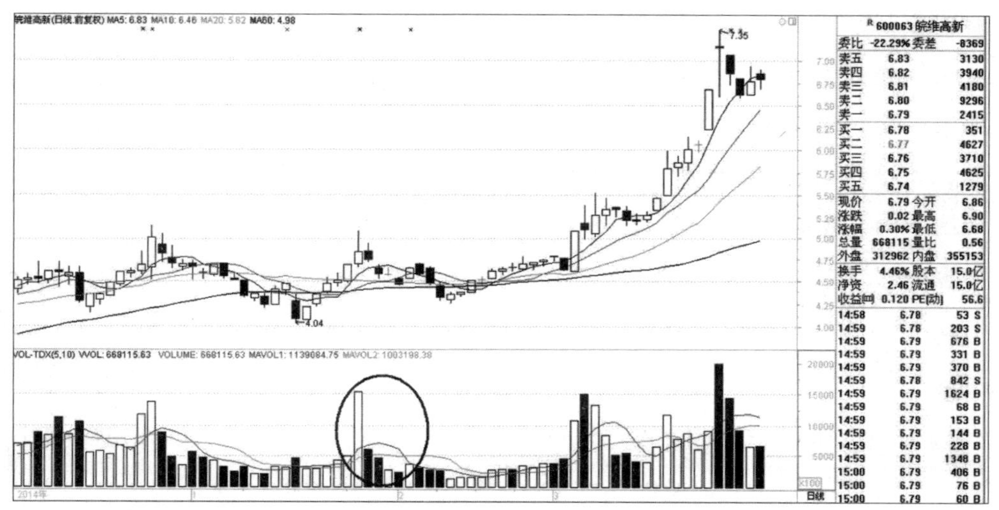

图 2–4　由成交量均线识别庄家吸筹

3. 关注盘中的异动情况

由于即便是在成交量波幅不大的日子里，庄家也并没有闲着，只是收集动作幅度没有那么大而已，因此，要加强对盘中异动成交情况的关注。此时，可以观察该股的分时图，例如 15 分钟、30 分钟、60 分钟图，如果有类似情况出现，同样有可能是庄家吸筹的结果。

4. 成交量结合股价来分析

由于绝大部分股票中都有一些大户，而这些大户的短线进出同样会导致成交量出现波动，成交量结合股价的变化进行分析，把大户的随机买卖所造成的波动与庄家有意吸纳造成的波动区分开来是关键所在。随机性波动不存在刻意打压股价的问题，成交量放出时股价容易出现跳跃式上升，而庄家吸筹必然要压低买价，因此股价和成交量的上升有一定的连续性。依据这一原理，在股价涨跌和成交量变化之间建立某种联系，通过技术手段过滤掉那些股价跳跃式的成交量放大，可了解真实的筹码集中情况。

5. 注意成交量的堆积

成交量堆积对于判断庄家的建仓成本有着重要作用，因此另一个重要的观察对象就是成交量的堆积（图 2–5）。除了刚上市的新股外，大部分股票都有一个密集成交区域，股价要突破该区域需要消耗大量的能量，而它也就成为庄家重要的建仓区域，往往可以在此处以相对较低的成本收集到大量筹码。因此，关注成交量的堆积就显得尤为重要。刚刚突破历史重要套牢区，并且在以下区域内累积成交量创出历史新高的个股，非常值得关注，这主要基于以下几个方面的原因：

（1）它表明新介入庄家的实力远胜于以往，其建仓成本亦较高。

（2）如果后市没有较大空间的话，大资金是不会轻易为场内资金解套的。

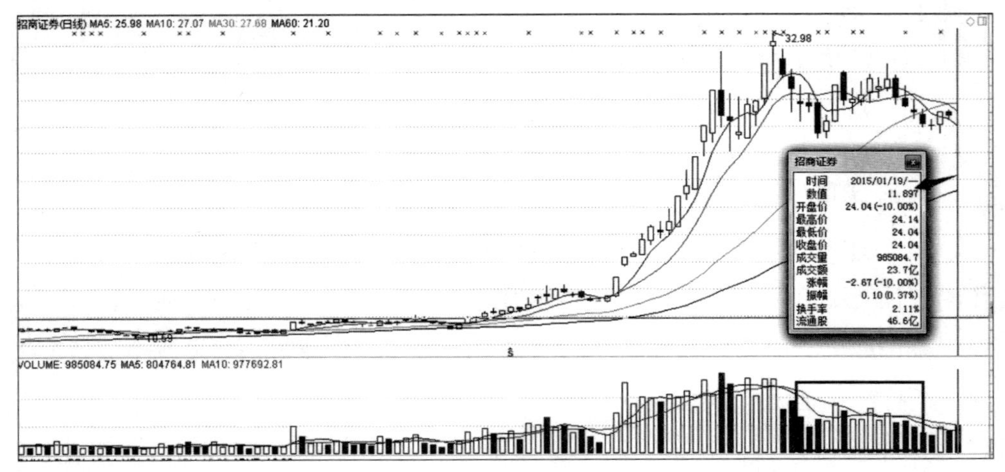

图 2–5 成交量的堆积

另外，如果累积成交量并不大，即所谓“轻松过顶”，则需要提高警惕，因为这往往是原有庄家所为，由于筹码已有大量积累，使得拉抬较为轻松。尽管这并不一定意味着股价不能创出新高，但无疑庄家的成本比表面看到的要低一些，因此操作时需要更加重视风险控制，股市整体走势趋弱时尤其需要谨慎。

6. 注意某些成交量密集区域

在庄家开始建仓后，更需要注意成交量密集的区域，因为某一区域的成交量越密集，则庄家的建仓成本就越靠近这一区域，无论是真实买入还是庄家对敲，均需耗费成本，密集成交区也就是庄家最重要的成本区，累积成交量和换手率越高，则庄家的筹码积累就越充分，而且往往实力也较强，此类股票一旦时机成熟，往往有可能一鸣惊人，成为一匹“超级大黑马”。

三、根据成交量的变化辨识庄家建仓

庄家在建仓时，为了避免其进货意图被散户识破，顺风搭车，往往会连续长期进货，避免成交量的显著变化引起投资者的注意，但是只要庄家开始进货建仓，不管庄家如何小心隐藏，还是能够在成交量上露出一些蛛丝马迹，庄家进货时，从以下几个方面可以看出成交量的变化。

1. 从 K 线图来看

当庄家采用震荡方式吸货时，股价在低位震荡，经常出现一些特殊的反映成交量变化的图形，如：带长上、下影线的小阳小阴线，并且当日成交量主要集中在上影线区，而下影线中存在着较大的无量空体，许多上影线来自临收盘时的大幅无量打压。见图 2-6。

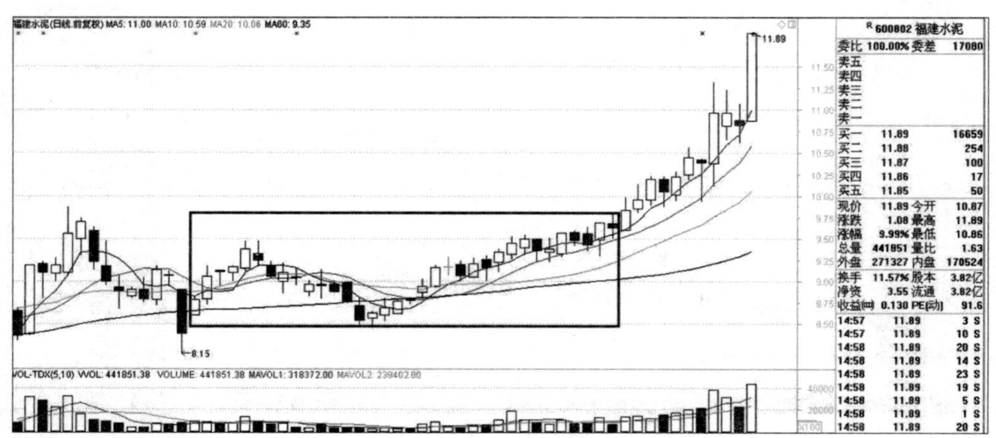

图 2-6 庄家震荡吸货形态一

另一种形态是跳空高开后顺势打下，收出一支实体较大的阴线，同时成交量放大，但随后未继续放量，反而急速萎缩，股价重新陷入表面上的无序的运动状态。见图 2–7。

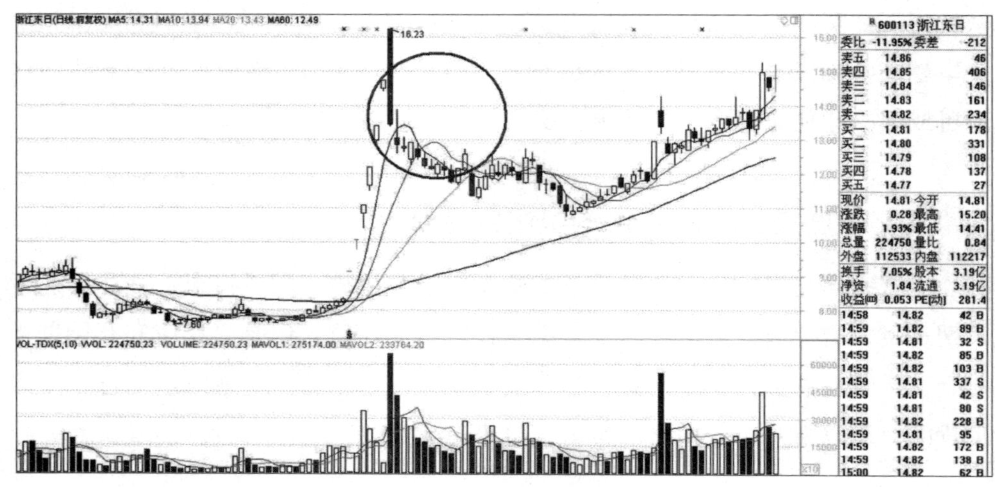

图 2–7　庄家震荡吸货形态二

第三种形态是小幅跳空低开后借势上推，尾盘以光头阳线报收，甚至出现较大的涨幅，成交量明显放大，但第二天又被很小的成交量打下来。见图 2–8。

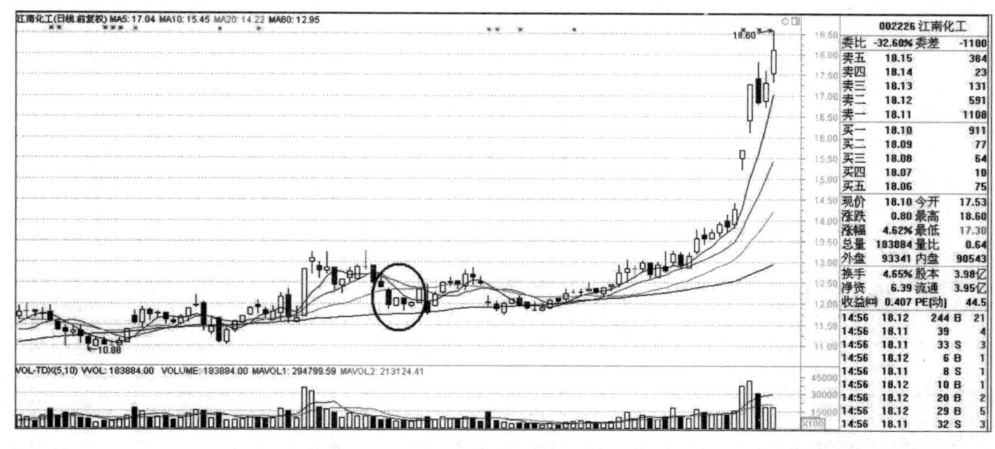

图 2–8　庄家震荡吸货形态之三

2. 从 K 线组合来看

K 线组合会构成一个明显的箱体，股价在这个箱体中波动的频率开始加大，通常股价上涨时出现成交量放大但涨幅不高的“滞涨”现象，而股价下跌时成交量明显萎缩。比如，图 2-9 中，唐山港 2014 年 9 月 ~ 10 月股价维持在 5 ~ 6 元，而且是价升量增，价跌量缩，为明显的庄家吸货特征。有时，则是上涨一小段后便不涨不跌，成交量虽然不如拉升时大，但始终维持在较活跃的水平，保持一到两个月后开始萎缩。通过成交量趋势指标，OBV 线向上可以做判断。尽管庄家暂时未必有力量拉升，但是调控个股走势的能力还是有的。往往在收盘的时候打压该指标走向。

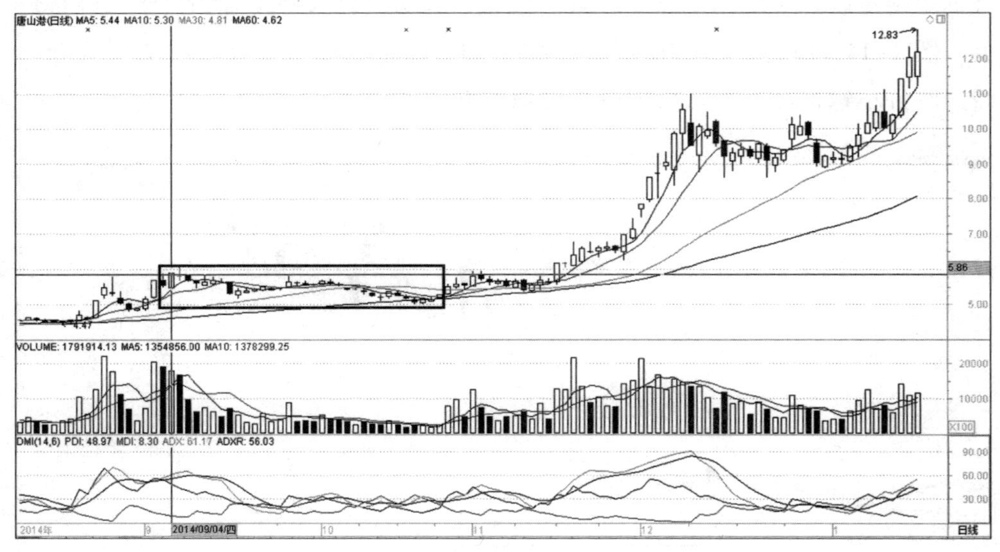

图 2-9　唐山港 K 线图

3. 从技术上来看

从技术指标来观察，均线系统由杂乱无章、纠缠不清渐向脉络清晰、起伏有致变化。在初期由于筹码分散，持仓的成本分布较宽，加上庄家刻意打压，股价波动的规律性较差。随着庄家手中持筹码的沉淀，市场上的浮动筹码减少了，往往会把股价的波动幅度减下来以拉平市场平均成本，减少其他投资者来回做短差的机会。

4. 从股价来看

建仓阶段，在底部区域的顶端，庄家往往发布种种利空消息，或者制造形态上的空头结构，企图使市场发生心理恐慌，主动促成股价下跌。一般来说，如果庄家在下跌途中坚定持筹，并且继续逢低吸纳，股价是不会跌回到前期成本密集区以下的。

一般而言，庄家吸货造成的成交量变化有两种情况：一是在原本成交极度萎缩的情况下，某一天成交量突然放大到某个温和、不引人注目的程度，之后连续很多天一直维持在这个水平，每天成交量极为接近，而不是像原先那样时大时小（图 2–10）；二是某只股票的成交量突然温和而有规律地递增，同时股价也小幅走高，这是庄家急于进货的反映，表明股价大幅攀升的日子已经很近了。图 2–11 为深物业 A2015 年 3 月 3 ～ 17 日的走势图，股票成交量温和递增，股价小幅走高，预示后市股价大幅攀升。

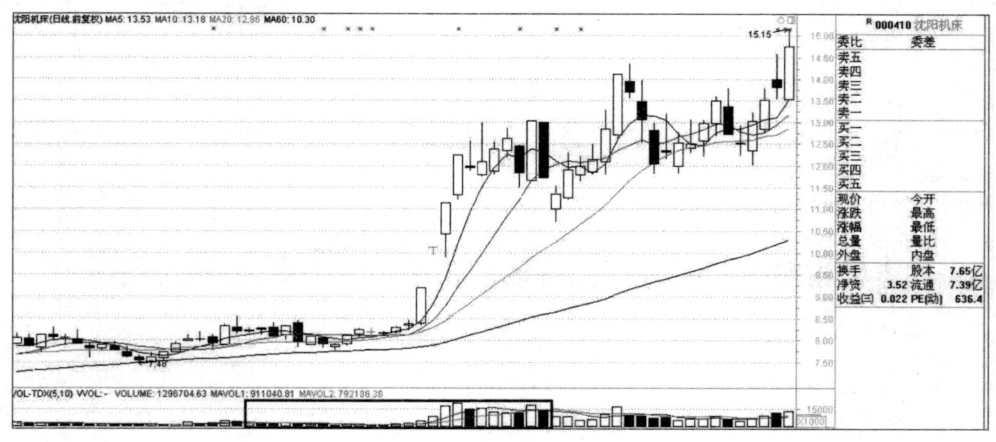

图 2–10　庄家吸货的成交量形态——成交量温和放大

庄家的成败往往由其对筹码控制的程度决定，因为庄家只有充分控制了筹码，才能随心所欲地操纵价格。庄家深深明白这个道理，因此只要资金实力允许，他们总会设法多吸纳一些低价筹码，所以有心的散户总会在成交量上寻到庄家建仓、吸货的蛛丝马迹。当然，散户还应从庄家吸货阶段的长短、成交量的大小和市场浮码的多少来估计庄家的控筹程度，进而判断庄家的实力和野心。

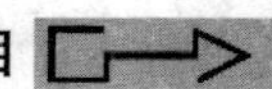

图 2-11　庄家吸货的成交量形态——量增价涨

四、从成交量的放大来判别庄家

从成交量的放大以及如何放大来判别庄家要根据具体情况来具体分析：

1. 成交量放大时庄家是进攻还是撤退

成交量的放大必须是在底部或者是相对底部，要是在高位出现成交量的放大，反而说明庄家要撤退了。

2. 成交量达到多少才能说明是放大了

成交量达到多少才能说明放大了，主要取决于这只股票流通盘的大小，一般流通盘在一亿股以下的，当日成交量多次出现 5 万手或者 10 万手以上成交量时（这个量是相对变化的，没有确切的标准），说明大部队已经悄悄开始进入了。对于 2 亿股左右的流通盘，日成交量多次出现 10 万手或者 15 万手以上成交量时，则说明有庄家资金进入了。流通盘越大，日成交量必须越大。图 2-12 为珠江控股 2013 年 11 月 29 日 ~ 2014 年 5 月 22 日的 K 线图，成交量由 3 万多手，猛增到 49 万多手，说明庄家已经入驻。

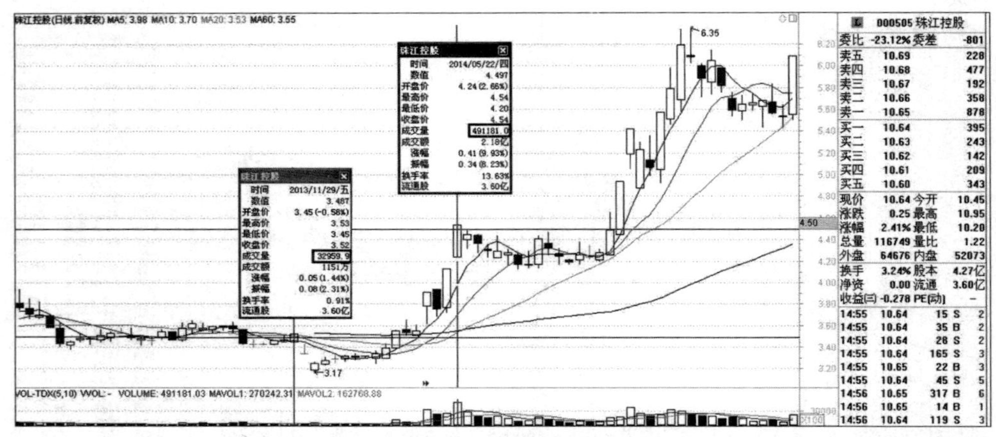

图 2-12 由成交量放大判别庄家

3. 成交量要和之前比较相对放大

成交量的放大还可以是和以前的成交量做比较，比以前明显放大，就说明有大资金在里面运作，但只一天或很少天出现，以后又销声匿迹，说明这是小部队，打一枪就跑了。

4. 相对高位成交量的放大

相对高位出现成交量的放大，而且持续时间很长，但股价就是迟迟不动，这种情况需要特别注意，这很可能是庄家在反复对倒，吸引大家的注意力，庄家随时可能派发，这种情况的出现，一般是这只股票的基本面出现恶化，庄家想逃脱了，若有股评配合吹嘘，那就更证明庄家要跑了。这是欺诈性最强的手法。

跟庄秘籍

任何一只股票的变化在K线图上都会清清楚楚地表现出来，不管庄家怎么狡猾，成交量是无法隐蔽的，透过成交量的变化，再加上对大势的准确判断，庄家的意图也就看得明明白白了，并且能够从成交量的不同变化中识别出庄家所在。

第二节　从换手率变化辨识庄家

要跟庄，就必须摸清庄家的“底细”，其中最重要的莫过于庄家的控盘程度即持仓量以及庄家的成本了。而认真分析和研究换手率，通过换手率来计算是一种最有效最直接的方法。所谓换手率，是指在一定时间内市场中股票转手买卖的频率，是反映股票流通性的指标之一。计算公式为：换手率＝某一段时间内的成交量／流通股数 ×100%。

1. 通过换手率看庄家持仓量

庄家吸筹往往会在筹码分布上留下一个低位密集区，一旦时机成熟，庄家从低位密集区的下方首先将股价拉抬到密集区的上方，形成对筹码密集区的向上穿越，股价上穿密集区而呈现无量状况，这时我们就可知道该股已由庄家高度持仓了。

从技术上可以用换手率来精确估计成交量，对“无量”这个市场特征给出较明确的参考标准。通常不单纯使用成交量这个技术参数，因为股票的流通盘有大有小，同样的成交量并不能说明这只股票是换手巨大还是基本上没有换手。用放量与缩量来监控获利抛压也不是一个好方法。而换手率则能从本质上揭示成交量的意义。一般而言，可以把换手率分成 8 个级别：①绝对地量：小于 1%；②成交低迷：1% ~ 2%；③成交温和：2% ~ 3%；④成交活跃：3% ~ 5%；⑤带量：5% ~ 8%；⑥放量：8% ~ 15%；⑦巨量：15% ~ 25%；⑧成交异常：大于 25%。图 2-13 所示为大同煤业 K 线图，带量 6% 换手率。

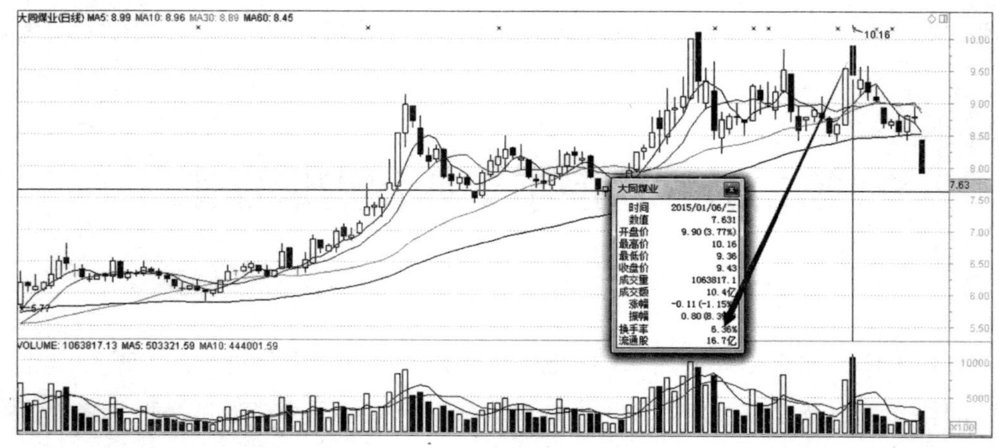

图 2-13 大同煤业——带量 6% 换手率

将小于 3% 的成交额称为“无量”的标准得到广泛认同。更为严格的标准是 2%。一旦发现筹码密集区以低迷的成交量向上穿越，被穿越的筹码大部分是庄家持仓。

2. 通过换手率看庄家成本

一般而言，中线庄家建仓时间在 40 ~ 60 天，即 8 ~ 12 周，取其平均值为 10 周，则从周 K 线图上，10 周均价线我们可认为是庄家的成本区，这有一定的误差，但偏差不会大于 10%。作为庄家，其操盘的个股升幅都在 50% 以上，多数为 100%。

通常情况下，一只股票从一波行情的最低点到最高点的升幅若为 100%，则庄家的正常利润是 40%，我们把庄家的成本算出以后，在这个价位上乘以 150%，即为庄家的最低目标位，不管道路是多么曲折，股价迟早都会到达这个价位，庄家若非迫不得已，绝不会亏损离场。

跟庄秘籍

通过换手率摸出庄家的底细，看清庄家的底牌，就可以做到在操作上有的放矢，不再惧怕庄家的软硬兼施。在选股时，可以把 10 日平均换手率大于 3% 作为一个基本条件，这可以节省大量时间和精力，提高选股效率。当然，对庄家高度控盘的股票要另外注意。对于那些10日平均换手率大于5%的股票，如果缩量至换手率低于3%，应重点关注。

第三节 从股东人数变化辨识庄家

在股市里博弈，如何发现庄家是让投资者十分头痛的一件事，在这个问题上很多投资者忽视了一个重要数据：历年股东人数或者说户均持股的变化。在这个数据变化里我们可以正确地判断庄家的进出，还能算出庄家的进场净成本，从而为投资者投资或投机提供有效的第一手资料。尤其是上市公司股东人数的变化，值得投资者重点分析。因为上市公司股东人数的变化与其二级市场走势存在着一定相关性，股东人数越少，表明筹码越集中，股价走势往往具有独立个性，并常常逆大势而动，这是短线高手抛开大盘选个股的首选品种。股东人数越多，表明筹码越分散，股价走势往往较疲软而不具有独立性，跟着大盘随波逐流。因此，对股东人数的分析尤为重要。

一、从股东表里看股东人数的变化

股东表是庄家曝光的地方，所以散户寻找庄家的第一步就是从股东表里研究股东的情况。股东表里股东人数的变化可以提供以下情况：

（1）实证研究表明，上市公司股东人数的变化与其二级市场股价走势存在比较强的相关性。

（2）股东人数越少，通常表明筹码越集中，股价走势往往较为独立，后市出现大幅上涨或大幅下跌的概率都相应较大，股价受到操控明显。

（3）股东人数越多，表明筹码越分散，股价走势往往较为疲软，通常跟随大盘而动，可以断定未来的股价走势不容乐观。当然，部分庄家机构为了避人耳目，有可能会采取多开账户分散筹码的方式，使得有关数据信息研判的意义打折扣。

（4）报告期内筹码集中度有所提高的股票大部分集中在绩优公司和成长型公司，这类公司已成为基金或券商进行组合投资的重点品种，也可以视为机构投资理念和操作模式发生变化的反映。

二、从股东人数的变化中发现庄家的操作意图

分析股东人数的变化，无疑是把握庄家出没规律最有效的方法。通过已披露的年报，再结合其股票在二级市场的表现，从以下几种类型的庄股中可以发现庄家的操作意图：

1. 长庄型股

目前仍有少数庄家坚持长庄运作的操作思路，这从某些上市公司股东人数奇少的情况可以看出。长庄运行的显著特点是流通股高度集中，少部分上市公司的人均流通股持有数量超过了 1 万股。

2. 原 ST 复牌个股

原 ST 复牌个股在经历了置之死地而后生的二次重组后，股价也在复牌后一步到位，报告期内股东人数增加幅度超过 50%，清楚地表明庄家去意坚决，同时也为其阴跌不止的走势加上了注脚。

3. 明庄型股

所谓明庄，是指券商和基金等机构重仓持有的股票是透明的，投资者从公开信息中可以看到。券商或基金等机构型股东数量增加预示该股将开启一轮涨势。

4. 新增股

上市公司由于增发新股而导致股东人数增长。这对一般投资者而言具有一定的迷惑性。新增股股东人数大增说明庄家并无明显的吸筹建仓意图，股票走势难以强劲，不建议买入；相反，新增股股东人数减少，极可能是庄家在耐心

吸筹，可待庄家拉升时介入。

5. 新庄型股

一些业绩较好或有明显增长潜力的上市公司有新庄入驻的迹象。其表现是出现了股东人数减少的情况。如对 108 家公司的统计数据显示，在每股收益超过 0.30 元的 46 家公司中，有 29 家公司的持股人数有所减少。

6. 跳水型股

在股价大幅下跌的同时持股人数明显增多。这种情况，又分两种情形：一种是庄家出货，散户误判，逢低买进，另一种是庄家以散户身份分散吸货，投资者需结合相关指标判研。

总之，上市公司股东人数的变化隐含着丰富的信息，从股东人数的变化中可以发现庄家的进出和是否有长远坐庄的意图，同时结合股价的走势，可以更准确地了解股价涨跌的问题。当然，最重要的是要把握股东人数的变化趋势，在跟庄或逃庄时打出适当的提前量，这样获利的把握就大了。

表 2-1 所示为宁波博威合金材料股份有限公司股东变化情况。

表 2-1　宁波博威合金材料股份有限公司股东变化情况

截止日期	股东户数	户均持股	较上期变化	筹码集中度
2014-09-30	19432	11064.22	无明显变化	非常集中
2014-06-30	19763	10878.92	无明显变化	非常集中
2014-03-31	20461	10507.80	无明显变化	非常集中
2013-12-31	21148	4492.15	无明显变化	较集中
2013-09-30	22692	4186.50	无明显变化	较集中
2013-06-30	23093	4113.80	无明显变化	较集中
2013-03-31	24370	3898.24	趋向集中	较分散
2012-12-31	27938	3400.39	趋向分散	较分散
2012-09-30	24509	3876.13	无明显变化	较分散
2012-06-30	25400	3740.16	无明显变化	较分散
2012-03-31	25891	3669.23	无明显变化	较分散
2011-12-31	26263	2094.20	无明显变化	非常分散
2011-09-30	27199	2022.13	无明显变化	非常分散
2011-06-30	28532	1927.66	无明显变化	非常分散

续表

截止日期	股东户数	户均持股	较上期变化	筹码集中度
2011-03-31	26980	1630.84	趋向分散	非常分散
2010-12-31	5			
2010-12-22	5			

说明：由于基金在季报中只披露前十名持股情况，而在中报和年报中披露的是全部持仓情况，因此季报中持仓下降并不意味着基金抛出该股票。

三、利用股东人数变化识别庄家的注意点

尽管通过对股东人数变动情况进行统计分析可以更好地把握大盘与个股的动向，但是在利用股东人数变化识别庄家时还应该注意以下几点：

1. 股东人数分析的混淆性

上市公司年报中公布的股东人数为总持股人数，并未单独指出A股股东人数及B股股东人数。股东人数分析过程中一定要注意这些因素的影响，不准确的统计数据是无法推断出正确结果的。

2. 股东人数分析的欺骗性

随着股东人数分析技巧的普及，越来越多的投资者应用这一方法，庄家机构也开始利用这种分析方法作为误导散户、掩护其操作方向的工具。其具体操作是往往在期末采用突击重仓或分仓的方法，改变持股的数量。

3. 股东人数分析的变动性

股东人数的数据还会受到股本变动的影响，配股、增发都会影响到股东人数的变化。送股虽不会影响股东人数，但是会影响个人持股数，这种情况在分析数据时必须充分考虑。

4. 股东人数分析的片面性

股东人数的增加与减少并非股价涨跌的唯一因素，股东人数分析研究的是个股的一个方面，并没有考虑到其他方面，如大盘走势、政策、国际形势、资金状况、业绩、题材等因素的影响。仅凭股东人数来研判行情远远不够，还需

要配合其他基本面分析和技术分析，多角度、全方位、立体化地研判个股和大势，才能取得最佳效果。

跟庄秘籍

任何事物都有两面性，股东人数的变化也不例外，它既可以为投资人跟踪庄股带来方便，也有可能反过来为庄家所利用。就是说，不排除一些机构在期末突击重仓，并以股东人数减少为障眼法掩护出货的可能。

第四节　从个股的盘口变化辨识庄家

一、盘口变化解析

通过对个股盘口一些特殊现象的解析，我们可以辨识庄家的存在。

1. 从开盘造势来识别

开盘时出现以下两种情况也是庄家在操作。

其一，瞬间大幅高开。开盘时以涨停或很大升幅高开，瞬间又回落。庄家这样做的目的是突破关键价位，庄家不想由于红盘而引起他人跟风，故做成阴线。这样做有震仓的效果，也是一种吸筹的方式。也可能是试盘动作，试试上方抛盘是否沉重。

其二，瞬间大幅低开。开盘时以跌停或很大跌幅低开。庄家这样做的目的一方面是为了出货，另一方面是收出大阳线使图形好看。也可能是操盘手把筹码低价卖给自己或关联人。

2. 从盘中瞬间大幅拉高或打压来识别

这也是庄家在操作，庄家这样操作的目的主要是做出长上、下影线。其中，瞬间大幅拉高，盘中以涨停或很大升幅一笔拉高，瞬间又回落，是庄家的试盘动作，试试上方抛盘是否沉重。而瞬间大幅打压，盘中以跌停或很大跌幅一笔打低，瞬间又回升。见图 2–14。

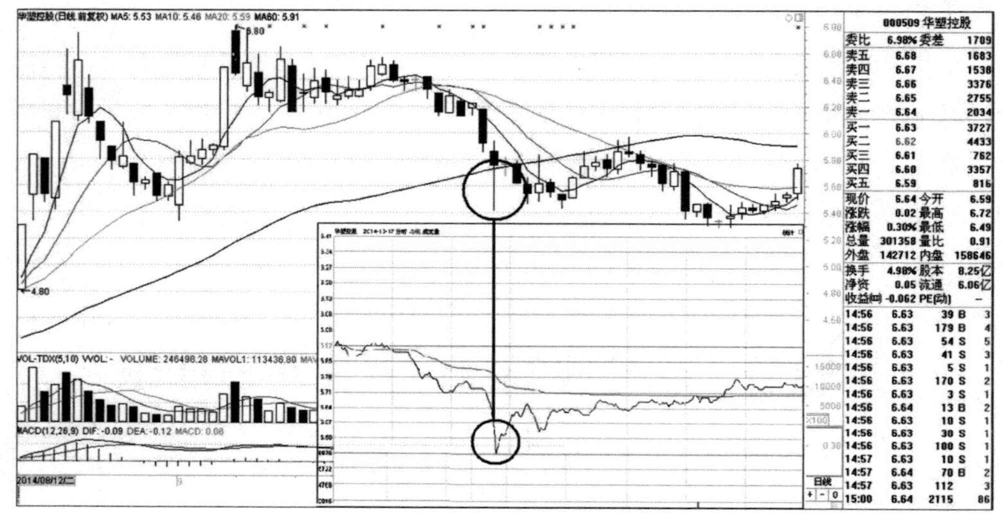

图 2–14　盘中瞬间大幅打压识别庄家

庄家从盘中瞬间大幅拉高或打压，为了达到以下四个目的：

（1）试盘动作，试试下方接盘的支撑力及市场关注度。

（2）操盘手把筹码低价卖给自己或关联人。

（3）做出长下影线，使图形好看，吸引投资者。

（4）庄家资金不足，抛出部分股票后用返回资金拉升。

3. 从“钓鱼”线来识别

在个股即时走势中，开始基本上保持某一斜率上行，之后突然直线大幅跳水，形成类似一根“鱼竿”及垂钓的“鱼线”图形。此为庄家对倒至高位并吸引来跟风盘后突然减低好几个价位抛出巨大卖单所致，此时如果接盘不多，出不了多少货，庄家可能仍会拉回去，反之则一泻千里。若长时间无买卖，是由于庄家全线控盘或多数筹码套牢在上方。

在买盘处放大买单。此往往为庄家资金不够雄厚的表现，企图借此吸引散

户买入，把价位拉高。

4. 从收盘前瞬间拉高来识别

在全天收盘前半分钟突然出现一笔大买单，加几角甚至 1 元、几元把股价拉至较高位。这说明是庄家在操作。庄家这样操作是因为庄家资金实力有限，为节约资金而使股价收在较高位或突破具有强阻力的关键价位，尾市“突然袭击”，瞬间拉高。假设某股股价 10 元，庄家欲使其收在 10.8 元，如果上午股价就拉升至 10.8 元，为了把价位维持在 10.8 元高位至收盘，就要在 10.8 元以下接下大量的卖盘，需要的资金必然很大。而尾市“偷袭”，由于大多数人尚未反应过来，就是反应过来也收市了，无法卖出。庄家因此便达到了目的。见图 2-15。

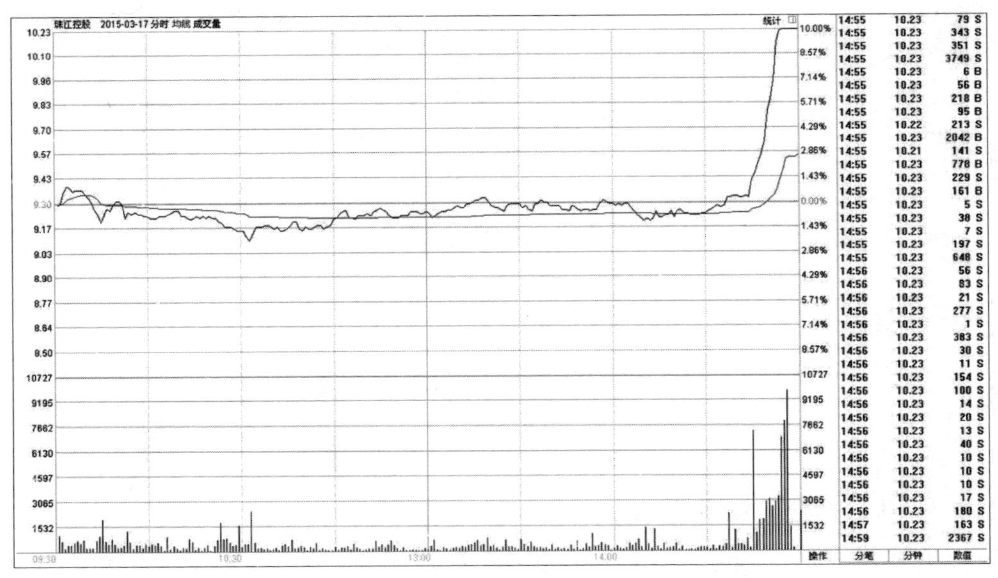

图 2-15　收盘前瞬间拉高

5. 从收盘前瞬间下砸来识别

在全天收盘前半分钟突然出现一笔大卖单，降低很大价格抛出，把股价砸至较低位。这其实也是庄家在操作，通过这些操作庄家可以达到三个目的：

（1）使日 K 线形成光脚大阴线或十字星或阴线等较“难看”的图形，让持股者恐惧，从而达到震仓的目的。见图 2–16 和图 2–17。

（2）使第二天能够高开并大涨而跻身升幅榜，吸引投资者的注意。

（3）操盘手把股票低价位卖给自己或关联人。

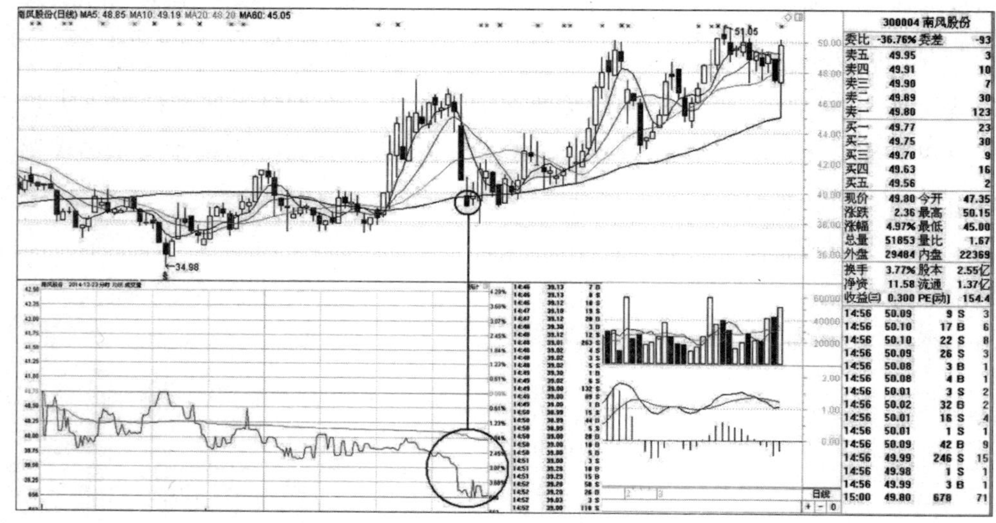

图 2–16　光脚阴线骗线

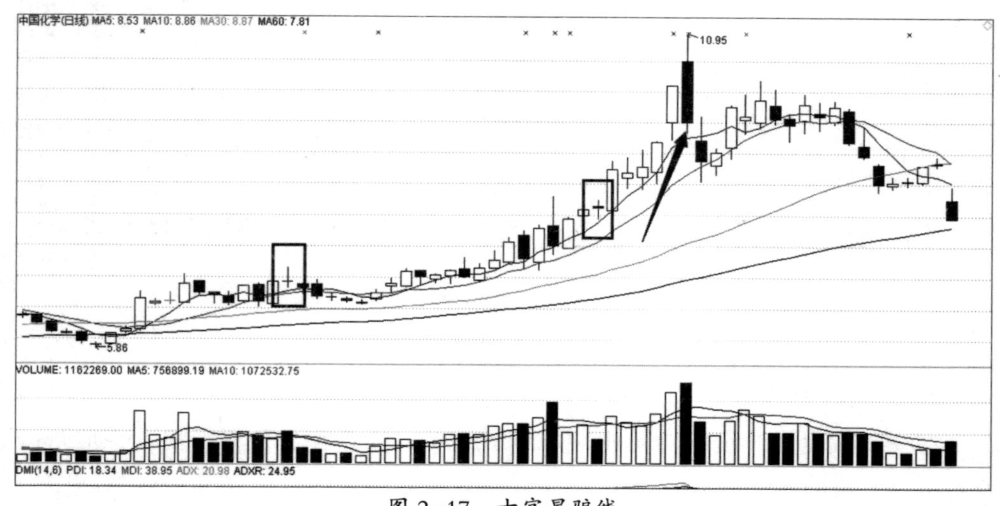

图 2–17　十字星骗线

二、识别个股庄家炒作的方法

如果出现以下几种情况，说明个股庄家正在炒作。

（1）股价大幅下跌后，进入横向整理的同时，间断性地出现宽幅振荡。当股价处于低位区域时，多次出现大手笔买单，而股价并未出现明显上涨。

（2）委托卖出笔数大于成交笔数，大于委托买进笔数，且价格在上涨。

（3）近期每笔成交数已经达到或超过市场平均每笔成交股数的 1 倍以上。如：目前市场上个股平均每笔成交为 600 股左右，而该股近期每笔成交股数超过了 1200 股。

（4）小盘股中，经常出现 100 手（1 手＝ 100 股）以上买盘；中盘股中，经常出现 300 手以上买盘；大盘股中，经常出现 500 手以上买盘；超大盘股中，经常出现 1000 手以上买盘。

（5）在 3 ～ 5 个月内，换手率累计超过 200%。近期的“换手率”高于前一阶段换手率 80%，且这种“换手率”呈增加趋势。

（6）在原先成交极度萎缩的情况下，从某天起，成交量出现“量中平”或“量大平”的现象。

（7）虽然近阶段股价既冲不过箱顶又跌不破箱底，但是在分时走势图上经常出现忽上忽下的宽幅震荡，委买、委卖价格差距非常大，给人一种飘忽不定的感觉。

（8）股价在低位整理时出现“逐渐放量”。股价在低位盘整时，经常出现小“十字线”或类似小十字线的 K 线。

（9）股价尾盘跳水，但第二天出现低开高走或收出十字线（图 2-18）。

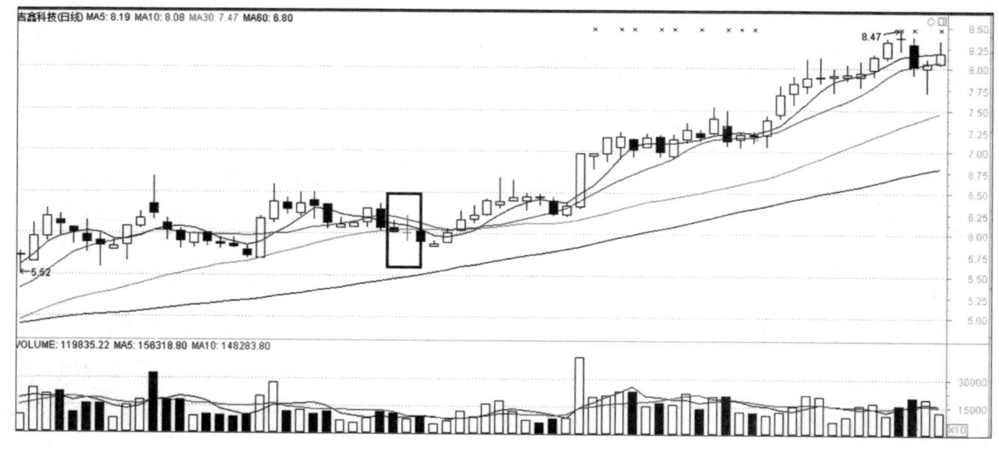

图 2-18　尾盘跳水，第二天出现十字线

（10）5 分钟走势图中经常出现一连串小阳线。

（11）虽遇利空打击，但股价不跌反涨；或虽有小幅无量回调，但第二天便收出大阳线。

（12）大盘急跌它盘跌，大盘下跌它横盘，大盘横盘它微升。

（13）在大盘反弹时，该股的反弹力度明显超过大盘，且成交量明显增加。

（14）大盘二、三次探底，一个底比一个底低，该股却一个底比一个底高。

（15）股价每次回落的幅度明显小于大盘，股价比同类股的价格要坚挺。

（16）当大盘创新高，出现价量背离情况时，该股却没有出现价量背离。

（17）日 K 线形成缩量上升走势。

跟庄秘籍

通过对个股盘口的分析，散户可以清晰地看到庄家的意图。其实真正的庄家并不是人们通常认为的资金量大、持仓量大的，而是有能力控制一段时间内的股价走势，有意识地进行与目的相反方向操作的——要买入时不时地卖出以稳定股价，要卖出时却买入以拉高股价。

第五节　综合辨识庄家操作技法

一、认清庄家介入与题材炒作

一个成熟的庄家绝对不会盲目地进驻某只股票，事前必须经过周密细致的策划准备，选择合适的进庄时机。

庄家介入个股，其选中的股票必须有适于操作的理由，比如股票上方无套牢盘，长期超跌的股票易于拉抬。庄家选中某只股票、某个价位介入，必然对它进行过全面的调查，对该公司的经营情况作全面的了解，且大多得到了上市公司的默许或配合。另外，该股有无其他庄家，是否曾被炒作，上方套牢区在什么位置，有无投资价值等，均是介入前要考虑的内容。

进庄时机的选择是最关键的决胜因素。庄家介入首先要考虑国家大的经济形势。当宏观经济运行至低谷而有启动迹象时，是庄家介入的最好时机。因为经过了漫长的下跌，风险释放殆尽，更重要的是，此时介入意味着在日后的操控过程中能得到来自基本面的正面配合，能顺应市场大趋势。

同时，庄家还要与各方面协调关系，包括对管理层意图的理解。大的机构与上市公司、交易所均有十分密切的关系，各大机构之间也常保持联系。

当庄家选择并介入个股之后，就开始炒作了。为确保炒作成功，必须为炒作的个股挖掘相应的炒作题材，以吸引散户追买。题材的真假无关紧要，该题材是否真能给上市公司带来美好前景也无关紧要，重要的是题材能否得到市场认可，有没有人追捧。常见的炒作题材有以下几种：

（1）经营业绩改善或有望改善。

（2）拥有庞大土地资产且可望升值。

（3）国家产业政策扶持。

（4）合资合作或股权转让。

（5）增资配股或送股分红。

（6）控股或收购。见图 2-19。

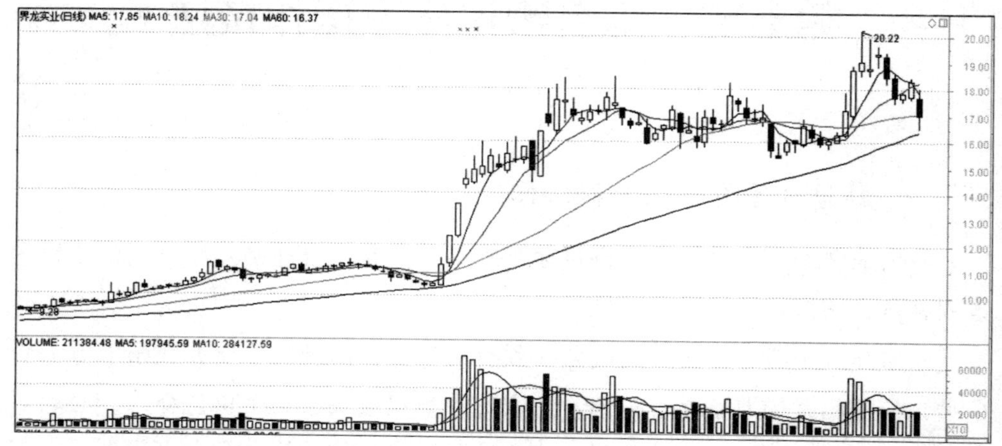

图 2-19　界龙实业借“迪斯尼”和“土地储备”概念拉升

散户如果发现某只个股因以上题材被炒作，而这种炒作不仅仅是挖掘并夸大它们，而且极力高估该题材对上市公司的作用，那么作为散户就不应盲目受炒作题材的诱惑，而应从该题材的市场反应入手，观察题材的号召力和生命力，以确定庄家的方向。

二、谨防庄家托市变化

在股市运行过程中，往往出现庄家操纵股市的现象，因此，我们可以通过这些被庄家照顾的股票来识别庄家。

庄家的投资形态与散户虽然不同，但获取利润的目的并无两样。散户希望低进高出从中获利，庄家则志在拉高股价转手获利。只是散户只能默默等待，待价而估，庄家则可以凭借雄厚的资金实力积极主动地操纵股市，造成自己希望的有利局势。

庄家造势，无非是先以低价悄悄购进大量股票，然后操纵股市扶摇直上，当有相当多的对手或股民跟随时，便神不知鬼不觉地将手中股票出手。庄家的操纵使股市猛涨猛跌，往往使得小额投资者深受其害。庄家往往这样操纵股票：庄家会选择某种股票或几种股票悄悄大量吃进，这时庄家会小心操作，严防被人发现他们的意图而吃不到足够的筹码，而且增加轿上的压力。吃进份额后，便设法采用散布利多消息等手段引诱大批投资者跟进，这样股价便被抬高。庄家见达到自己的目的之后，便设法出货，这是最关键的一步。

庄家常操纵股市，翻手为云，覆手为雨，牟取暴利。庄家开始操纵股票时，盘面大致会出现下列现象：

（1）低档挂进支付的数额较大。

（2）庄家临收盘做价，以拉高行情。

（3）股价迅速冲刺往上，出人意料之外。

（4）成交量值上升，且买盘集中于少数公司。

（5）平均每笔买进数量较大。

三、庄家控制筹码识别

庄家对股价的控制能力基本上决定于其控制筹码的程度。在实战中，常常看到一周涨 30% 以上的黑马股，但身边的朋友中很少有人持有这只股票，或者曾经持有却已在前几天的震荡中抛掉了。这种懊悔的心情很多散户都经历过。事实上，这只股票之所以能够一周涨 30%，正是因为散户手中很少持有，绝大部分抓在庄家手中。这样的股票拉升起来极少获利压力，而盘中巨大的成交量大部分是庄家自买自卖造出来的，庄家当然可以随心所欲地控制股价。

因此，筹码锁定程度高是黑马股的主要特征。在盘面上，高手可以看出一只股票的筹码锁定程度。筹码锁定程度高的股票有如下特征：

（1）成交量分布极为不规则，平时成交稀少，偶尔放出巨量，而这些巨量均靠庄家对倒而来。

（2）在大盘急跌时抛盘稀少，价格不跌，但可能突然一笔大抛单将价格打低很多，之后仍然很少抛单。

（3）股价几乎不随大盘走势波动，自成一体，在大盘震荡的时候尤其如此。

（4）买卖盘价位间隔很大，明显看到某几个重要价位上有稍大的买卖盘把守，但其他价位上几乎没有挂盘。

（5）该股并不太受人关注。

在观察到具备上述特征的股票之后，不必急于买入，应该盯住它，一旦庄家开始放量对倒往上拉，立即跟进，必有一大段顺风车可搭。

庄股爆发之前常常十分平静，价格波动很小，价值波动区间日趋收窄，面临突破。而后，庄家开始发力上推，则是主动性买盘的介入。这些盘面变化其实是非常显著的，只要留心观察就不难发现。正如一句古诗所说："山雨欲来风满楼。"经验老到的猎人能毫无感觉吗？

制造良好的技术形态是庄家的拿手好戏。这些形态已被多数投资者了解和接受，因而庄家用制造突破的方式吸引散户追高往往十分有效。可以这样说，所有实力庄家都必须努力维持庄股的有利技术形态，必须有计划地控制每日收盘价，以调整 K 线图和各种技术指标。

投资者普遍关注的技术形态包含三个方面：其一是 K 线图的形态，与之相应的是传统的 K 线分析理论；其二是均线系统，相应的是均线分析理论；其三是各种技术指标，其中大众最熟悉的是 KDJ、RSI 和 MACD 等。

▶▶▶跟庄秘籍

随着形势的变化以及在坐庄的不同阶段，庄家的操作手法也是在不断变化的。因此，这时从综合的层面来识别庄家就显得尤为重要了。散户只有通过仔细全面的分析，才能发现庄家，并且紧随庄家顺势而为，争取主动，进退自如。

第六节　不同类型庄家的辨识

不同类型资金持有者的心态是不一样的，而不同的心态会影响到各自的投资策略，对于市场也就会有不同的影响。因此辨识不同类型的庄家对于明确庄家的行为目的是极为重要的。下面分别介绍不同类型庄家的特点。

一、根据坐庄时间分类识别庄家

1. 短线庄家

重势不重价，也不强求持仓量是短线庄家的特点。短线庄家又大致可分为两种：一种是做反弹的，他们在大盘接近低点时买进，然后快速拉高，待散户也开始抢反弹时迅速出局；另一种是炒题材的，他们在出重大利好消息前拉高吃货，或在出消息后立即拉高吃货，之后继续拉升并快速离场。

短线庄家是股市上数量最多、最常见的庄家。不仅在上升单边市中能见到他们活跃的身影，就是在反弹中、盘局中，甚至是盘跌中，仍然可以见到他们在股海大显身手的足迹。

2. 中线庄家

中线庄家看中的往往是股票的题材，经常会对板块进行炒作。中线庄家往往是在底部进行一段时间的建仓，持仓量并不是很大，然后借助大盘或利好拉高，通过板块联动效应以节省成本，然后在较短的时间内迅速出局。中线庄家所依赖的因素都是其本身能力以外的，所以风险较大，操作起来较谨慎。一般情况下，上涨 30% 就算不错了。

中线庄家运作的周期一般为半年到一年，控制流通筹码约 50%，建仓时间一两个月，个股上涨的幅度则要视大盘的情况而定，最小也应该在40%。

3. 长线庄家

长线庄家往往看重的是上市公司的业绩，是以投资者的心态入市的。由于长线庄家资金实力强、底气足、操作时间长，因此在盘面走势形态上才能够清楚地看出其吃货、洗盘、拉高、出货的过程。所谓的“黑马”一般都是从长庄股票中产生的。见图2-20。

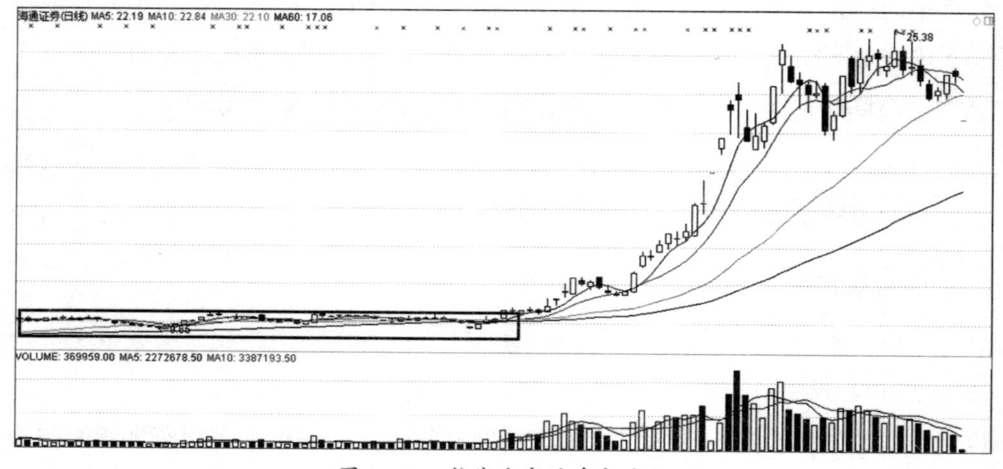

图2-20 长线庄家的建仓过程

持仓量大是长线庄家的一个最重要的特点，由于持股时间非常长，预期涨幅非常大，所以要求庄家必须能买下所有的股票，其实庄家也非常愿意这样做。这样，股价从底部算起，有时涨了一倍，可庄家还在吃货。出货的过程同样漫长，到后期会不计价格地抛出，这些股民都应注意。

对长线庄家，还有一种提法叫“长庄”。即一个庄家在某个股票中总是不出来，来回打差价。

二、根据操作特点分类识别庄家

1. 自大狂型庄家

这一类型的庄家总是自以为有实力，认为大资金可以决定一切，不管大市

的牛熊，一路拉抬，做死多头，结果吃了一肚子货，等到了高位时，想吐却无人接盘，结果，高度控盘，账面利润无法兑现，股价的K线图像死螃蟹一样，在高位无量横向爬行，股性已死。

2. 呆头鹅型庄家

这类庄家研判大市的水平极为低劣，很多被套机构都属于这一类。他们都是在牛市尾声时进的庄，进去就被套，越自救仓位越重，结果越陷越深，无力自拔。

3. 假大空型庄家

这一类型的庄家多为私募基金，其采取高比例扩张信用的手法，大量融资，借来钱买股票，买完股票再抵押借钱，结果泡沫越搞越大，一旦资金链断裂，就有爆仓的危险。这类庄家玩的是弄虚作假、坑蒙拐骗，自己的那些利润早就转移到国外了，一旦不好就“跑路”，秘密失踪，只是坑了那些提供融资的人和单位。

4. 空手道型庄家

这一类型的庄家最为狡猾，其往往注册很多法人名头，对一些低价的垃圾股进行资产重组，同时在二级市场做庄谋利。由于其控制了上市公司，因此制造题材极为顺手，而且通过其注册的空壳公司大搞关联交易。庄家在高位出完货以后还不肯罢休，还要来个增发，再圈一大笔钱，通过关联交易彻底掏空上市公司，然后转让股权拍屁股走人。

5. 庄园主型庄家

这一类型的庄家固守自己的田园，往往自己炒自己公司的股票，没钱就找股民配股，炒高了就自己发利好配合，既可以在二级市场谋利，又可以图名，为自己的企业做活广告。

6. 破落户型庄家

这一类型的庄家过去都是有一定实力的，但是做来做去，由长庄变短庄，由控盘庄变成大散户庄，最后被市场淘汰。现在的很多大基金就是如此，持股越来越分散，还美其名曰“投资组合分散风险”，结果连年亏损，持有人的赎回压力使其规模慢慢萎缩。

三、根据持仓量分类识别庄家

1. 强庄庄家

强庄庄家的前提是持仓量大，持仓量越大，庄家拉高的成本就越低。所谓的强庄并不是一定就比别的庄家强，而是某一段时间走势较强或是该股预期升幅巨大。

2. 弱庄庄家

一般是资金实力较弱的庄家。由于大幅拉升顶不住抛盘，所以只能缓慢推升，靠洗盘、打差价来抬高股价。由于庄家持仓量低，靠打差价就能获得很大的收益，所以股价累计升幅并不大。

四、根据庄股走势与大盘走势的符合度分类识别庄家

1. 顺势庄家

所谓顺势庄家，是指其持有的个股走势与大盘是一致的。这是高水平的庄家。

2. 逆势庄家

逆势庄家是指其持有的个股走势与大盘没有共性，即人们常说的“庄股”。逆势庄家由于做盘难度大，失败的较多。当然，有些庄家在建仓时逆势，在出货时顺势，那也是高水平者。

3. 被套庄家

由于不同的被套情况，被套庄家又可以分为两种：一种是股价低于庄家的建仓成本且庄家已没有操纵股价的能力，这比散户被套惨得多，割肉的话，又苦于没有接盘。另一种被套庄家是由于手法不对或所炒个股明显超出合理价

值，导致没有跟风盘，虽然股价高于成本，却无法兑现。这类庄家由于具备控盘能力，通过制造题材以及借助大盘，总会有出来的可能。大家看到的跳水股往往就属于这一种。

跟庄秘籍

在分析庄家的行动之前，应先了解庄家的类型，不同类型的庄家其操盘手法是不同的。散户可以根据不同庄家的特点将其归类，从中找出素质优良的庄家，因为不同类型的庄家其操作水平差距较大，对于庄家操作水平低的股票还是不参与为妙。

第三章

跟庄准备：庄家建仓需盯紧

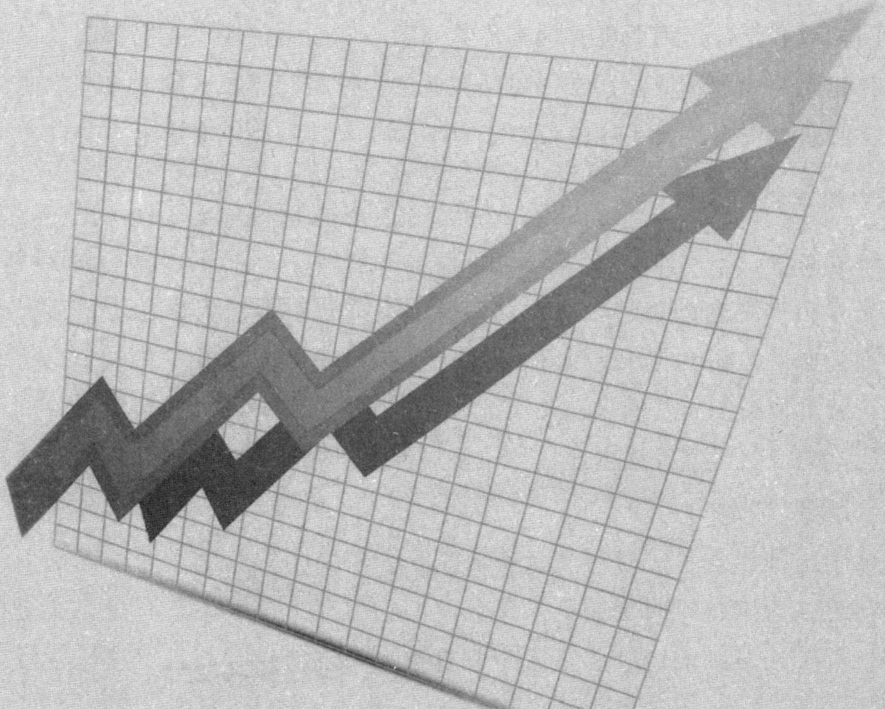

第一节　庄家建仓的基本手法和运作方式

庄家建仓的基本手法和运作方式主要有以下几种：

1. 化整为零建仓法

化整为零建仓法针对的股票一般都是当前阶段的冷门股，在相对于它过去的较低的价格上进行箱形盘整，与大盘的趋势一致，成交量很小。因此在建仓阶段，为了不让人察觉有大资金介入，在操作上不能大手笔地明火执仗地买入，而必须化整为零，将大资金拆小。对于资金量大的机构庄家来说，这样建仓时间相对会较长，因而也必须有足够的耐心和耐力，庄家在底部吸的筹码越多，其建仓的成本越低。通常，股票在低位盘整时间越长，则未来涨幅越大。对这类股票投资人只要关注就可以了，不必介入其中和庄家比耐心。

2. 轮动打压建仓法

一般而言，一只股票在从庄家出货以后都会有几波大的下跌，而这时庄家就具备了再次建仓的条件。不论是老庄家出货后的第二次建仓还是新庄家入场，都会在见大底以前开始吸筹，收集到足够的筹码后，用手中的筹码打低股价，待股价不断创出新低，人心涣散时，再配合以利空传闻，使得散户们忍不住纷纷割肉，然后继续慢慢地吸筹，循环往复。底部历时越长，庄家收集到的筹码就越多。见图 3–1。

运用这种建仓手法时，一般要求庄家有较雄厚的资金。同时保密工作也要做得好，否则打压时会被别人接盘而前功尽弃。个股还要有潜在的题材。然后选择不断下跌的调整势道或个股有重大利空消息时介入，这样更可以事半功倍。

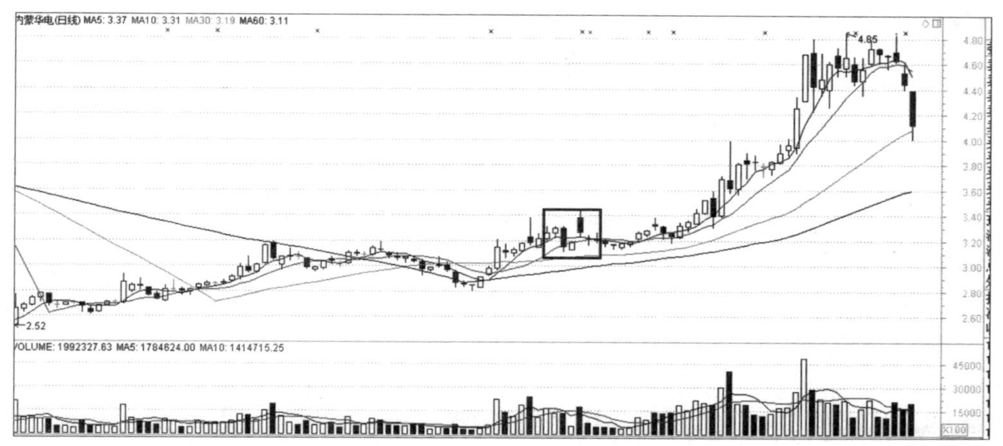

图 3-1　轮动打压建仓

3. 间歇吸筹建仓法

由于底部的低点较难判断，同时大资金不可能全在最低点吸到筹码，因此大资金在进入底部区域后即开始分批建仓，越低越买。由于建仓过程中难以避免将股价抬高，但此时或是筹码尚未吸够，或是拉高时机没到，因此必须以少量筹码再次将股价打低，甚至打出恐慌盘、斩仓盘、止蚀盘。等到散户心灰意冷的时候，便是大量吸筹完毕发动进攻的时候。采用这种手法建仓的，往往是兵力众多、阵容强大的庄家。庄家要想悄无声息地进驻某只股票，非一日一时之功。股价往往需要在低位反复吸筹。间歇吸筹式建仓手法表现在走势图上又可分为以下几种：

（1）横盘整理型。指庄家在某一价位上全力控盘，把抛单照单全收。此时庄家控制股价拉抬，股价稍稍冒头，庄家便一棍打下；若有压价抛售的，庄家趁机大捡便宜货。此时的股票不仅抗跌，而且抗涨。但仔细观察，也可发现蛛丝马迹——K 线图上阴阳相间，甚至多次出现十字星。一般来说，庄家吸货时的成交量都比较均匀，或呈典型的涨时放量，跌时缩量的态势。根据成交量，我们可以判断庄家何时进驻，兵力如何，进而可大致推测出庄家可能拉升的幅度。见图 3-2。

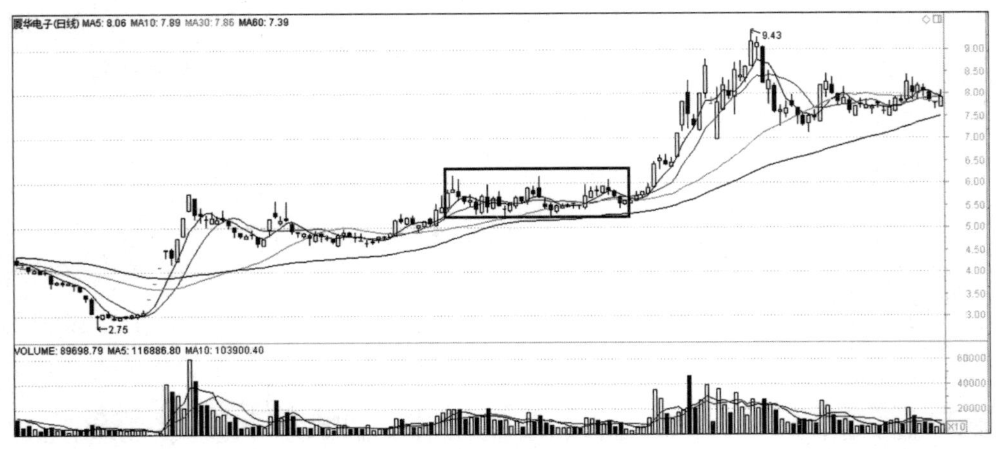

图 3-2 横盘整理建仓

（2）箱体波动型。低位震荡吸货的个股，股价在箱体内上下波动。庄家此时开始演“双簧”，既当买家又当卖家，价格跌下来则吸，价格涨上去则用大单打下来。在分时图上多为急跌后缓慢爬升，升时量逐渐放大。庄家用两手政策，时而对有货者用小阳线诱使其抛售，时而用高开低走的阴线使其吐出筹码。见图 3-3。

图 3-3 箱体波动建仓

（3）低位补仓型。庄家把价位推高一个台阶后，若大盘走弱，庄家无法抵挡蜂拥的抛盘，只好且战且退。待空方力量消化殆尽时，庄家再调集重兵，做好打歼灭战的准备。此类个股往往具有未来大黑马的潜质。从表面看，此股风平浪静，哪知里边已埋伏有庄家的百万雄兵。

从以上几种庄家间歇吸筹建仓的手法来看，散户平时可多关注一些市场“弃儿”，特别是那些一年半载无人理睬的个股。其次，关注长期横盘之后出现的第一根长阳，此时往往是庄家吹响的冲锋号角，这是我们向庄家抢钱的大好时机，散户此时宜准备一个铁钩，把自己的小舢板牢牢钩在庄家的航空母舰上。

图 3-4 为宁波海运的 K 线图，在 2014 年 6 月 12 日的出现长阳后，庄家开始大举建仓。

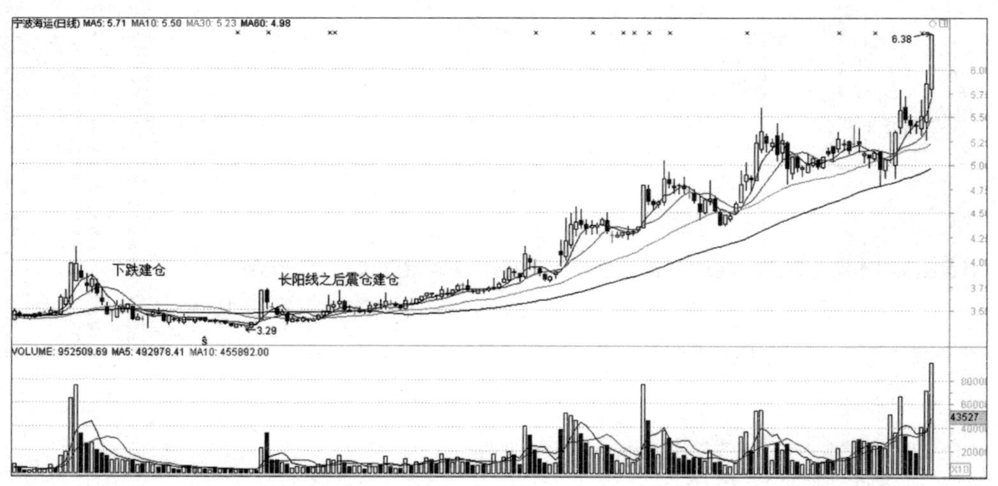

图 3-4 庄家在长阳后大举建仓

4. 循环反弹建仓法

循环反弹建仓法是指庄家利用人们“高抛低吸”“见反弹出货”“见反弹减码”的心理而大口吃进筹码的一种建仓手法。这种建仓手法是庄家为了节省建仓时间经常采用的一种建仓手法。

当股价跌到低位时，庄家虽然已经吃到一定的筹码，但还远远没有达到自己的目标。于是庄家每过一段时间就制造一波反弹，以便引发更多抛盘，随后又将股价打回原形，经过几次反复以后，使散户们慢慢形成了“股价到了什么价位就可以抛掉，然后在底部又拣回”的心理定式。待最后一次反弹时，大家纷纷抛售，而股价却再也不回落了，而是直线拉升，抛掉的人只有后悔，或者到更高位追回来。

庄家在采用这种方法建仓时，一般会在 K 线图上留下双重底、复合头肩底等形态。图 3–5 为 2014 年 11 月 ~ 2015 年 3 月的中路股份，由 K 线形态可知，这是典型的循环反弹建仓法。

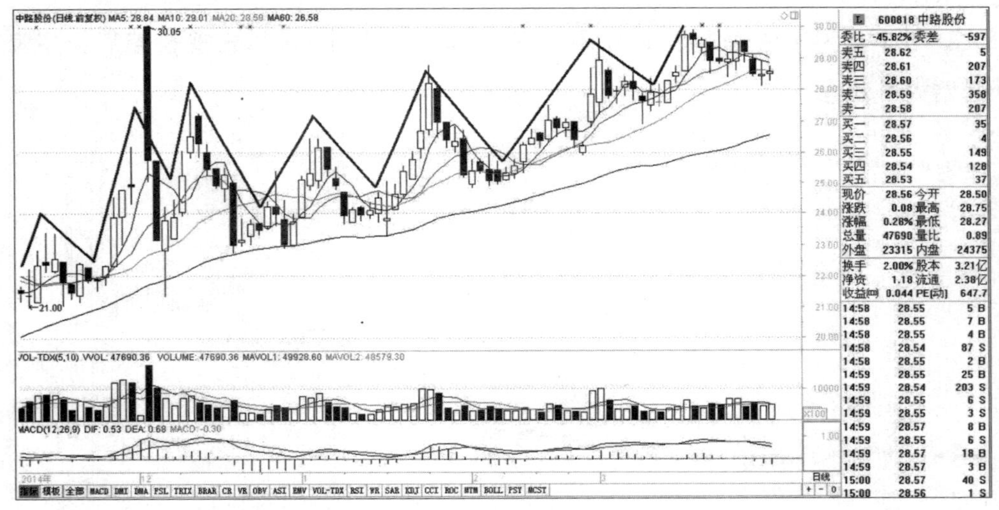

图 3–5　循环反弹建仓

5. 低位控盘建仓法

当突发性重大利好公布或者是股价已极度超值，某股票尚无庄家入驻、散户正在犹豫之时，大集团资金往往先下手为强，在当日大量买入低位筹码，即使拉涨停板也在所不惜。采用这种方法，往往在几天或几个小时就可完成建仓任务。

6. 平台递推建仓法

从 K 线图上来看，平台递推建仓方式就是一根阴线后拉一根阳线，然后

又拉 2 ～ 3 根阴线，后面再拉 2 ～ 3 根阳线，走势阴阳交错，但股价慢慢推高。

这种建仓方法的特点是建仓手法比较隐蔽，股价又往往不是处在历史低位，人们一般很难看出庄家究竟是在建仓还是在拉高出货，而庄家就在这样不知不觉中收集到了很多筹码。见图 3–6。

图 3–6　平台递推建仓法

7. 破底反抽建仓法

破底反抽建仓法是指庄家在底部进行了较长时间的平台式建仓后，仍然没有收集到足够的筹码，于是庄家便不惜成本进行疯狂打压，击穿底部平台并一再创出新低，引发市场恐惧性的抛盘，而庄家则乘机吸纳，然后一单拉高，造成一个反弹的假象，又骗出大量筹码。图 3–7 为上海物贸 2014 年 10 月至 2015 年 2 月的走势图，庄家在平台式建仓后，吸筹不足，两次大幅打压股价，引发恐慌性抛盘，庄家乘势吸货。

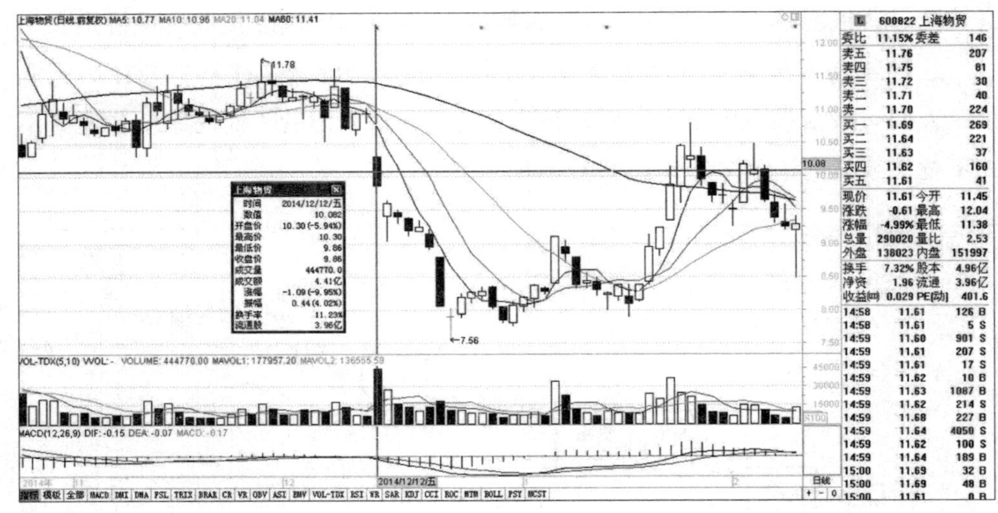

图 3-7 破底反抽建仓法

8. 急速加仓建仓法

急速加仓建仓法是指庄家不计成本，快速吃进筹码的一种建仓方法。一般而言，主要是在受到利好或潜在重大利好刺激，大盘即将反转，庄家只有采用这种方法建仓。如 2014 年 6 月底，市场长期下跌见新低 2010 点，沪市开始横盘整理，此时，国企改革、“一带一路”自贸区等利好陆续释出，股市放量上涨。但跌怕了的散户因为“逢反弹出货”“高抛低吸”的惯性思维而纷纷抛售，庄家却蜂拥而入，疯狂抢吃筹码。经过 2014 年 9 月和 10 月震仓清盘，截至 2014 年年底大盘收于 3234 点。许多庄家大胜而归，散户股民满仓踏空。见图 3-8。

9. 利空增压建仓法

每当大盘出现重大利空消息时，常会有一类股票走势明显强于大盘，并且表现出成交量在不断地放大。对庄家而言，突然出现的利空消息常会使其加紧建仓的步伐，而且在特大利空时，散户极易将手中的获利股票抛出。

作为机构庄家，在考虑某个项目时，常会以较大的资金等待大的利空到来，特别当他们看中某个股票而其目前价位较高，使得其不敢轻易地建仓时。一旦重大利空出现，散户自然会抛出股票，其中有不少属于获利丰厚的中长线

散户。这类股票的获得是极其珍贵的，是将来做庄时的底仓。

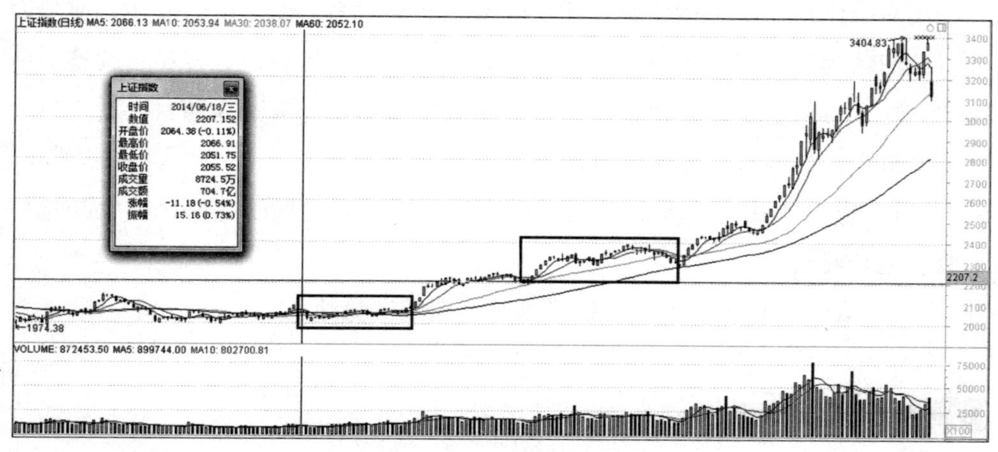

图 3-8　沪市综指 K 线图

10. 追涨洗筹建仓法

该方法是专门针对冷门股票的一种建仓方法。它不经过底部耐心收集的过程，而是连续几天拉高，不断利用涨停板的打开与关闭快速地完成建仓。长期冷门的股票使股民形成“死股”的概念，大盘涨它也不涨，大盘跌它跟着跌，被套的人都很难受，因此一遇上涨便会纷纷抛售。这样，庄家就能轻而易举地收集到大量筹码。见图 3-9。

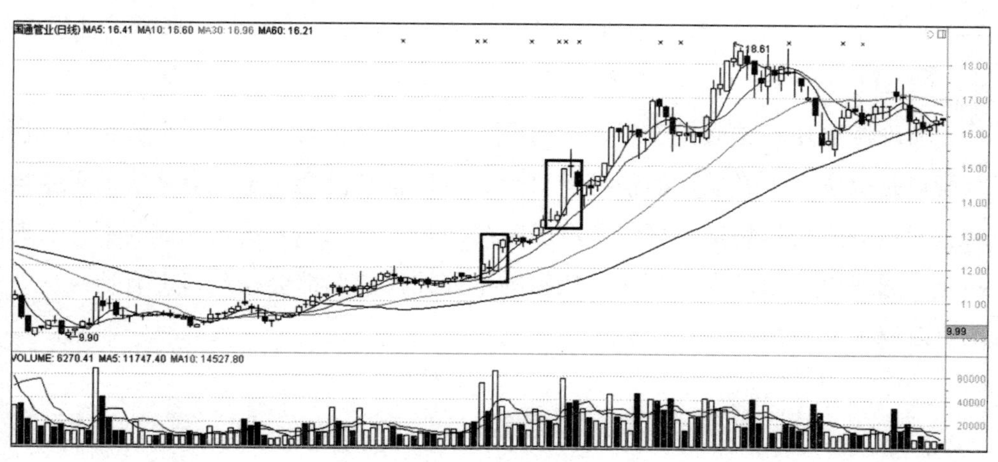

图 3-9　连拉涨停建仓法

11. 反向操作建仓法

反向操作建仓法是指庄家在建仓时不是顺势而为，而是反向操作，逆势而上，他们认为逆势建仓容易快速拿到筹码。同时，逆势炒作更容易引起整个市场的关注，参与者也就会比较多。只要个股质地不错或有潜在题材，就不愁没有派发机会。一般有这样两种方法：

（1）逆大势法。当大盘受利空影响或其他原因出现跌势时，庄家却选好个股，逆势建仓。

（2）乘个股有利空出现大幅跳水时，庄家逆势建仓。

跟庄秘籍

虽然庄家会采用各种手段来蒙蔽散户，深恐散户发现自己正在建仓，但是百变不离其宗，其基本的建仓手法和运作方式是一样的。这就要求散户要熟练地掌握庄家建仓的基本手法和运作方式。

第二节　庄家建仓的盘口特征

无论庄家还是普通投资者，买卖股票的操作都会表现在分时走势图中，所以盘口是投资者务必关注的信息窗口。盘口信息是研判庄家控盘程度的重要渠道。通过观察盘口特征，可以了解庄家的一举一动，庄家建仓完成与否，有时甚至仅通过盘口信息即可判断。庄家的不同控盘情况都会在盘口上有所反应，主要有以下几点：

一、盘面出现挂大卖单

在盘面上出现大笔卖单似乎有悖于庄家吸货的进行，但正是这些卖单的出现，使散户投资者错误地认为有大机构在出货，从而将手中的持股降低几个价位抛出，此时庄家就可以从容收集筹码了。其实这个信息说明庄家还在建仓。具体表现有以下几种：

（1）在卖一处挂上大单（500 手以上），而在买一处挂上相对较小的买单，在卖二、卖三、卖四、卖五都挂上大单，显示该股票抛压很重，以此恐吓投资者抛出手中的筹码，达到庄家建仓的目的。例如，某只股票，庄家在卖一处挂上 3000 手 2.03 元的卖单，而在买一处挂上 100 手 2.01 元的买单。一旦盘口上出现 2.02 元的卖单，庄家就马上吃掉，依次不断地向上撤单。如果卖一处 2.03 元的卖单突然被撤掉，卖一处的价格变成 2.04 元，盘面上出现这种情况，就是庄家在吃货建仓的明显特征。图 3-10 为 2015 年 3 月 30 日高鸿股份的 K 线图，庄家在尾盘处连续挂出大卖单，打压股价。这一举动说明，庄家的建仓仍在继续。

图 3-10　庄家连续挂出大单打压股价

（2）一支股票不涨不跌时，挂出的卖盘比较正常，而一旦拉升，立即出现较大的卖盘，有时甚至是先挂出卖盘，而后才出现上涨。这笔挂单通常是几百手甚至几千手，但一般不会挂留太久，否则极有可能被其他庄家或主庄抢去。

（3）在卖二和卖三处挂上大单，卖一则挂很小的卖单，并且下面挂的买单都很小，然后慢慢地把卖一吃掉，随后依次上撤卖单。例如，某只股票，在卖二处挂上 2000 手 10.10 元卖单，在卖三处挂上 5000 手 10.11 元卖单，而在卖一处只挂上 200 手 10.09 元的卖单。等卖一处的 200 手被吃掉后，撤掉卖二处的 2000 手卖单，改挂卖一处 100 手 10.10 元的卖单，再在卖二处改挂大单。散户们看见这种情况后，会误认为庄家在抛货，因此急忙抛出自己手中的筹码。散户抛出的筹码，庄家会一一吃掉。

（4）股价经过一段下跌后，盘口上出现大单。比如某只股票经历了一段长时期的下跌过程后，股价企稳，盘口出现很大的卖单，而下面的买单很小。不久后，盘口上出现很大的买单，直接把上面的大卖单吃掉。这种盘口迹象也是庄家建仓吃货的特征。

总而言之，庄家总会在卖盘处（特别是卖三处）挂一些相对大一点的单，让短线客看不到价位升上去的希望，然后庄家的买盘会不断地将抛单卷走。此时，如果卖盘不能被吃掉，一般说明庄家吸筹不足，或者不想发动行情；如果卖盘被逐渐吃掉，且上攻的速度不是很快，多半说明庄家已经相对控盘，既想上攻，又不想再吃进更多的筹码，所以拉的速度慢些，希望散户帮助吃掉一些筹码。

但是由于庄家的性情不同，盘面有时会出现不同的情形：

（1）庄家非常有耐心，最终会连续多日股价难升，但买盘不断卷走筹码，此时若大盘趋势稳定，会导致股价走平台。

（2）庄家性情急躁时，会出现拉高扫盘的吸筹方法，但扫完卖盘后，会择机再将股价“打回”原形或更低的位置，即使有一些浮动亏损也在所不惜。

二、股价处于低位时，盘口出现对倒单

在建仓过程中，庄家会采用对倒单来打压股价，以便在低位买到更多的筹码。此时在 K 线图上会出现小阴线和小阳线，并且 K 线会沿 10 日均线不断上

扬，这是庄家采用拉高建仓的操作方式建仓表现出来的盘面特征。此外，盘面上还会出现大的成交量，并且股价会出现连续下跌的小阴线。盘面上出现成交量放大，是因为庄家采用对倒手法，制造成交量放大的假象。从盘口看，股票下跌时的每笔成交量明显大于上涨或者横盘时的每笔成交量。另外，在低位时，庄家会不断地运用夹板式的手法，即上下都挂上大的买卖单，中间相差几分钱，同时盘面不断出现小买单吃货。其目的是让股民觉得该股票抛压沉重，上涨乏力，从而抛出手中的股票，这些都是庄家建仓的盘面特征。

三、下跌时没有大承接盘

如果庄家建仓不足，那么在洗盘时不希望损失更多的筹码，因而下跌时低位会有一定的承接盘，自己卖给自己，有时甚至是先挂出接盘，再出现下跌动作。而在庄家已经控制了较多筹码的股票中，下跌时卖盘是真实的，低位不会主动挂出大的承接盘，目的是减仓，以便为下一波拉升做准备。

四、收盘前瞬间下砸股价

在尾市收盘前几分钟，盘口突然出现一笔大卖单或几笔卖单，庄家降低很大价位抛出，使股价在收盘前瞬间被砸到低位。在分时图上，股价通常在急跌三四个点之后在低位横盘震荡，集中了主要的成交量。庄家这样做，目的是让散户来不及做出反应时就迅速把股价打压下去，使日 K 线形成光脚大阴线、十字星或阴线等较难看的图形，使其他持股者产生恐惧心理。持股者看见盘面上出现这种情况，会认为股价很可能在次日出现大跌。而次日开盘后，庄家会先打压股价，使其呈现出下跌的态势。这个时候，其他持股者就会纷纷抛出自己的筹码，庄家则一一吃进。这种情况如果出现在周末的话，效果会更好，因为在周末，庄家可以利用媒体宣传的形式摧毁持股者的持股信心，这样庄家就可以更轻松地达到建仓的目的。图 3-11 为 2014 年 12 月 23 日的南风股份，庄家在尾盘时突然砸盘，完成建仓。

五、即时走势的自然流畅程度因庄家介入程度而不同

庄家机构介入程度不高的股票，上涨时显得十分滞重，市场抛压较大。庄家相对控盘的股票，其走势是比较流畅自然的，成交也较活跃，盘口信息显示，多方起着主导作用。在完全控盘的股票中，股价涨跌则不自然，平时买卖盘较小，成交稀疏，上涨或下跌时才有意挂出单子，明显给人以被控制的感觉。

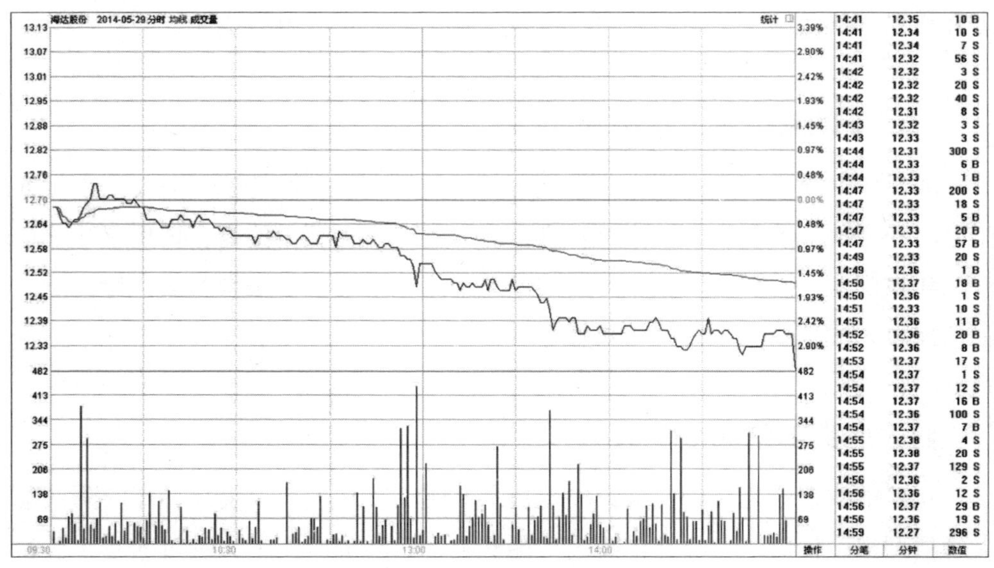

图 3-11　尾盘砸盘建仓

六、大阳线次日成交清淡

这个盘口信息在研判中的作用也不可小视。一支没有庄家控盘的股票，大阳线之后的第 2 天一般都会成交踊跃，股价上蹿下跳，说明多空分歧较大，买卖真实自然，庄家会借机吸筹或派发。而如果在大阳线，次日成交清淡，波澜不惊，多半说明已被控盘，庄家既无意派发，也无意吸筹。

以上介绍的几种盘口特征都是庄家建仓阶段经常出现的，也是最基本的盘口现象特征。作为投资者来说，必须长期跟踪某只股票，紧盯盘口，并在实践中不断探索，不断完善自己，才能深入了解庄家操作时的盘口信息语言，确定

资金流向的真实性。读懂盘口信息语言，是一个股票投资者的基本功。

跟庄秘籍

庄家坐庄时，很讲究操盘技巧。但随着交易规则、监督程度等因素的变化，庄家会不断进行调整，并非一成不变地使用一种手法。尽管庄家的手法十分隐蔽，但盘面上总会留下一些蛛丝马迹，总会被细心而精于分析的投资者所识破。

第三节　庄家的建仓成本和建仓结束的标志

一、庄家的建仓成本

庄家的建仓成本是指庄家为炒作某一只股票而消耗的费用。庄家建仓，如同其他生意，需从“销售收入”中减去成本，才是获取的利润。

1. 庄家成本的分类

庄家的操盘成本主要包括进货成本、利息成本、拉升成本、公关成本、交易成本等。庄家的成本这么复杂，我们要得到这些准确的数据是不可能的，只能根据股价的走势、成交量的变化大致地去分析、判断，最多只能算一个近似值。

（1）进货成本。庄家资金大量进场时必然会耗去一定的吸筹资金，这部分是庄家的进货成本。

（2）利息成本。也叫融资成本。除了少数自有资金充足的机构外，大多数庄家的资金都是从各种渠道筹集的短期借贷资金，要支付的利息很高，有的还要从坐庄赢利中按一定比例分成。因此坐庄时间越久利息支出越高，持仓成本也就越高。有时庄家贷款到期，而股票又没有获利，那就只好再找资金，拆东墙补西墙了，或者被迫平仓出局。

（3）拉升成本。大多数庄家需要在盘中对倒放量制造股票成交活跃的假象，因此仅交易费用一项就花费不少。另外庄家还要准备护盘资金，在大盘跳水或者技术形态变坏时进行护盘，有时甚至要高买低卖。

（4）公关成本。庄家的公关优势包括多层，主要有管理层、券商、银行、上市公司、中介机构等，这些机构的重要性是不言而喻的，庄家也应为此付出必要成本，否则坐庄就很难成功。

（5）交易成本。尽管庄家可享受高额佣金返还，但庄家的印花税还是免不了的，这笔费用不得不计入持仓成本之中。

2. 计算庄家建仓成本的方法

庄家的建仓成本可通过以下八种方法来测算：

（1）平均价测算庄家成本法。庄家若通过长期低位横盘来收集筹码，则底部区间最高价和最低价的平均值就是庄家筹码的大致成本价格。此外圆形底、潜伏底等也可以用此方法测算建仓成本。庄家若是通过拉高吸筹，成本价格会更高一些。

（2）统计换手率测算庄家成本法。对于老股，在出现明显的大底部区域放量时，可作为庄家建仓的成本区。具体计算方法是计算每日的换手率，直到统计至换手率达到100%为止，以此时的市场平均价作为庄家建仓成本区。对于新股，很多庄家选择在上市首日就大量介入，一般可将上市首日的均价或上市第一周的均价作为庄家的成本区。

（3）根据最低价测算庄家成本法。在最低价位之上的成交密集区的平均价就是庄家建仓的大致成本，通常其幅度高于最低价的15%～30%。

（4）根据股价测算庄家成本法。以最低价为基准，庄家的建仓成本，低价股在最低价以上0.5～1.5元，中价股在最低价以上1.5～3.0元，高价股在最低价以上3.0～6.0元。

（5）用SSL指标测算庄家成本法。SSL指标显示股价的成交密集区和支撑位、压力位，成交密集区内平均价位附近对应的巨大成交量的价位就是庄家的建仓成本。

（6）利用下面这个公式也可以测算庄家成本：

庄家持仓成本＝（最低价＋最高价＋最平常的中间周的收市价）÷3

作为庄家，其控盘的个股升幅最少为50%，大多数为100%。一般而言，一只股票从一段行情的最低价到最高价的升幅若为100%，则庄家的正常利润是40%。

（7）测算新老股庄家成本法。

①强势新股的庄家成本测算。新股上市后，股价的运行一直保持较为强势的特征，如果连续好几个交易日股价总体向上，换手频繁，并且一周之内达到100%以上，这种情况下，股票的平均价格大致接近庄家的建仓成本。

②上市当日换手率超过60%的新股的庄家成本测算。上市当日换手率超过60%的新股，庄家的成本线在上市首日开盘价与收盘价之平均值附近。这是因为，新股上市当日，一级市场申购专业户大量抛售套现，此时正是收集筹码的最佳时机，看好该股的庄家常进场大肆吸货。因此，一旦上市首日换手率超过60%，当天的平均价必然是庄家进货的成本价。尤其是在弱市中，一些中大盘股或行业属性一般的股票不被散户看好，上市低开低走，庄家正好趁机大量吸货。一旦庄家收集过程完成，日后的拉抬幅度往往是首日收盘价与开盘价之平均值的2～3倍，甚至4～5倍。散户只要在此区域进货，又能捂住3个月乃至半年以上，常有惊人的获利。见图3-12。

③上市首日换手率不足50%次新股的庄家成本测算。上市首日换手率不足50%的次新股，庄家成本一般在60日均线与120日均线之间。大多数庄家收集筹码不可能集中于一日，上市首日若未能拿足筹码，庄家还需要一定的时间吸货。对大多数刚上市新股，庄家如果立即拉高吸货，往往成本较高，需慢慢吸纳。大多数庄家收集筹码需要2～4个月甚至更长时间，收集完毕，在大势适度活跃时择机拉抬，发动一波行情。因此，60日均线与120日均线之间的价位往往是庄家建仓成本区域，散户在这个区域择机介入，获利的把握较大。

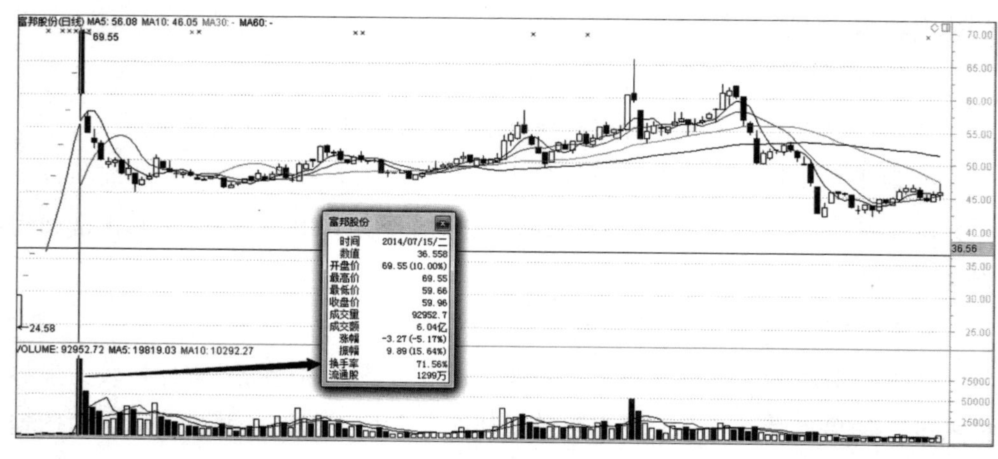

图 3-12 换手率 71%

④冷门老股的庄家成本测算。冷门老股的庄家建仓成本在底部反复拉抬、箱形震荡的最高价与最低价之均值处。一些股票因利空调整充分，股价已跌深跌透、无人关照，此时有心庄家正好赶来收集“破烂”，然后施展手法变金子。但要想哄出散户手中的廉价筹码并非易事。唯一办法是反复拉抬、打压。这时股价 K 线图及成交量的特点是 ：K 线小阴小阳或连绵阴线伴随萎缩成交量之后，突然来一两根大阳线，同时伴随成交量的放大，然后又是萎缩成交量和连绵阴线或小阴小阳。如此反复几次，股价上下箱形震荡，成交量间隔性放大。庄家的成本就在箱顶与箱底之中位附近。散户可在箱底或箱形中位进货埋伏，一旦庄家筹码收集完毕发力上攻，升幅将甚为可观。

⑤慢牛股庄家成本测算。慢牛股庄家成本通常在 10 日均线与 30 日均线之间的黄金通道内。有些朝阳行业潜力股，庄家机构因看好该股基本面而在里面长期驻守，耐心运作，只要该股基本面不发生重大变化，庄家就不会出局。其走势特点是股价依托 10 日均线、30 日均线震荡上行，缓慢盘升，庄家手法不紧不慢，不温不火，股价偏离 5 日均线过远则回调，技术整理几天，一碰到 30 日支撑线就上行，然后再次触及 5 日线又回调，成交量既不放得过大，也不萎缩太小，始终保持一个比较适中的水平。这种慢牛股的庄家成本区域就在 10 日均线与 30 日均线之间。散户在此区域进货，赚钱的概率极大。

二、庄家建仓结束的标志

股价涨不涨，关键看庄家炒不炒。庄家什么时候最有炒作激情？庄家廉价筹码吃了一肚子时最有激情。因此，散户跟庄炒股，如果能够准确判断庄家的建仓进展情况，盯牢一只建仓完毕的庄股，在其即将拉升时跟进，必然会获得可观的利润。要做到这一点，就必须知道庄家什么时候完成建仓任务。一般而言，在庄家建仓接近尾声的时候，股价会出现以下几个特征：

1. 放很小的量就能拉出长阳或封死涨停

对于新股来讲，上市后，如果有庄家看中了它，那么庄家就会收集筹码。庄家经过一段时间的吸筹后，如果用很少的资金就能够轻松地把股价拉出涨停来，就说明庄家筹码收集工作已经进入尾声，大部分筹码已经被庄家锁定了。这时庄家具备了控盘能力，可以随心所欲地控制盘面。见图 3–13。

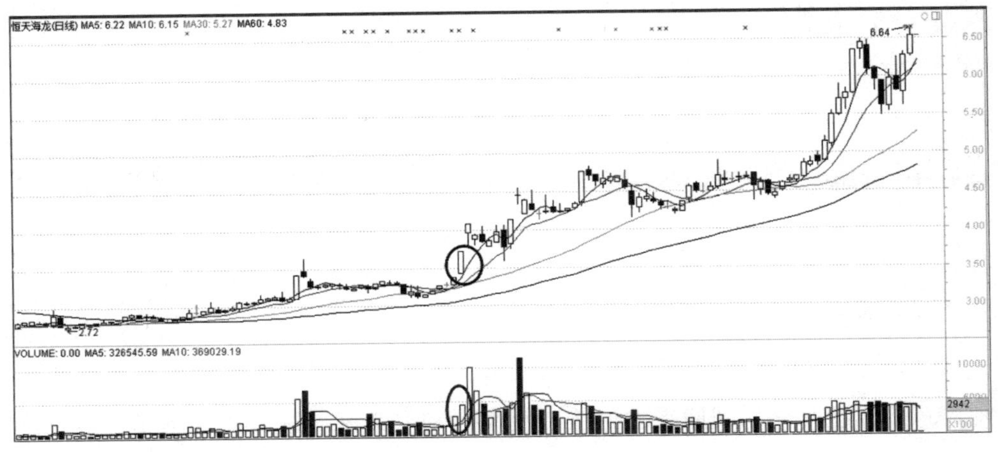

图 3–13　小成交量拉出大阳线

2. 走势呈现震荡并且成交量萎缩

K 线走势起伏不定，而分时走势图剧烈震荡，成交量极度萎缩。在庄家建仓收集筹码的后期，庄家会用少量筹码在 K 线图上做出一些技术性骗局，其目的是洗掉盘中的短线获利盘，同时消磨散户的持股耐心。从日 K 线上看，股价起伏不定，一会儿到了浪尖，一会儿到了谷底，但股价总是冲不破箱顶也跌不破箱底。在当日分时走势图上，更是表现出大幅震荡的态势，使得投资者有一种莫名其妙、飘忽不定和坐电梯的感觉。成交量方面也没有什么规律可寻，有时几分钟才成交一笔，有时甚至是十几分钟才成交一笔，在分时走势图上画出横线或竖线，形成矩形形态，成交量也极度萎缩。上档抛压极轻，而下档支撑盘却很有力，显得浮动筹码非常少。在这种情况下，一般可以判断庄家吸筹已到达目标仓位，以后就要进入爆发性的拉升行情了。见图 3-14。

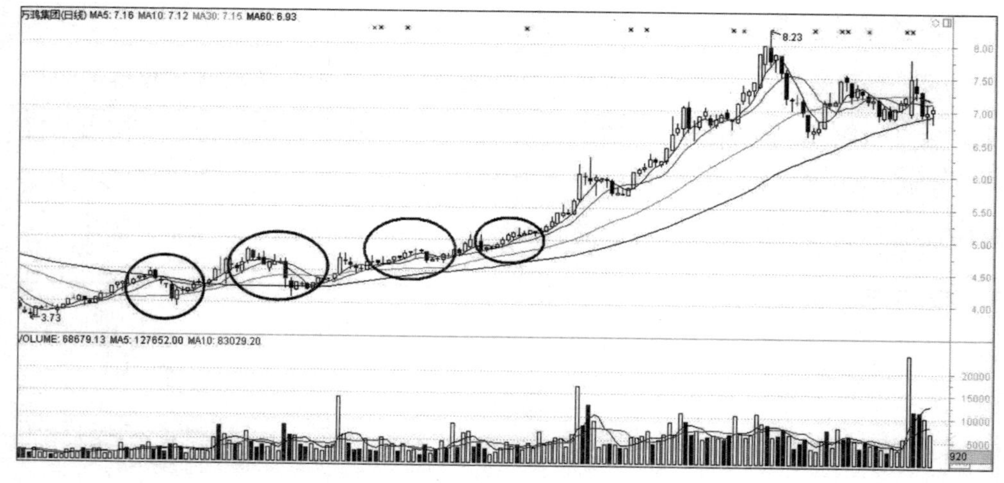

图 3-14　建仓结束走势震荡成交量萎缩

3. 该跌不跌

遇利空打击，股价不跌反涨，或当天虽有小幅无量回调，但第二天便收出大阳，股价迅速恢复到原来的价位。突发性利空袭来，庄家措手不及，散户筹码可以抛了就跑，而庄家却只能兜着。散户资金量小，可以很方便地自由进出，庄家资金量大，进出就没有那么简单方便了，因此，当利空袭来时，对于散户的抛盘庄家只能接着，以免股价大幅下跌。于是盘面可以看到利空袭来当日，开盘后抛盘很多而接盘更多，不久抛盘减少，股价企稳。由于害怕散户捡到便宜筹码，第二日股价又被庄家早早地拉升到原来的水平。

4. 个股不理会大盘走出独立行情

个股不理会大盘而走出独立行情，这种情况主要表现在放量不封涨、大盘涨的时候庄股不涨，反而会出现微跌；大盘跌的时候它不跌，甚至会小幅度盘升。图 3–15 为放量不封涨停的典型，该只股票在低位明显放量，具备封住涨停板的能量，但庄家刻意控制上升幅度或进行洗盘，就算盘中涨停，收盘前也打开。

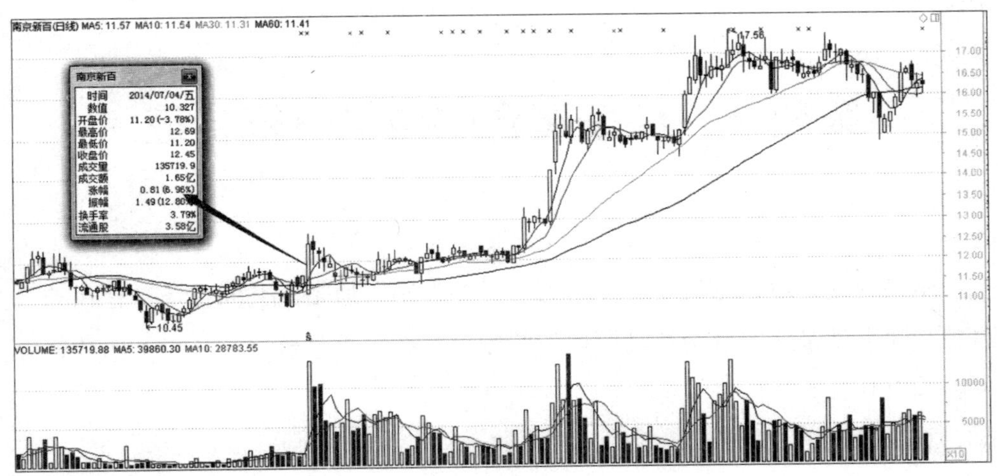

图 3–15　放量不封涨

个股出现放量不封涨停的情况，通常说明大部分筹码已经被庄家控制了。当大盘下跌时，盘中如果出现浮动筹码砸盘，庄家会出来把筹码接住，封死股价的下跌空间。庄家这样做的目的，是防止廉价筹码被别人抢走。在大盘向上或企稳时，短线资金会进入抢盘操作，如果此时庄家由于某种原因不想发动行情，那么庄家就会用凶狠的砸盘手段封住股价的上涨空间，不让那些短线热钱打乱自己的操作计划。在股票的 K 线形态上，就会表现出横向盘整，或沿均线小幅度震荡盘升的格局。

个股具备上述特征之一，就可初步判断庄家建仓已经基本完成了，此时是散户进入操作的最佳时机。

跟庄秘籍

投资者不妨帮庄家算算账，目前价位庄家有无获利空间，以及获利大小，若目前价位庄家获利菲薄，甚至市价尚低于成本，该股前景光明；若目前价位庄家已有丰厚的账面利润，庄家操心的是如何将钱放进口袋，也即是伺机逃脱的问题，此时指望其再创新高显然不现实。

第四节　庄家建仓的技术分析特征

庄家在建仓时，尽管其具体形态会千差万别，但是其共同点还是存在的，这些共同点就是庄家建仓活动所留下的印记。在技术分析上，从以下四个方面可以看出其技术特征。

一、看K线图

在K线图上，当股价在低位出现震荡时，经常出现一些特殊图形，而且这些特殊图形出现的频率也要超出随机的概率。典型的K线有带长下影线的小阳小阴线、跳空高开收出大阴线、小幅跳空低开收光头阳线等，这个在前面的章节已有阐述，此处不赘述。

如果这些形态频繁出现，一般可以判定是庄家压低吸筹所留下的痕迹。

二、看均线系统

均线系统逐渐转向脉络清晰、起伏有致，而不再是杂乱无章、纠缠不清。从技术上来说，这些均线特征是黑马与失败案例的最大区别，具有合理的内涵，在庄股时代有其必然性。

 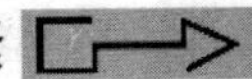

其内在机理是：在建仓阶段，前期由于筹码分散，持仓成本分布较宽，加上庄家刻意打压，股价波动的规律性较差，反映到均线系统上，就是短、中、长期均线的不断交叉起伏。随着庄家手中持筹的沉淀，市场上的浮筹减少，当庄家持筹达到一定程度时，往往会把股价的波动幅度降下来，以拉平市场成本，减少其他投资者做短差的机会。此时，短期均线系统的无序振动幅度会相应减少，过陡的斜率逐渐降下来，均线之间的距离逐渐缩小甚至完全贴紧。

三、看 K 线组合

从 K 线组合来看可能会出现以下几种情况：

（1）经常出现上涨时成交量显著放大但涨幅不高的“滞涨”现象，而且在随后的下跌过程中成交量却以极快的速度萎缩。

（2）上涨一小段后便不涨不跌，成交量虽然不如拉升时大，但始终维持在较活跃的水平，保持一到两个月后开始萎缩。

由于庄家筹码进的比出的多，日积月累，手中筹码就会不断增加。尽管在目前这种形势下庄家已无法操纵大盘，但控制个股走势还是绰绰有余的，往往会在收盘时通过各种手段改变股价走向，从而使一些技术指标逆转，以迷惑一般投资者。从这个意义上说，在研判个股走势时，收盘价虽然是重要的，但盘中总体走势也不可忽视，在建仓阶段和拉升末期尤其如此。

四、在建仓阶段，庄家与散户实际上是处于博弈的两端，庄家总是力图制造种种假象，迫使散户低价交出手中的廉价筹码。正因为如此，在底部区域的顶端，庄家往往发布种种利空，或者制造形态上的空头结构，意图使市场发生心理恐慌，主动促成股价下跌。这种下跌，表面上很难与“黑马”形态失败所构成的顶区分开来，但下跌幅度的深浅却往往暴露出庄家的真实意图。

一般来说，假如庄家在下跌途中坚定持筹，并且继续逢低吸纳，则除非某些非凡情况出现，否则股价一般难以杀回前期密集成交区之下并维持较长时间。这是因为庄家的建仓成本就在这附近，而他们当然不会容忍别人以比他们更低的价位从容买入。出货形态则没有这种顾虑。另一方面，在“黑马”的孕育阶段，这种震荡往往会多次出现，但随着庄家持筹的不断增加，振幅往往会逐步收窄。

跟庄秘籍

虽然有时候庄家也会借助散户所掌握的技术分析方法来欺骗散户，但是有些技术特征是庄家怎么也掩饰不了的。这就需要散户有一双火眼金睛，能够及时识别庄家的“阴谋诡计”，发现庄家正在建仓，静候其建仓完毕，及时跟进。

第五节　把握庄家持仓量的技巧

在实战的过程中，投资者一般是很难探知庄家的持仓量。尽管一些投资者想方设法探知庄家的持仓量，但是结果往往是与事实有非常大的出入。其原因主要是：

（1）庄家为了反追踪，常常把自己的筹码分成若干份，这样就不会那么引人注目了。这样由于投资者特别关注大笔的成交，反而使得庄家又多了一种隐蔽吸筹的方法。庄家在吸筹时，故意放出一个大单子抛压，让投资者以为有大户要离场，而自己却可以用小单子完成吸筹。

（2）从操盘手那里获知的消息往往不可靠。市场上的传闻有很多，但是这些传闻也有相当大的问题。有时是庄家故意泄露的，庄家暴露自己的持仓和公开自己所获知的信息的目的是一样的，无非是想在其拉抬的过程中引诱大家抬轿，甚至在其出货的时候引诱公众资金入场。

一、探知庄家仓位的原理

要想准确探知庄家的仓位，必须掌握以下原理。

1. 获利不抛的筹码是庄家的筹码

从上面的分析可以看出，从庄家的角度测算庄家的仓位绝非易事，因此我们可以转换思路，从散户角度入手，采用否定式的方法，在股市中除了庄家就是公众投资者，货不在散户手里，就一定在庄家手里，反之亦然。

于是，可以问散户这样一个问题：什么情况下你们不愿意再持有一只股票了？遗憾的是，没有散户给出一个明确的答复，似乎大家还没有思考过这样的问题。因此我们可以换一种习惯的问法：有谁习惯于在获利 30% 才把股票卖掉？或者习惯于获利 20% 以上才把股票卖掉？或者习惯于获利 10% ~ 20% 把股票卖掉？通过分析，发现大多数散户的操作习惯非常相似，他们的抛出位置是盈利 8% ~ 15% 的这个区间。在此不评价这样做是否划算，我们只是得到一个市场事实，即散户很难将股票的浮动盈利做到 20% 以上。所以说，那些获利不抛的筹码就是庄家的筹码。

2. 解套不卖的筹码是庄家的筹码

一般散户的持股心理是"获利则焦躁不安，深度被套则异常平静"。因此我们可以看到，在大熊市中，证券营业部基本是人去楼空，别说买卖股票，散户们连看盘都懒得看。而当股价见底反弹，投资者接近解套的状态，股市就重新活跃起来。当股价回到前期套牢区附近时，大都会引发比较大的成交量，说明这些早期被套的投资者一旦解套，便纷纷选择了离场观望。但是庄家和散户不同，因为如果庄家持有流通盘 50% 以上的筹码，即使解套也没有出货的机会。因为如此多的筹码一旦抛出，股价会重新下跌，庄家面临的将是再度被套。所以即使庄家想走，也必须把股价再拉高若干个涨停板，给自己构造一个足够的出货空间，所以说解套不卖的筹码是庄家的筹码。

3. 横盘洗不掉的筹码是庄家的筹码

一般来说，散户最烦、最怕的不是股票下跌，股价下跌了，拿着就是了，心态好得很。散户最怕的是股价长期不涨。一个月的时间，甚至两三个月的时间里，一会儿让你挣 10%，一会儿让你赔 10%，两三个月中折腾来折腾去，任凭谁也受不了这样的心理折磨。因此，股价的长期震荡横盘，散户往往会忍耐不住，在某个位置上把股票抛掉，惹不起还躲不起吗？这时那些不会抛售的筹码就是庄家的筹码了。所以说横盘洗不掉的筹码是庄家的筹码。见图 3–16。

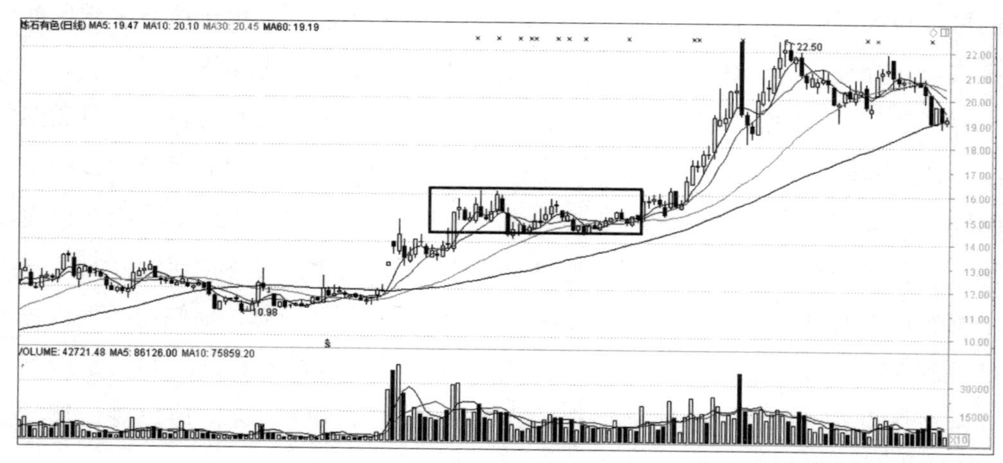

图 3−16 横盘中的庄家筹码

二、把握庄家持仓量的技巧

股价的涨跌，在一定程度上是由该股筹码的分布状况以及介入资金量的大小决定的。一般来说，以下方法可以估计庄家的持仓量。

1. 即时成交的内外盘统计测算

计算公式一：当日庄家买入量＝（外盘 ×1/2 ＋内盘 ×1/10）÷2

将若干天庄家买入量累加，换手率达到 100% 以上才可以停止追踪。

所取时间一般以 60 至 120 个交易日为宜，一个波段庄家的建仓周期通常在 55 天左右。该公式需要投资者每日对目标个股不厌其烦地统计分析，这样误差率较小。

2. 底部周期内的成交量测算

将底部周期内每天的成交量乘以经验参数，即可大致估算出庄家的持仓量。

计算公式二：

庄家持仓量＝阶段总成交量（参照公式一的条件）×（经验估值 1/3 或 1/4）

为谨慎起见，可以确认较低持仓量，即用 1/4 的结果。

3. 低位三因素测算

个股在低位出现成交活跃、换手率较高、股价涨幅不大（设定标准为股价阶段涨幅小于 50%，最好小于 30%）的个股，通常是庄家在吸货。

计算公式三：

个股流通盘 ×（个股某段时期换手率－同期大盘换手率）× 估值 1/3

为了提高计算的准确性，可以将以上三个公式的结果进行求和平均，得出的结果就是庄家的持仓数量。

总公式：精确的庄家持仓量＝（公式一结果＋公式二结果＋公式三结果）÷3

当然，在计算过程中，还要参考股票的股东持仓情况，进行动态分析。

跟庄秘籍

掌握庄家持仓量是一个关键问题，不但散户知道，庄家也知道。正因为如此，准确探知庄家的持仓量绝不是一件容易的事情，但也不是不可能的，只要你愿意换一个角度去思考，一切便豁然开朗。

第六节　庄家建仓阶段的跟庄准备

在庄家建仓阶段，散户要注意从以下两个方面做好跟庄的准备。

一、注意观察盘口

盘口是反映庄家行踪的汇聚点，因此，要想跟对、跟准庄，散户就要注意观察盘口。实时盯盘的基本工作是观察买盘和卖盘。庄家经常挂出巨量的买单或卖单，引导价格朝某一方向运动，并时常利用盘口挂单技巧，引诱投资人做出错误的买卖决定，因此注意观察盘口是跟庄要做的必要准备。观察盘口要掌握以下技巧：

1. 看庄家意图和股价方向

散户可以通过上压板、下托板来看庄家的意图和股价方向。所谓的上压板，是指大量的卖盘挂单；所谓的下托板，是指大量的买盘挂单。无论上压还是下托，其目的都是操纵股价，诱人跟风，且股票处于不同价区时，其作用是不同的。

（1）当股价处于刚启动不久的中低价区时，主动性买盘较多，因此可以分两种情况考虑：

①盘中出现下托板，往往预示着庄家做多意图，可考虑介入跟风追势；

②出现下压板而股价却不跌反涨，则庄家压盘吸货的可能性偏大，往往是大幅涨升的先兆。

（2）当股价升幅已大且处于高价区时，又可以分为两种不同的情况：

①盘中出现了下托板，但走势却是价滞量增，此时要留神庄家诱多出货；

②此时上压板较多且上涨无量时，往往预示顶部即将出现，股价将要下跌。

2. 观察是否庄家对敲

所谓对敲，是指庄家利用多个账号同时买进或卖出，人为地将股价抬高或压低，以便从中获益。当成交栏中连续出现较大成交量，且买卖队列中没有此价位挂单或成交量远大于买卖队列中的挂单量时，则十有八九是庄家刻意对敲所为。此时若股价在顶部，多是为了掩护出货；若是在底部，则多是为了激活人气。

3. 观察隐性买卖盘与买卖队列的关系

在买卖成交中，有的价位并未在买卖队列中出现，却在成交一栏里出现了，这就是隐性买卖盘，其中经常蕴含庄家的踪迹。一般来说，上有压板，而

出现大量隐性主动性买盘（特别是大手笔），股价不跌，是大幅上涨的先兆；下有托板，而出现大量隐性主动性卖盘，则往往是庄家出货的迹象。

4. 观察是否有大单扫盘

所谓扫盘，是指在涨势中常有大单从天而降，将卖盘挂单悉数吞噬（图3-17）。在股价刚刚形成多头排列且涨势初起之际，若发现有大单一下横扫了买卖队列中的多笔卖盘，则预示庄家正大举进场建仓，是投资人跟进的绝好时机。

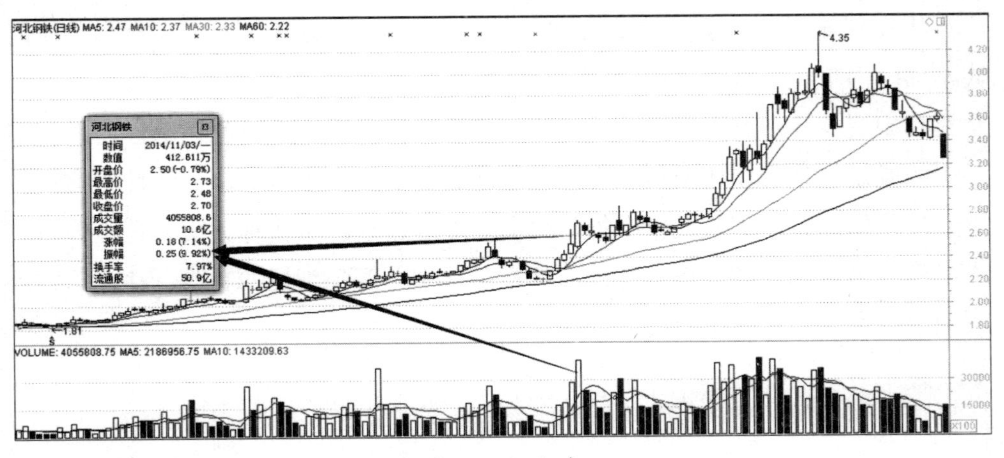

图 3-17　扫盘

5. 观察是否有大单

所谓大单，是指每笔成交中的大手笔单子。当买卖队列中出现大量买卖盘，且成交大单不断时，则往往预示着庄家资金活跃。

二、分析庄家的空头陷阱

在庄家建仓阶段，还需要做的一项准备工作是从消息面、资金面、宏观基本面、技术分析和市场人气五方面进行综合分析，以便识别庄家的空头陷阱。

1. 从宏观基本面分析

散户必须注意容易形成空头陷阱的宏观环境。在股市政策方面没有特别的实质性利空因素，股价却持续暴跌，此时投资者需要了解影响大盘走强的政策面因素和宏观基本面因素，分析是否有实质性的利空因素。

2. 从消息面分析

在市场利空不断时，散户需要格外小心。因为庄家往往会利用宣传方面的优势营造做空的氛围。正是在各种利空消息满天飞的重磅轰炸下，庄家资金才能够很方便地建仓。所以，此时不是跟庄的最佳时机。

3. 从技术形态分析

从K线走势上来看，往往是连续几根长阴线，跌穿各个强支撑位，有时甚至伴随向下跳空缺口，引发市场中恐慌情绪的连锁反应。当然，庄家有时候会故意制造技术形态上的破位，让投资者误以为后市下跌空间巨大，纷纷抛出手中的股票，从而使庄家得以在低位承接大量的廉价筹码。因此，此时散户一定要经得住诱惑，识破庄家吸筹的目的。此外，在技术指标方面，还会导致技术指标上出现严重的背离特征，而且不是其中一两种指标的背离，往往是多种指标、多重周期的同步背离。见图3-18。

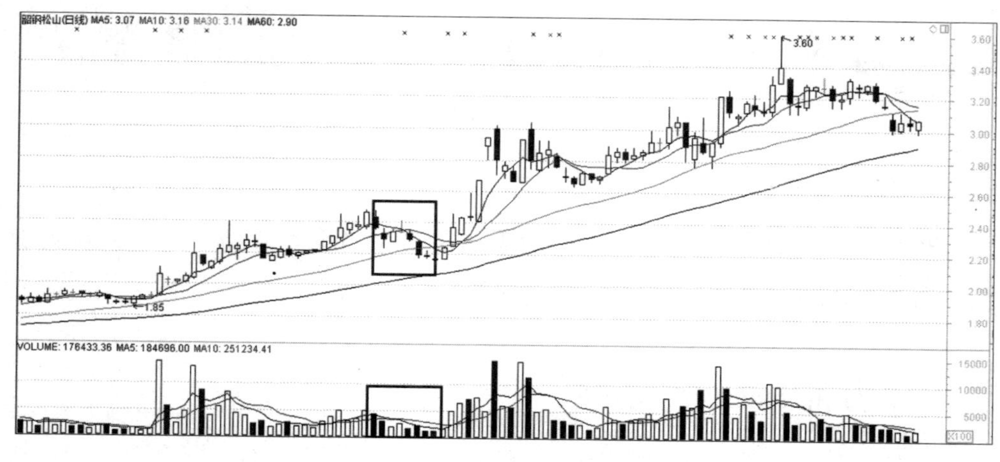

图3-18 跳空—震仓—吸筹

4. 从成交量分析

随着股价的持续性下跌，量能始终处于不规则的萎缩中，也是空头陷阱的

一种表现形式。有时，盘面上甚至会出现无量空跌或无量暴跌的现象，盘中个股成交也不活跃，营造出一种阴跌走势遥遥无期的氛围。恰恰在这种悲观的氛围中，庄家往往可以轻松逢低建仓。

5. 从市场人气方面分析

长时间的下跌会在市场中形成沉重的套牢盘，人气也在不断套牢中被消耗殆尽。然而，往往市场人气极度低迷的时刻，恰恰说明股市离真正的底部已经不远，指数经历了大幅下跌之后，系统性风险已经很小，过度看空后市，难免会陷入新的空头陷阱中。

三、分析盘面

在庄家建仓阶段，为了能够准确跟庄，在观察盘口的同时，还要注意对盘面进行分析，为接下来的跟庄做好准备。

1. 看量价匹配情况

通过观察成交量的变化与对应价格的变化，判断量价匹配是正匹配还是负匹配。成交量由短逐步趋长，价格也同步走高，表明推高动能不断加强，是正匹配；价格上涨，成交量却在萎缩，是负匹配，量空涨，短线还会回调。

当成交量逐步趋长，价格不断下滑，表明有大户、机构在抛股压价，是危险信号，通常大势短期很难再坚挺。

成交量不断萎缩，价格飞速下滑，是买盘信心不足而导致的恐慌性下跌，在弄清原因的情况下，短线介入，获利丰厚。

成交量急剧放大，股价既未上攻又未下滑，则可能是庄家在洗仓，此时投资者可观望。

股价处在高位，成交量放大，股价逐步下滑，说明庄家在减仓。

成交量放大后持续萎缩，股价不断下滑，有可能是庄家在震仓，此时投资者应“抱紧自己的仓位”。

2. 看庄家控盘情况

走势完全由市场庄家操作风格和操作思路决定续盘。成交量会比平时大很多（开盘即封停板除外），这是由于市场价格浮动的扩大引来短线资金的积极参与造成的。震荡市的成交量往往没有单边市大，而持仓量会呈明显上升的特点，显示出多空双方对抗拉锯局面的升级。牛皮市是指在续盘阶段市场上庄家资金没有活动，而成交几乎都是由中小资金的成交构成的。由于没有庄家资金的参与，市场的成交量急剧萎缩，价格变动极为低迷，市场没有明确的行情走势。

终盘阶段是指交易的最后 30 分钟，又可以分成两个各 15 分钟的走势。在第一个 15 分钟内，市场仍会受前一阶段趋势的影响，可以算作前二阶段行情的延续。如果接下来有明显趋势，这一阶段的价格波动和成交量的变化会更加剧烈，并可能形成全天最活跃的区间。如果续盘阶段无趋势，这段时间的行情也会从低迷中苏醒过来，转为逐渐活跃。在最后的 15 分钟内，市场走势主要由来日的多空博弈和对第二天的预期这两种动力所主导。由于短线博弈的原因，会造成价格震荡、持仓量波动的走势，这种变化对投资者的参考意义不大。在预期的影响下，庄家资金会发动一波短期行情，这会对第二天的开盘造成冲击。收盘阶段要特别留意市场对重要消息的整体消化情况，尤其注意对消息反应迟钝的情形。

▶▶▶ 跟庄秘籍

完备的准备是成功的一半，散户在庄家建仓的时候就做足功课，才能把握住庄家建仓进入尾声时的有利时机适时跟进。这就要求散户注意观察盘口现象并及时分析，严阵以待。

第四章

盘口解密：庄家试盘和洗盘

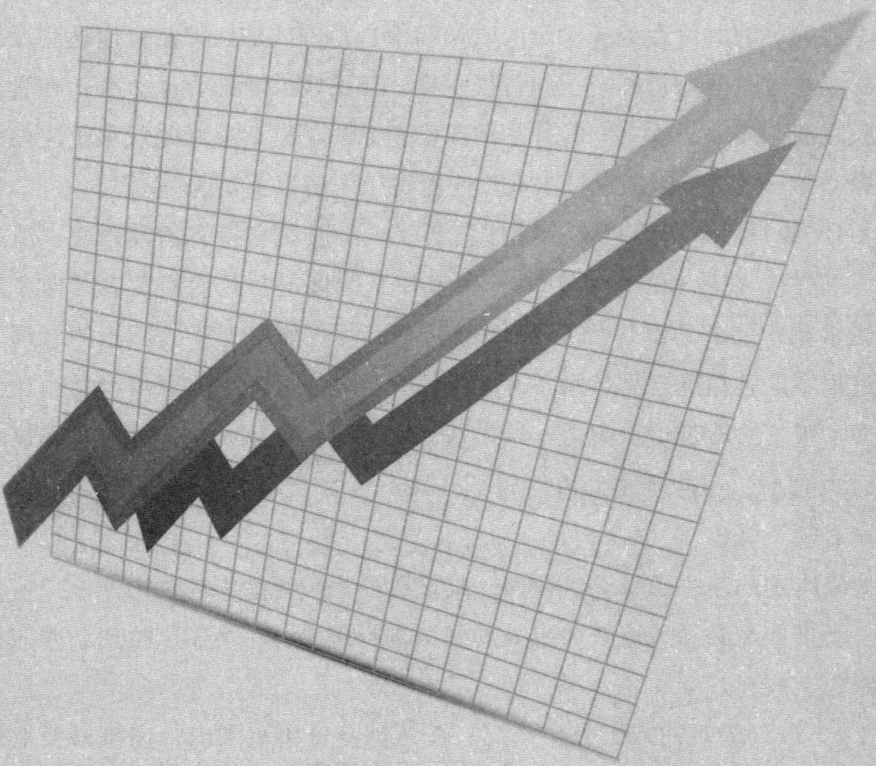

第一节　庄家试盘及主要方式

一、庄家试盘的目的

庄家试盘是指庄家采取特殊的手法，造成股价比较明显的异动，以此来试探市场对该股的反应，从中获取一些有用的信息，然后据此来分析、判断，以调整或决定自己下一步的操作策略。

庄家经过漫长的耐心等待，在市场环境具备初步准备发动行情的条件时，通过制订严密的坐庄资金运作计划准备进庄，对某只目标股进行价量控制，将本身不能确定的股价走势在确定的时间和价格范围内加以控制，以达到操纵股价、获取较大利润的目的。正如打仗一样，知己知彼才能百战百胜。在真正进庄该股之前，庄家必须对它的基本情况作全面的了解，这就是庄家进庄前展开的试探动作——试盘。通过试盘动作庄家可以了解以下情况。

（1）该只股票是否已有别的庄家潜伏。一般庄家持有的筹码应占流通盘的50%左右。在较长的吸货阶段，庄家并不能肯定在此期间没有其他庄家介入，通常集中的“非盘”如果在10%以上，就会给庄家造成不小的麻烦。在操作过程中这种情况常见。经常两个庄家几乎同时介入一只股票，持仓比例都差不多，吸货阶段都十分吃力，结果这只股不错，但就是不涨，上下震荡，成交量时大时小，不能顺利上攻，成了一块“鸡肋”，食之无味，弃之可惜。所以庄家必须“试盘”。

如果有别的庄家已经潜伏在内，则该股的筹码吐纳将体现出非散户持有的特色。新进庄家必须采取较为稳妥的办法进行解决——换庄、抢庄、联庄、助庄、跟庄、放弃。

（2）该只股票的筹码分布情况。在该试盘价格范围内，庄家根据上档筹

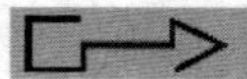

码抛压的轻重、下档买盘的支撑力度，确定将可能有多少筹码会吐出，能够被自己吸纳，以便制订正确的建仓计划。

庄家通过仔细试探，最后确定是按原计划进庄控制操纵该股还是放弃坐庄该股，以回避盲目勉强进庄带来的因不可控制因素而造成的资金风险。同时，庄家通过试盘买进的部分筹码还可以用于今后正式建仓时做空打压股价使用，以便在较低的价位买进建仓需要的更多廉价筹码。这也就是试盘时K线图表上表现出成交量突然放大的根本原因。

试盘的目的就是要搞清楚目标股中是否有其他庄家存在，以免出现不必要的麻烦，扰乱自己的操作计划；观察盘中筹码锁定的程度，外面浮筹的情况；测试市场对该股的追涨杀跌的现象，以便决定运用何种方式拉升，如快速拉升、缓慢抬升、震荡上扬等。

二、庄家试盘的方式

一般来说，聪明的庄家会选择牛市将要启动时进庄，以便借大势向好之利，乘风破浪，乘胜前进。也就是说，庄家进庄的最好时机是大盘经长期下跌已经见底或即将见底的时候。表现在图表上，就是30日均线经历长时间的大幅下调将要走平或开始走平的时候。这一现象说明市场的总体做空能量基本得到释放，此时个股的价位只要处于下跌阶段的末期，就初步具备了庄家进庄的市场基础。

在大盘或个股走势风平浪静的时候，个股分时走势图中股价被莫名其妙地突然大幅拉高或大幅打压，这种异常现象说明有庄家对该股票感兴趣，在试盘了。此时我们对该股的异常现象应加以注意，关注它的后续走势的演变，以便在最好的时机展开跟庄动作。

庄家要彻底了解市场对该股的筹码锁定程度和该股本身是否已有庄家潜伏，是否还有别的庄家对它有所图，就必须试盘。试盘的方式一般有以下几种：

1. 向上试盘

向上试盘的目的是测试盘中抛压大小，辨明建仓难易，表现在K线图上就是在风平浪静中猛然出现一根长长的上影线。见图4–1。

庄家为了了解该股的筹码锁定程度，会在风平浪静时出其不意地猛然将该股的股价作大幅拉升，然后让其自然回落，以测试盘中筹码的抛压情况。如果拉升时有大量的抛盘涌出，说明在该价位以下庄家可以展开打压建仓动作；如果拉升时抛盘稀少，说明该股在该价位以下收集到筹码有困难，必须考虑以更高的成本价格拉高收集才能完成建仓任务。

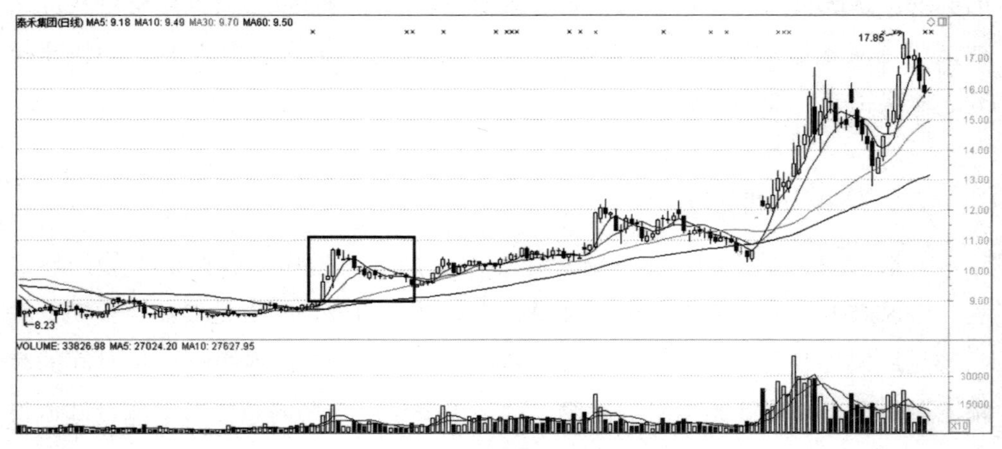

图4–1 向上试盘

2. 向下试盘

向下试盘的目的是测试场外买盘力度，界定打压极限，表现在K线图上就是在风平浪静中突然出现一根长长的下影线。见图4–2。

庄家为了了解市场对该股筹码的买进兴趣，用手中的少量筹码出其不意地将该股的股价大幅打低，以便观察有多少恐慌抛盘，或有多少场外买盘对它的低价位感兴趣而买进，以此确认打压该股的下档支撑极限。如果打压超过该极限，打压出去的筹码就可能无法再次买回。

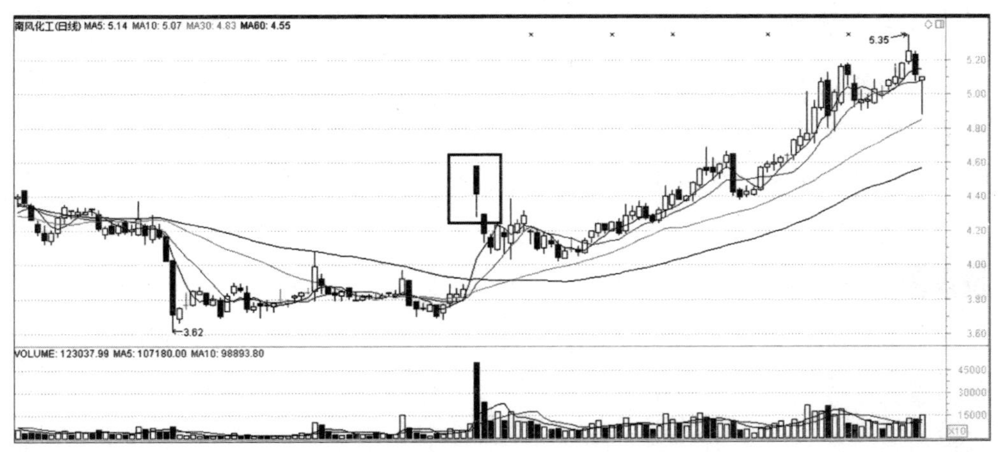

图 4-2 向下试盘

3. 强势中的试盘方式

强势中，庄家基本上完成建仓任务，准备拉升股价时，K 线形态上为小阴小阳的方式缓慢上涨，成交量呈温和放大，股价有脱离底部的明显特征，庄家常常会采用不参与的手法，听任股价随意波动，以此来试探中小散户的抛盘和接盘情况。见图 4-3。

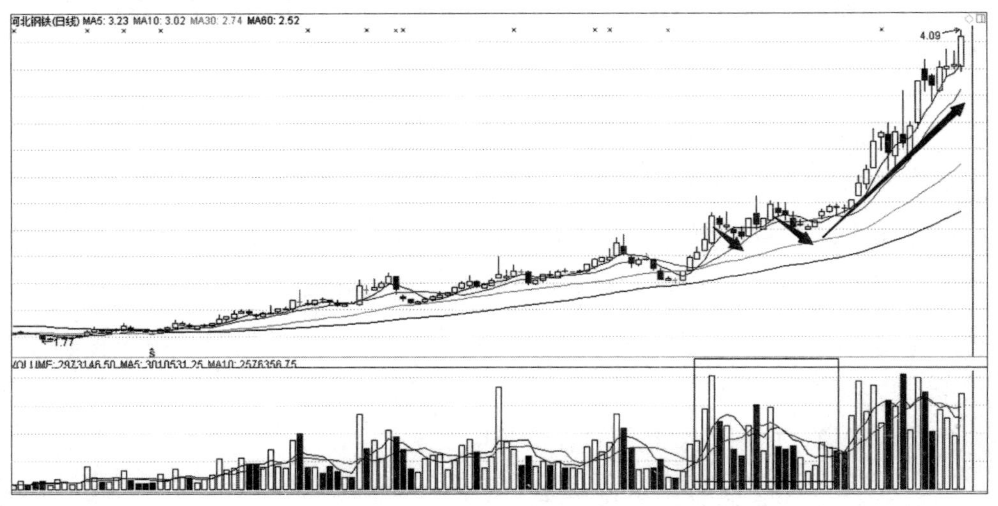

图 4-3 强势中的试盘

4. 弱势中的试盘方式

在弱势中试盘，庄家一般都喜欢借题发挥，也就是借助大势的偏弱，乘机更加夸张地造成股价大跌，使得市场持股者恐慌加剧，动摇他们的持股信心。K线走势上表现为中长阴线、无量下跌、短期均线呈空头排列。

跟庄秘籍

另外一些试盘手法庄家也经常用到。如利用消息试盘，包括利好和利空消息，市场消息和上市公司的消息。操作上，庄家有时夸张地扩大消息的作用，有时与消息的效果反向行动，使得绝大多数投资者云里雾里摸不着头脑，失去判断能力而操作失误。还有的庄家利用板块联动的方式来试盘，包括正、反两方面的战术和故意不作为的方式。盘面上，也经常会看到庄家利用技术特征方式的试盘，如高开阴线、低开阳线、射击之星等。

第二节　庄家洗盘及主要方式和方法

一、庄家洗盘的目的

庄家入驻一只股票后，必须在中途让低价买进、意志不坚的散户抛出股票，以减轻上档压力，同时让持股者的平均价位升高，以利于施行做庄的手段，从而牟取暴利。这种洗盘动作可以出现在任何一个区域内，其基本目的就是清理市场的浮动筹码，抬高市场整体持仓成本。见图4-4。

具体来说，庄家洗盘的目的有以下几个方面：

1. 促使先期持股者的筹码换手

庄家通过洗盘，把先期持股者赶下马，防止其获利太多，中途抛货砸盘，

最终威胁庄家的拉升和派发，从而使庄家付出太多拉升成本。这种操作从吸货、拉升至出货初期一直在进行，主要表现在回调波段中。

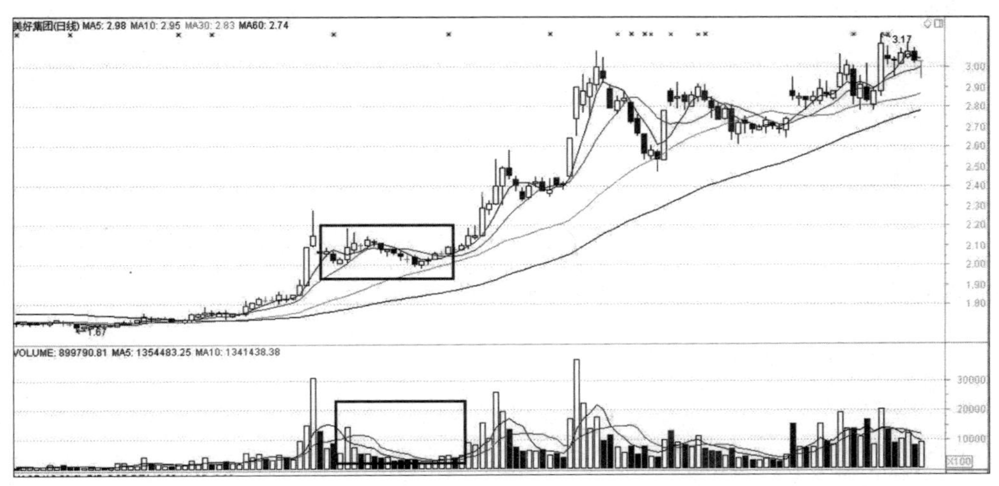

图 4-4　洗盘示意图

2. 在不同阶段不断更换持币者入场

这样做的目的是垫高投资者的持股成本，进一步减少庄家后市拉升股价的压力，以便日后在高位从容派发，最终将最后跟进的人套牢在阶段性的高点上。

3. 用虚假信息迷惑散户

所有散户都希望能低吸高抛，但很多散户却往往低抛高追。这是因为庄家在相对高位做出很有规律的波动，当散户以为把握了规律时庄家再反常运行，让散户踏空。许多人在低位踏空后，便到高位追涨，成了庄家的抬轿夫。

4. 提高散户持仓成本

通过洗盘，提高平均持仓成本，有助于庄家在高位抛货离场，防止庄家刚一出现抛货迹象就把散户投资者吓跑的情况。

5. 赚取高抛低吸的差价

在震仓过程中高抛底吸，庄家可以收取一部分差价，以弥补其在拉升阶段所付出的较高交易成本。这样既增加了其日后拉股价的勇气和信心，拉开获利空间，又可让市场弄不清庄家的成本，辨不清以后庄家出货的位置。

6. 调整资金比例

如果庄家在底部吃进筹码比例比较大，即没有留下足够的拉升力量，可利用洗盘之始的较高价位出货，还原出拉升力量（有时既达到减仓的目的，又达到洗盘的效果）。

7. 等待有利时机

当大盘不太好时，庄家会等时机进一步成熟，利用洗盘继续吸货；或者等待大势或板块的配合，借大盘赶出一些不坚定的分子。

8. 调整仓位结构

如果庄家持有多只股票的筹码，可以通过洗盘调整所持股票的持仓比例，分出主次，使其更能显示板块效应。有时超级庄家在波段操作中，在几只股的波段高位出局，让市场自然洗盘，而把出来的资金杀进另几只完成洗盘的股票进行拉升，到相对高位时又回撤到原来出局的洗盘快结束的股票中，充分利用资金的使用效率。

庄家在操作中，往往会恰当地利用大势或者个股利空、传闻控制股价，破坏原来的走势，使之进入箱体震荡或平台整理。或向下打压股价，通过股价走势上的不确定性，破坏小资金持有者对市场正确的感知能力，放大资金持有者的恐慌情绪，通过洗盘让散户按庄家的意图进出，从而达到庄家操盘成功的目的。在这场角力中，庄家是在暗处，而散户是在明处，散户只有充分了解市场，熟知股票的冷暖，才能破解庄家的意图。

二、庄家洗盘的方式

庄家洗盘的目的是尽量把心态不坚定的跟风盘甩掉。洗盘的主要方式分为三类，即：低位持仓洗盘术、中位加仓洗盘术和反向操作洗盘术。

1. 低位持仓洗盘术

庄家看好一只股票后，在已有相当筹码的情况下，使用明显的弱于大盘走

势的下降通道趋势洗盘，其特点是股价运行有规律且无量，日微观波动有逆盘特征（否则达不到建仓的目的）。见图 4-5。

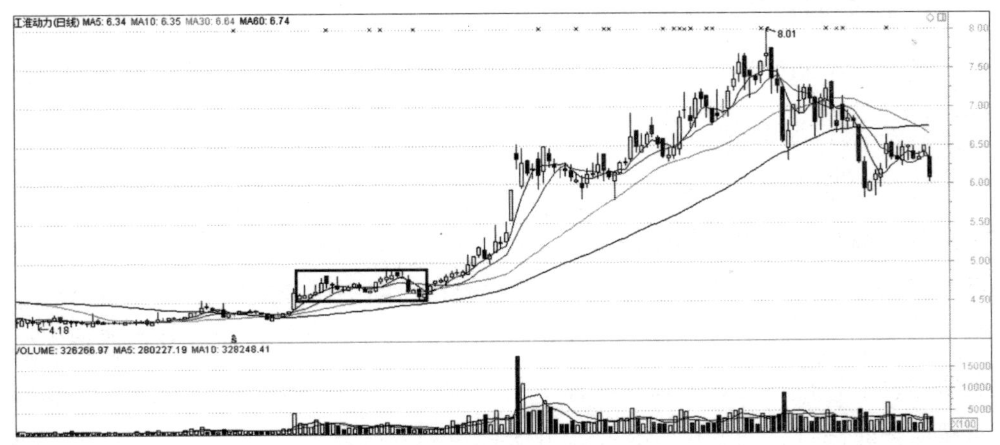

图 4-5 上涨—横盘—洗盘

当然，在大盘形势很好时，庄家无法压低建仓，就先将股价拉起一些，激活股性，然后长时间横盘震荡吸筹。这时的特点是明显的箱形走势，股价宽幅震荡，成交量明显放大。箱形走势是一种既可以放大成交量，又不让股价变化太大的特殊走势，是庄家吸货阶段和出货阶段最经常采用的方法之一。对于这类走势的成交量放大情况，从日 K 线图上成交量对比中并不能明显看出，但从周 K 线图上则可以看到成交量与箱体走势之前的时期相比有明显放大。

2. 中位加仓洗盘术

庄家为了达到最后的建仓与清洗浮筹的目的，在正式拉升前期，利用消息配合或者日交易时间的最后一个小时的放量下挫，使股价短线快速下跌。这种洗盘方式，称为清洗浮筹式洗盘术。

3. 反向操作洗盘术

在大盘没有上涨空间或者市场背景明显给出作空提示的背景下，庄家在没有明显盈利点时会大举作空，为后市腾出盈利空间，其作空洗盘的主要目的是打出恐慌盘（此时会抢反弹）并把指数打到低位（无恐慌盘出现，大盘需要较长时间的横盘整理或弱反弹）。

三、不同行情下的庄家洗盘法

庄家在不同行情下，有以下几种洗盘方法：

1. 中线打压洗盘

洗盘能否顺利进行要看大盘当时的趋势，如果正值大盘回调期间，庄家可能会故意砸盘，做出图形破位放量下跌的样子，同时也对前一阶段技术指标进行修正。成功的庄家一次洗盘可以使建仓成本比迎头拉升成本下降3%～5%。洗盘基本上是股价下跌，如果大盘配合的话，庄家会把股价砸到普通投资人的止损位以下，也就是跌回盘整箱体7%～10%，使买家觉得介入该股是个错误而在反弹时出局，而此位置正是前几天庄家建仓成本密集区的上沿。这种砸盘的成交量有很大部分是庄家自己的对倒量，下方的坚定买盘才是真正的庄家关系户的抄底盘。

当股价下跌达到庄家建仓成本密集区后止跌，此时散户应密切注意这只股票。少数庄家会让股价先向上小幅度冲一下，然后朝下压，给人的感觉是弱势反弹结束，重新向下寻求支撑，图形上可能会构筑双底，也可能创出新低。

2. 短线打压洗盘

大盘走好时，庄家担心损失的筹码拣不回来，一般不会放肆地砸盘。有些性急的庄家会采用迅速打压的方式，就是在股价较平稳的时候，突然用大笔抛盘砸出很长的下影线，这种砸盘经常发生在开盘后不久，或通过低开洗盘或在收盘时最后一笔砸下。见图4–6。

有耐心的散户可以在洗盘将要来临时埋单在低位。但是，散户需要注意的是这种形态如果出现在高位，此时的下影线很多是真出货，庄家在收盘前将股价拉回高位。

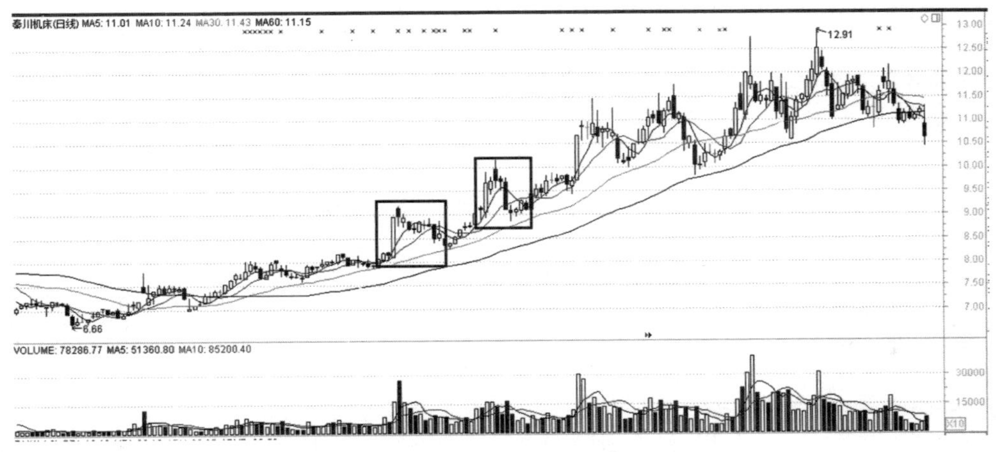

图 4-6　短线打压洗盘

四、庄家洗盘的常用技术手法

很多投资者在买进某种股票以后，由于信心不足，常致杀低求售，被庄家洗盘洗掉，事后懊悔不已，看着股价一直涨上去。所以，散户务必熟知庄家的洗盘技巧。庄家洗盘的常用技术手法不外乎下面几种：

1. 长阴贯底洗盘法

股价大幅度高开，随后一路走低，跌破均线系统，拉出一条大阴线，其长度可吞掉半个月、甚至一个月的涨幅，可谓长阴贯底。在这种非常凌厉的洗盘下，很多散户被吓出来。这种洗盘方式时间短，效果特别好。见图 4–7。

2. 影线震荡洗盘法

通过盘中剧烈的震荡来洗盘，时间短，效果好。K 线图表现为下影线很长，盘中震荡剧烈，尾市只要少量的筹码就可以将股价收上去。K 线多为十字星、实体大阴线或者下影线较长的图形。

3. 横盘整理洗盘法

有时股价在突破庄家建仓成本密集区后在上沿横盘，由于这种股票背后隐藏着很大利好，庄家惜售，不愿损失筹码洗盘，因而用时间来化解低位获利盘，完成洗盘。这种股票的庄家往往具有足够的实力。

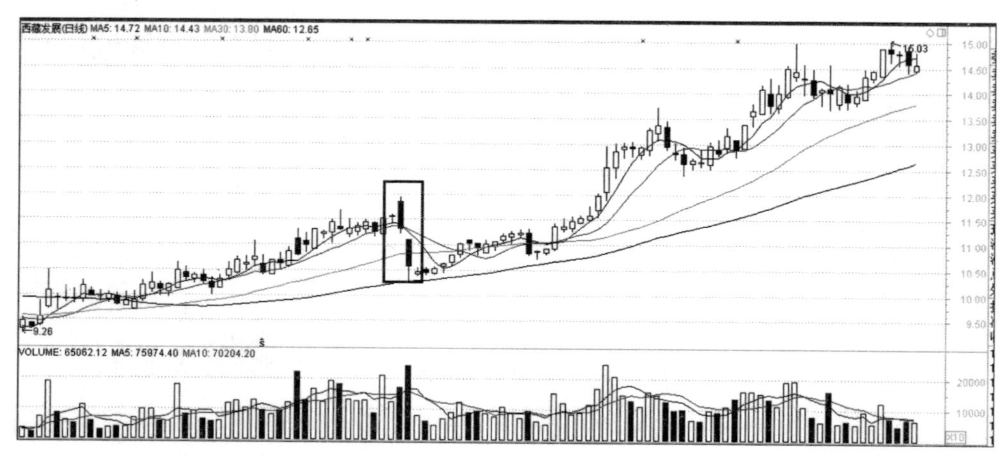

图 4-7　长阴贯底洗盘法

4. 间歇吸筹洗盘法

有时因为建仓量实在太小，庄家也会让股价不停地震荡，或撒手不管，出现逐级盘落的走势，到了庄家建仓成本密集区下沿而突然以长阳形式拉回上沿区域，既完成二次吸筹又不会让自己的筹码套在股价之下。这种洗盘方式在其打压时不容易识别，但随后出现的庄家通吃套牢密集区筹码则暴露了目标。

5. 控价限量洗盘法

此种情况的特征是股价不动，但成交量却不断放大。其洗盘的方式为：如某股涨停是 11 元，跌停是 9 元，而庄家会在 10 元处限价以超大量的单子挂入。这样的结果将导致一整天股价将“静止”在 9.5 元和 10.5 元之间，只要股价久盘不动，大部分人将不耐烦而抛出，大量筹码全部以 10 元落入庄家的手中，直到仓位达到庄家满意为止。之后的涨幅由庄家决定，而散户只有追高或抢高的份儿了。

6. 高开低吸洗盘法

高开低吸洗盘法常发生于股价高档无量，而低档接手强劲之时，投资人可以看到股价一到高档（或开盘即涨停）即有大手笔杀下，而且几乎是快杀到跌

停才甘心，但是股价却不跌停，不然就是在跌停价位不断产生大笔买盘。此时缺乏信心者乃低价求售，庄家于是统统吃进。等到没有人愿意再低价卖出，压力不大时，再一档一档向上拉升，如果拉了一二档压力不大，可能会急速拉到涨停，然后再封住涨停。所以当投资人看到某股低位大量成交时，应该勇于承接，必有收获。见图 4-8。

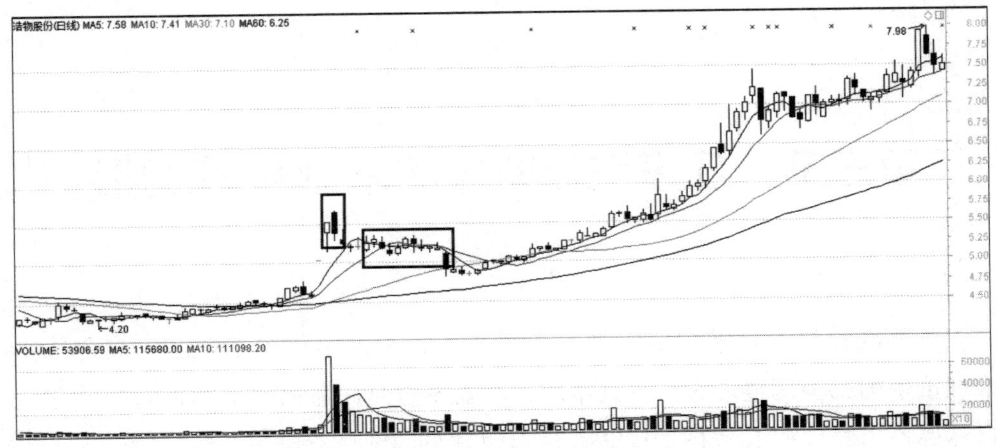

图 4-8 高开低吸洗盘法

7. 杀跌吸筹洗盘法

即庄家一开盘就以跌停挂出，散户在看到跌停打不开时，深恐明天会再来个跌停，于是也以跌停杀出，待跌停杀出的股票达到一定程度而不再增加时，庄家乃迅速将自己的跌停挂出单撤掉，一下将散户的跌停抛单吃光，然后往上拉抬，其拉抬意愿视所吃筹码的多寡而定。通常庄家一定要拥有大的筹码时才会展开行动，因此若筹码不够，则第二天可能还会如法炮制，投资者亦应在此时机低价买进。

8. 拉高走低洗盘法

此法是庄家通过开高走低、拉高、掼低再拉高的过程将筹码集中在自己手上的方法。此法综合高开低吸法和杀跌吸筹法而成，会造成特大的成交量。

跟庄秘籍

庄家在洗盘时，往往会多种手法综合运用，并结合大势、题材和必要的操盘技术，如盘中对敲、拉升、打压，利用涨跌停板等。散户参与股市投资，必须学会识别庄家洗盘的种种变招，临盘知变。否则，总会出现“缴枪”或高位套牢现象。

第三节　庄家洗盘阶段的常见K线图形

庄家洗盘过程常常会形成经典K线图分析理论中的整理形态，或者是波浪理论中的二浪调整形态。究其本质，洗盘不过是庄家操控下的强制性整理，自然逃不出整理型K线图的模式。洗盘时常见的图形有以下几种。

一、三角形整理

三角形是一种常见的洗盘图形，这种图形是这样形成的：当股价上升到某一位置时，在庄家的打压或获利回吐的压力下开始回调；下调到一定幅度后，卖方抛压逐步被买盘所消化，股价止跌回升，但是回升到前期高点或者未到前期高点时，再次遇到庄家的抛压或获利回吐压力二次回探；在第二次回调时，因庄家的护盘行为或新增资金的介入，股价在达到或未达到前期低点的时候第三次回升。这样至少会出现两个高点和两个低点，把两个高点连接后形成一条直线，两个低点互相连接形成另一条直线，两条直线最终交会于一处，形成一个三角形形态。

由于三角形的高点与高点、低点与低点的价位不同，三角形又可以分为上三角和对称三角（等腰三角）两种图形。

1. 上三角形

上三角形是庄家将股价小幅拉升后洗盘时比较常见的一种形态。该图形具有如下几个特点：

（1）出现在涨势中，股价每次上涨的高点基本处于同一水平位置，显示在某一水平存在较大抛压。

（2）股价每次回落的低点不断上移，是买卖双方在特定的价值区域内较量的结果，买方略占上风，看淡后市的空头也并不急于出货，只在某一特定区域内减磅操作，也可能是庄家故意在某一价值区域内刻意压制股价，促进筹码换手。

（3）随着股价波动的幅度越来越小和筹码的逐步换手，成交量也逐步递减，表示经历洗盘和换手后，盘面浮筹日趋安定。

（4）在股价形成突破时往往伴随着较大的成交量，显示市场浮筹减少，而后有主动性买盘介入。

（5）股价最终以大阳线或跳空放量阳线突破三角形上边线，并迅速远离突破口向上攀升。

（6）有时股价向上突破三角形向后会来一次回抽，确认突破是否有效，如股价在原来高点连线处止损回升，就证明突破有效。稳健的投资者可在股价确认后重新回升时迅速介入，如股价又重新回到三角形之内，可能是假突破，投资者应及时止损。

2. 对称三角形

对称三角形也是庄家在涨势中的洗盘过程形成的，它具有以下几个特点：

（1）对称三角形的形成是买卖双方在某一价值区域内力量暂时达到平衡状态的结果。这种平衡的结果是使股价高点逐步下移，而股价的低点也渐渐抬高，反映出买卖双方势均力敌。

（2）属于看涨形态，形态的完成应是市场以收市价格突破该三角形的上边线，并且随着价格的决定性突破，成交量会相应扩张。

（3）获利盘和不看好后市的空头急于抛售手中的筹码，在股价尚未运行到前期高点附近时就抢先抛售。

（4）新的逢低介入资金和看好后市的多头急于买进筹码，在股价还没有回落到前期低点的时候就先行买进。

（5）从整个形态来看，成交量随着股价震荡幅度的收敛而逐步萎缩，预示着浮动筹码越来越少，场内筹码日趋安定。

二、旗形整理

旗形整理的图形就像一面挂在旗杆顶上的旗帜，由于其倾斜的方向不同，又可分为上升旗形和下降旗形，也被人们称作平行四边形。这种图形的形成过程是：庄家将股价连续拉升至目标价位以后，开始反手打压，扼制股价上涨，在图形上制造下降通道，使得散户认为该股上档压力沉重，有一波一波逐步走弱迹象，于是在恐惧之中匆匆获利了结，以保全胜利果实。这样在第二波反弹以后，就会有更多的人无法忍受压力而抛出股票。当庄家明显感觉到抛压减轻时，便会掀起新一轮攻击波。在 K 线图上，该股的走势更像一面旗帜迎风招展。这种整理洗盘形态如果出现在上升途中，一般预示着涨升行情进入了中后期；如果出现在下跌途中，经常暗示下跌行情才刚刚开始。见图 4–9。

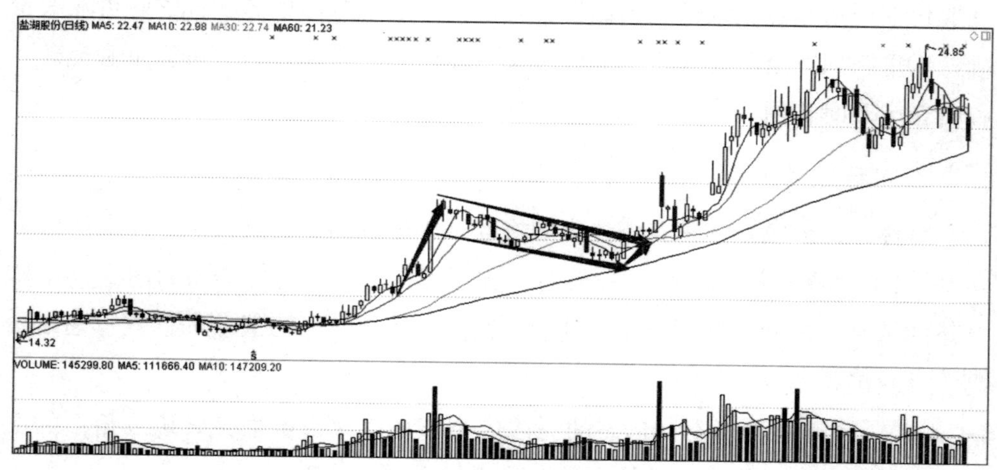

图 4–9　旗形整理

三、长方形整理

长方形整理也叫箱形或矩形整理形态，也是庄家洗盘时常见的图形之一。它是庄家将股价小幅推高后，为清理浮筹而进行横向震荡洗盘所形成的，是股价上行到某个区域内出现的多空平衡的状态。

长方形整理形态的形成过程是：股价每一小波段的低点会在同一位置附近得到支撑，并使其上升；而每一小波段的上升高点又会在同一位置附近遭遇压力，使其回档。这样，股价既不能上涨也不能下跌，随着时间的推移，在一定宽度的范围内进行横向波动运动。波动的高点相互连接形成一条水平阻力线，波动的低点相互连接形成一条水平支撑线，两条直线平行形成一条通道，不上倾也不下移，而是水平发展，呈现长方形走势或箱体走势。

长方形整理具有以下几个特点：

第一，庄家采取上行下托的方式将股价限定在一个长方形内运行，表面上看，多空双方谁也战胜不了谁，股价只能横向运动。

第二，散户投资者和小资金持有人在庄家的心理战术诱导下失去了对市场正确的感知能力，在不断追涨杀跌中垫高其他投资者的持仓成本，也促使信心不坚定者出局观望，使筹码充分换手。

第三，庄家经过长时间的洗盘，筹码锁定后，便开始抬升股价。这时，股价会放量突破长方形上边线，迅速往上攀升，进入主升浪。一般来说，突破后的股价的最小升幅与长方形高度接近。

四、空中加油形态

空中加油形态，是指股价有一定涨幅后，在中位庄家利用手中的筹码控盘作图，一方面清洗获利筹码，使筹码充分换手；另一方面重新吸引多头买气和跟风盘。此时庄家往往在震荡中划出漂亮的双底形态、头肩底形态和三重底形态。见图 4-10。

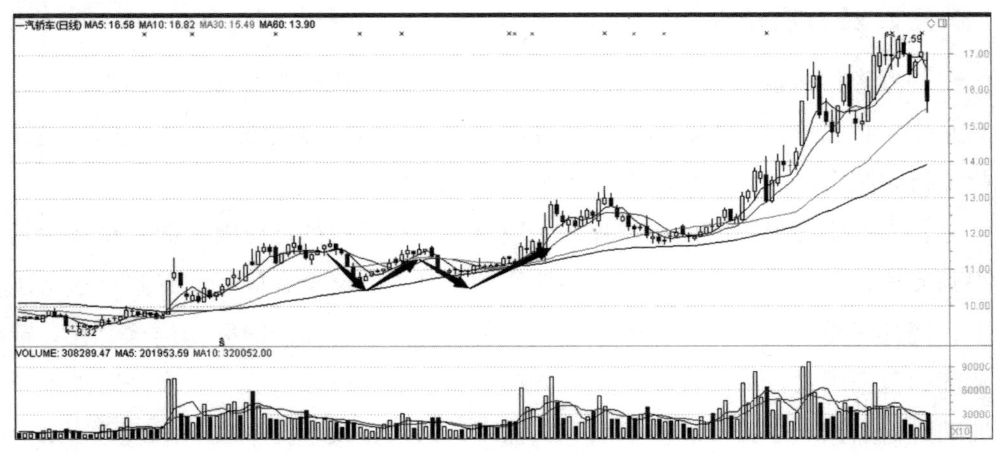

图 4-10　空中加油——W 底形态

跟庄秘籍

洗盘的图形较为复杂，投资者要善于分析总结。有些手法可能同时出现在吸货、洗盘、拉升、出货等全过程，而有些手法可能会出现在吸货、洗盘阶段。庄家运用的这些手法表现在图形上是复合式的，而非单纯的某种形态。投资者运用时要举一反三，融会贯通。

第四节　庄家洗盘结束的信号

能发现股价的底部并及时跟进者，无疑是股市赢家，但这种机会对多数人来说是可遇而不可求的，从股价在底部时成交量往往极度萎缩的状况也可以看出，能成功抄到底部的人毕竟是少数。但投资者可在庄家洗盘结束之际再跟进，这样虽然错过了第一波行情，却能抓住庄股的第二春。

洗盘是做庄过程中的必经环节，洗盘结束往往意味着新一轮拉升的开始，投资者若能此时买入，则可达到买入即涨的效果。洗盘结束时一般有下面三个信号：

1. 下降通道扭转

有些庄家洗盘时采用小幅盘跌的方式，在大盘创新高的过程中该股却不断收阴，构筑一条平缓的下降通道，股价在通道内慢慢下滑，某天出现一根阳线，股价下滑的势头被扭转，慢慢站稳脚跟，表明洗盘已近尾声。见图 4-11。

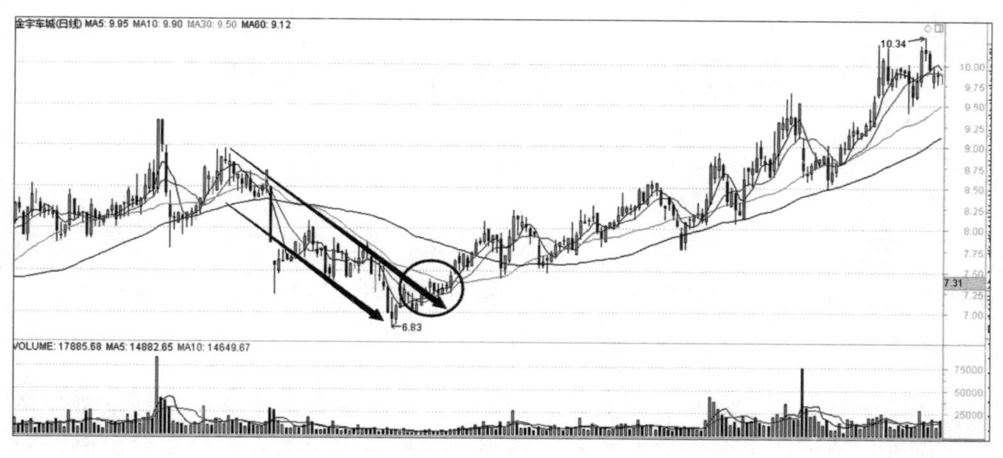

图 4-11　下降通道扭转

2. 缩量之后再放量

部分庄家洗盘时会将股价控制在相对狭窄的区域内反复震荡整理，庄家放任股价随波逐流，成交量跟前期相比明显萎缩，某天成交量突然重新放大，表明沉睡的庄家已开始苏醒，此时即可跟进。

3. 回落后构筑小平台，均线由持续下行转向平走再慢慢转身向上

庄家洗盘都表现为股价向下调整，导致技术形态转坏，均线系统发出卖出信号，但股价跌至一定位置后明显受到支撑，每天收盘都在相近的位置，洗盘接近结束时均线均有抬头迹象。

跟庄秘籍

洗盘是做庄过程中的重要环节，能够识别庄家意图的散户可在庄家洗盘时先行退出，等待洗盘结束再大举介入。这样既能躲避下跌风险，同时股价也较便宜，在洗盘结束之后的新一轮拉升中跟庄获大利。这里的关键是要准确把握庄家洗盘的结束点。

第五节　识别庄家洗盘骗术

有的投资者在买进股票后，由于信心不足，常常会被庄家洗盘洗掉，事后懊悔不已。炒股的投资者务必熟知庄家的洗盘技巧，掌握庄家洗盘常用骗术，庄家的洗盘骗术不外乎以下几种：

（1）第一种是先拉高，然后向下连拉阴线，阴线的收盘价跌破启动阳线的开盘价，造成向上假突破的迹象，则第一天放量参与的人都会斩仓出局，而前阶段参与该股的投资者，也“吓”出来了。此时缺乏信心者会低价估出，庄家统统吃进。所以，当投资者看到某股低位大量成交时，应勇于大量承接见图4-12。

（2）等时机进一步成熟，有的利用洗盘继续吸货，也有庄家等待大市或板块的配合（洗盘分等势型与借势型，一般此时大盘不是太好，所以借大盘把一些不坚定分子赶出来）。

（3）固定价位区洗盘法。特征是股价不动，成交量却不断放大。其洗盘的方式为，庄家会一整天让股价“静止”，股价久盘不动，大部分投资者会不耐烦地抛出，全部落入庄家的手中，而后散户只有追高或抢高的份儿。

（4）有的庄家持仓不够，为了吸筹进行第一次洗盘：让前期平台向下破位。参与平台盘整的人信心开始动摇，在短线客离场的助跌中，庄家悄悄买

入。目的达到后，再第二次洗盘：冲上平台，但不拉高。前期来不及出逃者匆匆卖出。两次洗盘后，就等放量上攻了。

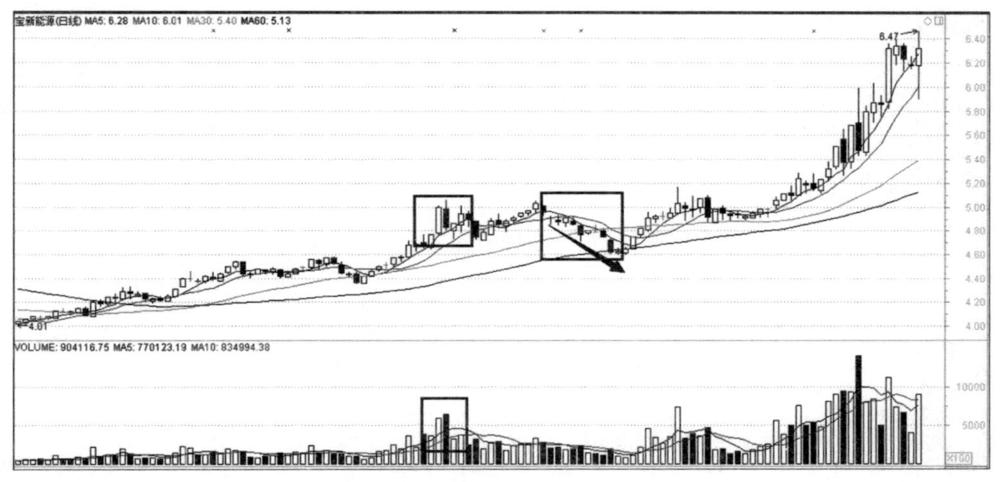

图 4-12　洗盘骗术

（5）在震仓过程中高抛低吸。庄家可以收取一部分差价，以弥补其在拉升阶段所付出的较高的交易成本，这样，既增加了其日后拉股价的勇气和信心，拉开获利空间，又可让市场弄不清庄家的成本，辨不清以后庄家出货的位置（这种波段操作型为现在市场庄家操作的主流，投资者可多加以注意以及运用）。

跟庄秘籍

一般庄家主要的就是以上几点目的，洗盘常常跌破一些支撑位置，也有通过特意修改普通指标如 KDJ、MACD 等达到洗盘目的，以欺骗投资者。总之，庄家在操作中，会用不同的办法进行洗盘，从而把不同类型的投资者让其在操作的品种中按庄家的意图进出，从而达到庄家操盘成功的目的，在这场角力中，庄家是在暗处，而投资者是在明处，投资者只有在对市场有充分的了解下，才能对股票的冷暖有充分的了解，从而破解庄家的意图。

第五章

依傍庄家：拉升出货获利多

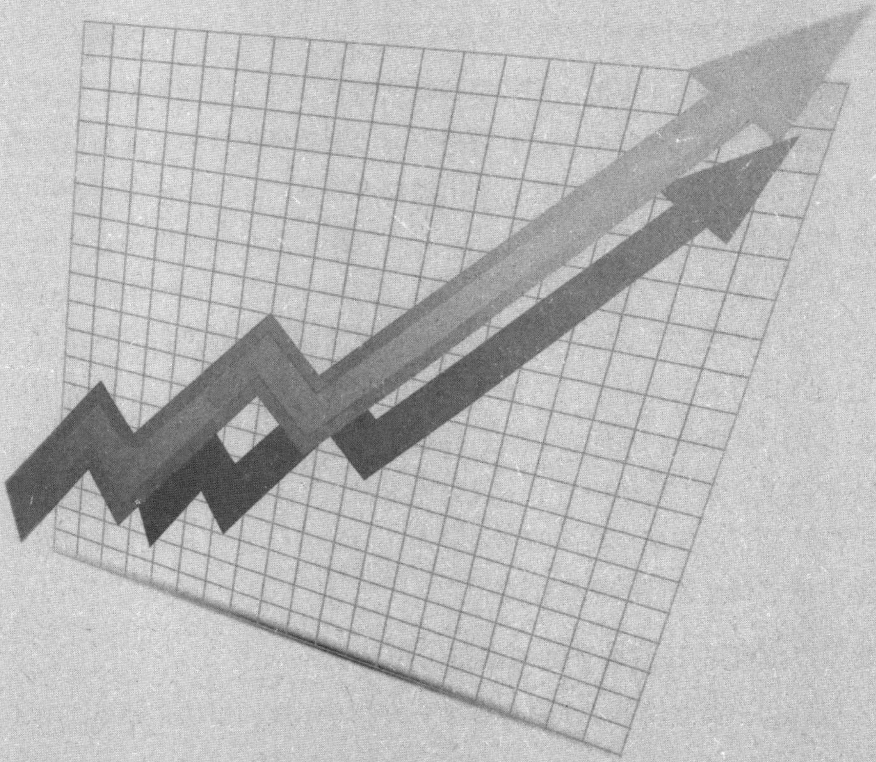

第一节　庄家拉升前的准备工作

成功总是青睐那些有准备的人，面对庄家拉升也是一样，只有做好准备，才能抓住时机，保证在需要的拉升时间内迅速完成拉升，进而全身而退。

通常庄家收集筹码后，大势最佳时机仍未到来，庄家有一个等待良机的“中间阶段”。在这一段时间里，庄家会为拉高做一些准备工作。当然，由于实力不同，不同的庄家在拉升前的准备工作也是不同的。下面从实力方面来说说拉升前的准备工作。

1. 实力雄厚的庄家拉升前的准备工作

一般而言，实力雄厚的庄家将实行打压震仓，但是不同风格的庄家具体操作方式也不同。有的疯狂打压，在价格波动上制造恐怖气氛，逼迫已经跟进的人离场；有的用冷处理的办法在时间上煎熬考验散户，同时令市场在庄家收集筹码后的一段时间完全忘记其中有庄。对于收集筹码多的庄家而言，由于资金量大，股价升幅大，市场人士总是会有所觉察进而跟进，即便未跟进也有一旦向上突破就立即跟进的打算。因此，庄家在拉高前一定要进行打压震仓，最直接的目的就是迫使已经跟进的人离场，间接目的是打击市场人士跟进的信心，令他们日后不敢跟进，持股者获微利后离场。

不少股民愤愤不平地说，某个股我抓了很久都不涨，我一抛掉它立即就狂涨。其实，这就是庄家拉高前的准备工作——最后折磨一下跟庄者的成效。作为庄家，能达到这种目的是最佳的。

2. 实力较弱的庄家拉升前的准备工作

一般而言，实力较弱的庄家会竭尽全力修好图表，以诱人跟风。对于实力

较弱的庄家，要把股价炒高，就一定要借助市场力量，这就要求庄家必须把图修好，把技术指标“画”漂亮。这样，当股民发觉该股价格表现异常后，翻出其图表一看，若发现其图表走得十分漂亮，技术指标一致向好，则大都会奋不顾身地杀入。庄家就是通过图表、指标吸引“轿夫”进场，从而为拉高做好准备。

跟庄秘籍

图表、指标常常会骗人，图表漂亮的往往就是弱庄，强庄则千方百计要破坏图表，以免投资者在底部时就跟进场。

第二节　庄家拉升的时机

庄家为了脱离成本区域，会想办法拉高股价。庄家对于拉升股价时机的选择是比较注意的，这是因为拉升时机选择不当，轻则抬高了成本，减少了利润，重则前功尽弃，被迫弃庄而产生亏损。

根据研究分析，庄家一般喜欢选择以下几种时机拉升股价：

1. 大盘走势稳健时

大盘走势稳健时具有人气旺盛，增量资金不断进场，大盘节节上扬的特点。由于大多数股民都有追涨的心理，此时哪一只股票被拉得越凶，就越能吸引场外资金的追捧，达到“风助火势，火借风威”的效果。庄家则只需花不多的资金，就可以轻松地把股价拉高。

2. 重大利好出台前后

利好消息主要分为两类，一是指利好大市的国家政治经济形势、政策、方针等；二是指利好个股的资产重组题材、送配方案、业绩改善或增长等。但不管是哪一类利好，都为庄家创造了拉升的条件。特别是一些实力不太强的庄家，正好顺水推舟，借助利好拉高股价。见图 5–1。为中国南车的走势图，随着 2014 年 12 月 30 日中国南车与中国北车双双发布合并预案，中国南车的股价连续上涨，至 2015 年 1 月 22 日飙涨 135%。

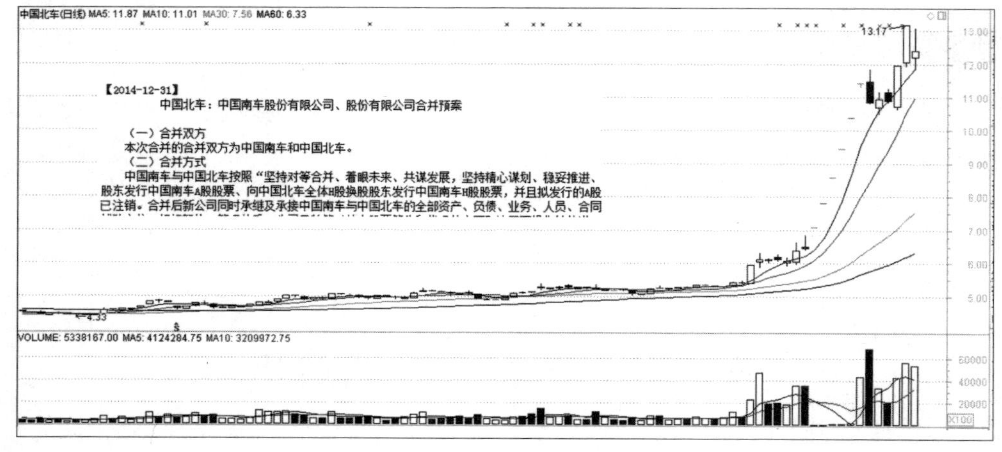

图 5–1　重大利好出台

近来，庄家拉升手法又有新的变化。庄家提前知道了利好消息，开始拉升个股，而散户知道利好后，往往是一个月后或者更长的时间。而一旦利好兑现，散户如梦初醒，纷纷杀进时，庄家正好大肆分派筹码，获利走人。例如：界龙实业在利用迪斯尼概念上做到了极致。首先，在迪斯尼项目没有获批之前，传闻方案被否定，股价下跌，实为震仓；之后借助方案获批的信息，长阳巨量出货；待消息确实之后，股价也随之跌落，伴随着成交量减少。

3. 一次凶狠的打压之后

庄家洗盘以后，若发现跟风者太多，还会进行一次凶狠的打压，使一部分不坚定的跟风者被迫把筹码交出来。然后庄家以迅雷不及掩耳之势将股价快速拉高，使刚刚割肉的股民气得顿足捶胸，于是只好反手追涨，在更高的价位把股票买回来，再去帮庄家抬轿。见图 5–2。

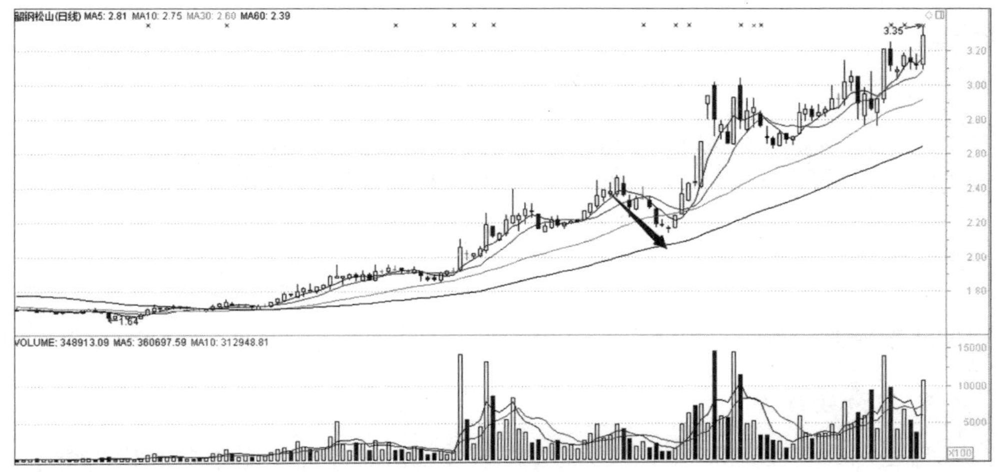

图 5-2 打压之后拉升

4. 图形及技术指标修好时

一些股民懂得的技术分析越来越多，并利用技术分析来买卖股票。庄家就利用这种心理，千方百计把图形修得很好，乘技术派看好之时拉升股价，以减少拉升的阻力。但有一点得提醒大家注意，光靠图形去拉升股价的庄往往是弱庄，而那些敢于制造恶劣图形，不看指标而肆意拉抬股价的才是真正的强庄。

5. 大势偏弱时

大势偏弱时，成交清淡，人心涣散，股民们要么被高位套住，要么持币观望。此时敢拉的个股往往都有强庄入驻，这个道理许多短线高手都懂得，发现有庄股脱颖而出时就会纷纷追涨，形成个股的牛市。

跟庄秘籍

无论哪种类型的庄家，都非常重视拉升时机的选择。因为选择时机恰当，可达到事半功倍的效果；如果时机选择不当，可能费了九牛二虎之力也难以把股价拉高。因此，庄家总是想方设法，尽可能地花费最少的资金将股价拉升到理想价位，以便用最低的成本实现利润的最大化。

第三节　庄家拉升的原则及方式

庄家拉升一般遵循以下几个原则：

1. 拉升要快速

这是因为市场适合于拉升的机会并不多见，而且快速拉升将产生“暴利”效应，能更好地起到“利诱”的作用。快速拉升还能够打乱市场节奏，使人们低位不敢追，高位又忍不住翻多。

2. 拉升要有理由

拉升如果没有理由，市场就会拒绝接受。

3. 要耐心等待拉升的机会

机会尚未来临时，庄家只能适当守一守重要关口，强行拉升则容易导致失败。

庄家拉升股价通常有两个波段，第一段拉升又称初升段，第二段拉升又称末升段。庄家拉升途中都要进行一次大规模的洗盘，洗盘前一段的拉升为第一段拉升，洗盘后的一段拉升为第二段拉升。见图 5-3。

通常来说，第一段拉升具有两个方面的特点：

（1）上升较为缓慢。

（2）反复比较多，一波三折，给人一种很艰难的印象。

而第二段拉升与第一段拉升的特点截然不同：

（1）上升较为迅速。

（2）有利好消息配合。

（3）常出现跳空缺口，气势如虹，给跟庄者坚定的持股信心。

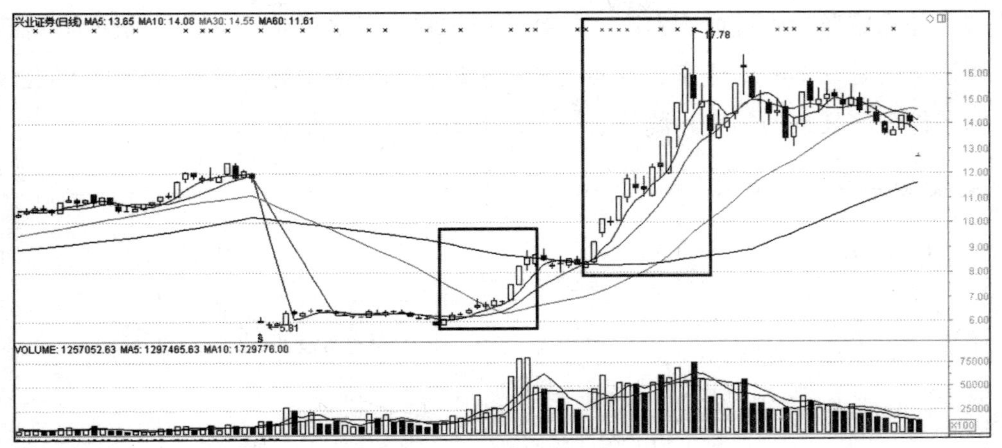

图 5-3　拉升的两个阶段

庄家的拉升因不同操盘风格、不同市场背景而使个股的走势千姿百态，强庄股的走势更是千变万化，但目的只有一个——拉升获利。下面对几种常见的拉升方式进行剖析。

1. 长阳贯顶式

采用这种方式拉升的庄家，一般资金实力雄厚，在低位收集了大量筹码，操作手段极其凶狠。一般情况下是洗盘完毕，采用连续拉大阳或涨停板的方法迅速推高股价，在 K 线组合上形成“拔大葱”的形态。这样做，既可以节省资金，缩短拉升时间，又可以打开上升空间。特别是当个股有重大题材即将公布时，庄家往往会迫不及待地用此法拉高股价。

采用这种拉升方式的庄家并不在乎剩余筹码的威胁，如果散户中途下马，立即就会后悔，因为其操作的股票一般都能成为市场中的“黑马”，最易引起跟风盘的追涨。

2. 循环波动式拉升

这种方式多发生在大盘股及中盘股中，在市场中表现出十分稳健的姿态，比较容易被投资者接受。其特点是股价有起有伏，一波又一波，状似浪涌，但股价的低点和高点在不断抬高，正所谓一浪高过一浪。该手法通常在拉升过程中进行洗盘，尤其是在重要阻力区域，以小回或横盘震荡的整理走势来消化阻力，并完成散户由低成本向高成本换手的过程，以尽量减轻上行时的压力。需要注意的是，不同的庄家、不同的操盘手以及不同的大势条件和股价的不同涨幅条件下，其浪的幅度和波长会产生很大的差异。见图 5-4。

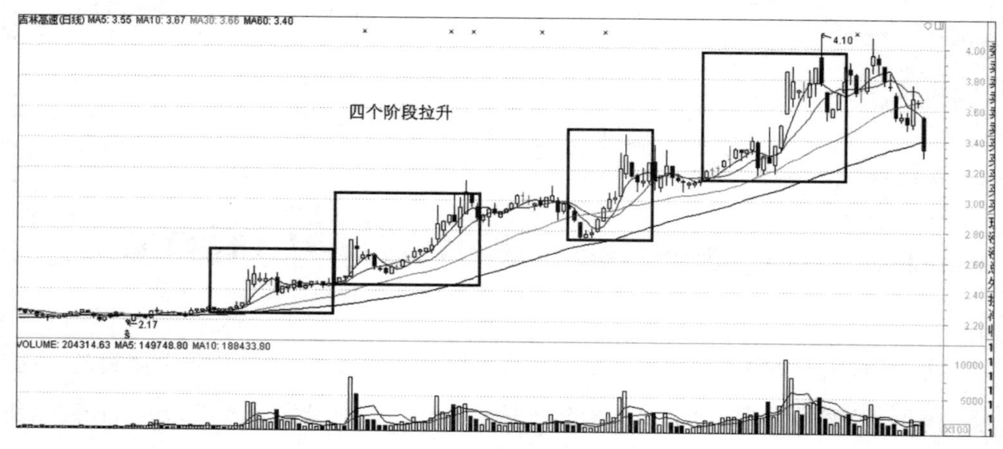

图 5-4　循环波动式拉升

3. 平台递推式拉升

这种拉升方式是指庄家将股价拉升一截后就整理休息一段时间，然后再拉升一截，之后又休息一段时间，不断的递推，在 K 线组合上形成一个一个的台阶。

采用这种方式拉升的主要有三类庄家：

（1）资金实力不够，控盘能力不强，顶不住市场上获利盘的抛售，只能采取循序渐进、稳扎稳打的方式拉升。

（2）操盘手性情较为温和，喜欢不温不火地做波段。

（3）可能因为保密工作做得不太好，跟风盘太多，因此采用这种方式赶走跟风者。

4. 无机震荡式拉升

这种拉升类似于循环波动式，但形态上不如其规范好看。其主要特点是拉升一段距离便调整一段时间，有非常明显的边拉高边洗盘的味道。通过这种方

 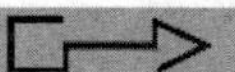

式，庄家可以不断地降低持仓成本和调整筹码结构，同时也降低了跟风者的盈利幅度，提高其持仓成本。

5. 锚定斜率式拉升

这种拉升方式就是庄家沿着一定斜率的直线拉高股价，形成固定的仰角。在当日走势上，表现为下方有大量大额买单，以显示庄家实力，然后一分一秒地把股价往上拉升；拉升一段时间后，还常常放下“鱼钩”，以吸引买盘去逢低吸纳，然后又将股价拉上去。采用此法拉升的庄家实力一般较强，出货时往往还会有上市公司题材配合。著名的庄股中粮屯河（600737）就是采用这种方式拉升的典型。该股拉升时不但当天分时图呈 45° 斜线上升，日 K 线图也近似于沿着 45° 斜线上升。

6. 高位逼空式拉升

这种方法的拉升，一般都是目标股刚好处于市场的热点板块，并且大势也十分火爆的时候。这种拉升具有以下特点：

（1）庄家在拉升过程中，可以保持一段时间内股价不出现明显的回调。

（2）从操作效果上来说，只要抛出去就接不回来，或者说要以更高的价格买回。

（3）随着庄家的逼空，市场上投资者的成本越来越高，当然庄家的成本就越来越低。见图 5-5。

7. 随机诱多式拉升

采用这种方式拉升的庄家对筹码的控制具有绝对的主动权。一般而言，这类庄家资金雄厚，股价是以小阳的方式连续上扬，并且常常不理会大盘的涨跌，操纵股价时不讲章法，我行我素、独来独往，个股的走势完全取决于庄家的意图，而且其拉升的目标都非常之高。个股的市场跟风盘良好，大胆的散户完全是博傻式跟进，无法预测其目标位，或者是被快速拉高的暴利效应所诱惑，在高位接下庄家的大量筹码。

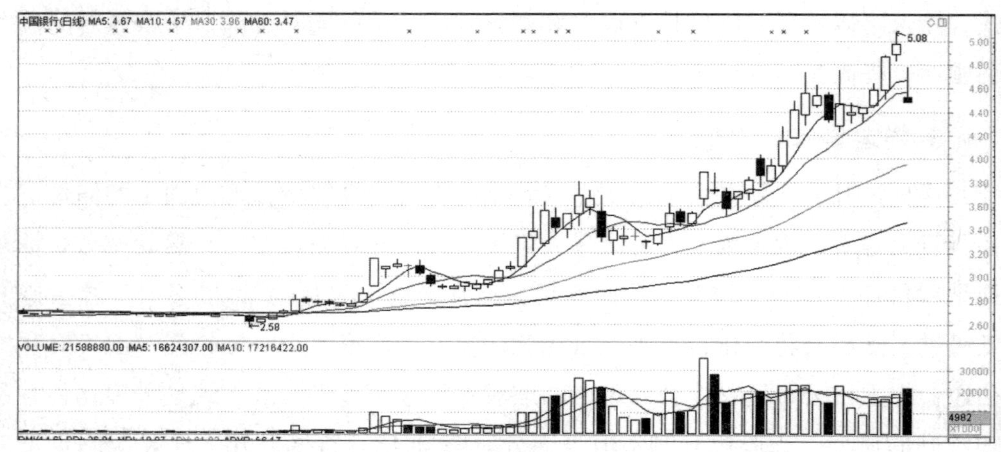

图 5-5　高位逼空式拉升

8. 多管齐下式拉升

有些庄家做庄时还未形成自己的风格，其炒作的股票在拉升过程中的手法也就不是单一的，而是多种多样的。有些老练的庄家为了赶走跟风盘，在拉升手法上也常常出新，让普通投资者弄不清庄家到底是拉高还是已经出货。

跟庄秘籍

投资者都知道，既然是拉升，就是股价向上走。俗话说："条条大道通罗马。"不过，各条道路的线路不同，路况不同，所花费的时间也就不同，但最终的目的却是相同的——股价上涨。当然，掌握了庄家的拉升方式之后，散户便可以有所准备。

第四节　庄家拉升的程序

一般来说，庄家拉升股价的操作包括以下几个程序（见图 5-6）：

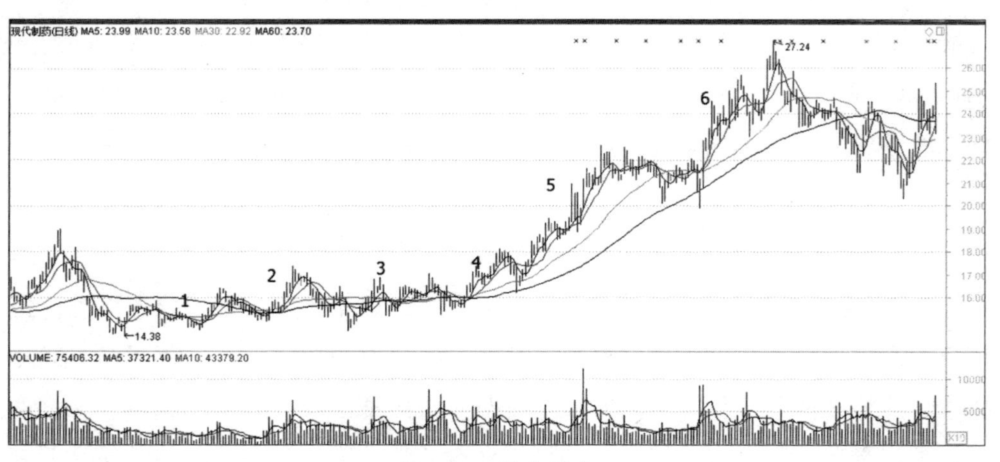

图 5-6　拉升程序

一、初期拉升阶段

庄家拉升的第一步：拉离建仓成本区。在日 K 线图上表现为股价从长期潜伏的底部突起，在周 K 线上形成“旗杆”，价升量增，周成交量一般可以达到前 5 周平均成交量的 5 倍以上。这一步是所有的庄家都要做的。由于股价长期低迷、股性呆滞，此时在最初的 1 ~ 2 个小时内少有跟风盘，反而上面挂出的抛盘不少，庄家所要做的只是连续买入，吃掉所有挡路的抛盘。

散户很难预料上升第一浪的起始阶段，庄家对第一波的目标高度很多时候是随机决定的，长期躺底的股票在小荷露出尖尖角的时候，非常容易吸引跟入买盘，在随后的时间内，庄家只需要在关键时刻点拨一下，如当天均价位、30分钟和60分钟超买点、整数位、中长期均线处等。有时为了放大成交量或吸引市场的注意或显示实力，庄家经常用大手笔对敲，即先挂出几千或几万手的卖盘，几分钟后一笔或几笔买入。

二、传出利好阶段

初期拉升之后，可能会有一些消息。因为对庄家来说，都希望用最低的成本达到最佳的效果，所以会放一点风出来。这时投资者总是听到相互矛盾的或不确定的消息。信不信由你，股价还在上升，仿佛在告诉你那是千真万确的好消息和赚钱机会。这些消息可以诱使部分人追进，从而达到降低拉升成本的目的。有的股票刚从底部上涨，市场就传出一些消息，这些消息大多是真的。

三、洗盘阶段

洗盘的主要目的是防止跟风的人利润太大，以至于在关键价位向下抛，把庄家给套住，所以要把短线客洗掉。洗盘的时候有个原则：在底部买的一般是机构，所以在底部放量下跌的时候是洗盘。洗盘最主要的特征是跌的时候没有量，离底部区域又太近，而且有明显的做盘迹象，常常在不该跌的时候跌下去了，有的还在尾盘故意打一下。

四、震仓阶段

震仓是把不坚定的人震出去，而震仓则常在股价上涨一段时间之后进行。震仓最主要的特点是在跌的时候比较快，让想出的人只能在低位出，所以在底部也不涨。震仓的量常常比较大，有的图形还很难看，各种分析好像都是庄家要出货了，但如果你真正掌握了庄家的成本，分析一下庄家的利润，就可以坚定信心。

五、中期拉升阶段

庄家后续资金到位，舆论沸腾、人心思涨的时候，就是中期拉升的时候。这个阶段庄家的操作方式和初期拉升有点相似，只不过根据自己的持仓情况决定拉升的斜率。仓位重的拉升斜率陡峭，仓位轻的平坦些，这时庄家所考虑的是要拉出以后的出货空间。

由于前期的利好消息和想象力，庄家此时根本不用担心没有跟风者，也不需要刻意制造消息，只要顺势而为就可以了。由于筹码被大量锁定，盘面十分轻巧，K 线组合流畅无比。庄家有时为了表现自己，经常玩些逆势走高和“顶风作案”的把戏。

此时，庄家和上市公司的关系亲密无间，有的上市公司募集资金投资项目突变，有的财务数据大起大落，有的送配股方案定局，有的重大合同签约等，这些几乎都和庄家有关。

上升行情开始时，盘面会显示强烈的买进信号。这个强烈的买进信号就是放巨量拉长阳线。如果在盘整的行情中突然出现开盘跌停收盘涨停，往往代表着大行情可能开始，尤其是连续几天放巨量拉长红，代表了强烈的上攻欲望。

通常多头行情开始时，股价呈现大涨小回的走势，往往是涨 3 天回档整理 1 天，如此往复两三次，一直涨到成交量已放大为底部起涨点的 4 倍左右，或股价已上涨 1 倍左右时才可能结束。

拉升行情的特点是换手积极，股价上涨时成交量持续放大，并沿着 5 日移动平均线上行。如果涨幅不大，或者成交量极度萎缩，就进入拉升末期了。

六、末期拉升

末期拉升的目的是为了出货。这阶段拉升最主要的特点是涨幅不大，因为如果涨幅过大，出货的人会比较多，涨幅不大，多数人就心存幻想。但如果涨幅比较大，那它的成交量一定是非常小的，显示筹码锁定在庄家手中，拉升成本不大。所以，涨幅不大，或者涨幅大但成交量少，是末期拉升的主要特征。

跟庄秘籍

末期拉升到尾声已经是强弩之末。判断庄家是在末期拉升还是在中期拉升，关键看涨幅，其次看量：如果在高位拉升没量，可以基本放心；如果拉升的时候幅度很小但量很大，这就是出货的表现。

第五节　庄家拉升的技术特点及盘面特征

庄家拉升时的技术特点如下：

（1）经常走出独立于大盘的走势，一般出现在大势乐观之时。

（2）在拉升初期经常出现连续轧空的走势。

（3）强调快速，具有爆发性。

（4）经常呈现涨时放量、跌时缩量的特点。

（5）具有良好的技术形态。如均线系统呈典型的多头排列，主要技术指标处于强势区，日 K 线连续飘红收阳。

（6）在同一交易日开市后不久或收市前几分钟最易出现拉升现象。这主要是因为中小散户在刚刚开市时（和闭市前）并不知道自己所持的某只股票会上涨多少，所以此时挂出的卖单较少。庄家在这两个时刻只需动用很少的资金就可将散户的抛单统统吃掉，从而轻易达到拉升效果。另外，在尾市的拉升经常带有刻意成分，其目的主要是显示庄家的实力，吸引散户注意和跟风，或者是要做 K 线（骗线）图和构筑（维系）良好的技术形态。

庄家拉升时，盘面具有如下三个方面的特征：

（1）经常在中（高）价区连拉阳线。

（2）经常跳空高开形成上攻缺口，且短线不回补（图 5–7）。

图 5-7　拉升时的特征

（3）经常在通过前期某一阻力位（区）时进行震荡整理以消化该阻力位的压力，而且突破之后又加速上扬。

跟庄秘籍

掌握拉升的技术特点及盘面特征，有利于散户更好地了解庄家的操作过程，在拉升初期介入庄股，享受坐轿的乐趣。

第六节　庄家拉升的目标

庄家拉升股价不是盲目地拉多高是多高，而是有一定目标的，这个目标点位一般是根据股市对该股的价位所能够接受的预期来制定的。目标过低，庄家盈利有限；目标过高，不被市场认同，庄家无法顺利出局。

一般来说，庄股从行情启动到高点的涨幅在 50% 以上，大多可达 100%

甚至更高。聪明的庄家不会等自己将股价拉到最高点再出货，而是在上涨过程的 2/3 处就开始出货了，这也正是股民疯狂追进的时候，庄家既能出货还能让股价继续保持上涨。

拉升阶段，庄家每天都会密切关注股民跟进量的增减变化情况，通过复盘计算出来并记录在案。由于趋势的作用，股价的连续拉升本身就可以激励市场，吸引股民跟进。开始拉升时庄家吃进量占的比例大，可占 70%，后来到 40%，再后来到 10%，达到“四两拨千斤”的效果，然后庄家就可以反手出货了。开始也是小量，保持趋势，然后逐渐增大，最后是拼命往外抛。如果这一切都是在大行情的掩护下进行，庄家的成功就更有保证了。庄家在拉高过程中每天还必须做一个工作，就是计算股民跟进时的成交量扣除庄家部分后的价位重心。有时候为了修复图形，庄家会在大量出货后再拉高一天，以蒙骗股民，但它算好了点位，刚好涨到重心线附近就停住了，绝不会让这个重心线所代表的大部分股民有挣钱出来的机会。

跟庄秘籍

换手率也是管窥庄家拉升阶段的参考指标。庄家拉升时，手里拿的是筹码，只有升值了才赚钱。由于再买入成本就被抬高，所以不会轻易抛掉。因而庄家一般采用快速拉升的办法，希望换手率低一些。拉升动作完成后，在高价位派发筹码时，则希望换手率高一些，这样才可以尽快脱身。从换手率的高低转换情况可以判断出庄家的拉升的所在阶段，便于散户作出投资决策。

第七节　庄家出货的征兆

在庄家的市场运作过程中，出货派发是最后一道程序，也是非常关键的一

 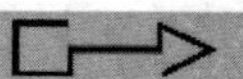

个环节。任何一个庄家，只有将手中的筹码派发出去，才能使账面的盈利变为实实在在的获利。虽然庄家的行为较为隐蔽、较为高明，但在派发的行动中，或迟或早、或多或少总是会露出一些蛛丝马迹，总是会有一些征兆。

庄家出货有哪些征兆？该如何对这些征兆进行研判？

1. 不断出现大量的利好消息

正规媒体如各证券报刊、电视和广播中等出现各种投资价值分析报告，大肆宣传目标股，股评人士也在推荐，这些宣传无非是想证明该股价格与价值背离，股价严重低估等。投资者仔细留意一下就会发现，这些报告的出现大多是在股价翻番的时候。在刚开始上涨时是不会有这些好消息的。必须记住这句股市格言："利好出尽是利空。"这无非是证明庄家萌生退意，故意放出烟雾弹，为掩护出逃做准备。投资者可将计就计，利用这些消息做反向分析。

2. 传闻股评等资讯增多

征兆之二是传闻增多及推荐该股的股评增多，现在互联网资讯发达，大家都可从网上看到大量的传闻，这些传闻大多是庄家发布出去的。为什么要发布传闻呢？第一，网上发布传闻，可以不负责任也无人追究。第二，总有人相信这是真的。庄家也把这些内幕消息告诉他们的朋友等，让他们去散布这个消息，一传十，十传百，很快这消息谁都知道了。同时，推荐该股的股评也增多了，其中不排除庄家与股评家的幕后交易。通过这两种手段吸引投资者，庄家稍一发力，跟风盘就蜂拥而来，庄家派发就极为轻松了。

3. 庄家的获利目标已经达到

目标位在哪？有一个加倍取整的理论，这个方法在股市中还没有被广泛应用，而一种理论在市场中掌握的人越少，可靠性就越大，所以，这是判断股票高点的一个好方法。我们买进了一只股票，最好的方法就是把加倍和取整的方法结合起来用，当你用几种不同的方法预测的都是某一个点位的时候，那么在这个点位上就要准备出货。当然，还可以用其他技术分析方法来预测。故当预测的目标位接近的时候，就是庄家可能出货的时候了。

股价的目标位属于庄家的商业秘密，我们不可能知晓，但我们可以根据价格的涨幅来大致推断。一般而言，庄家从建仓到出货的价格空间要有1倍左右的涨幅，这样庄家才能有50%左右的利润。这个利润要在较为平静的大势中才能取得。若大势不好，庄家的利润就要减少；若大势较好，庄家就会更上一层楼，把价格拉得更高，获取更丰厚的利润。

我们还可以利用黄金分割律的演化预测庄家的目标位。一般而言，庄家保本涨幅为0.618倍，这种情况除非是有重大利空出现。后面的几个关键升幅倍数是：0.809、1.191、1.382、1.618、1.809等黄金数字，依次类推。

4. 面对利好消息，股价不涨

股票在价格相对较高的位置出现放量不涨或涨得很少，价量关系的不正常，可确定为庄家在出货。K线形态、技术面、基本面向好的情况下股价不涨，是庄家要出货的前兆，这种例子在股市中非常多。还有就是在周五走势良好的股票，在周一走势疲软，也可证明庄家利用周末推荐效应出货。见图5-8。

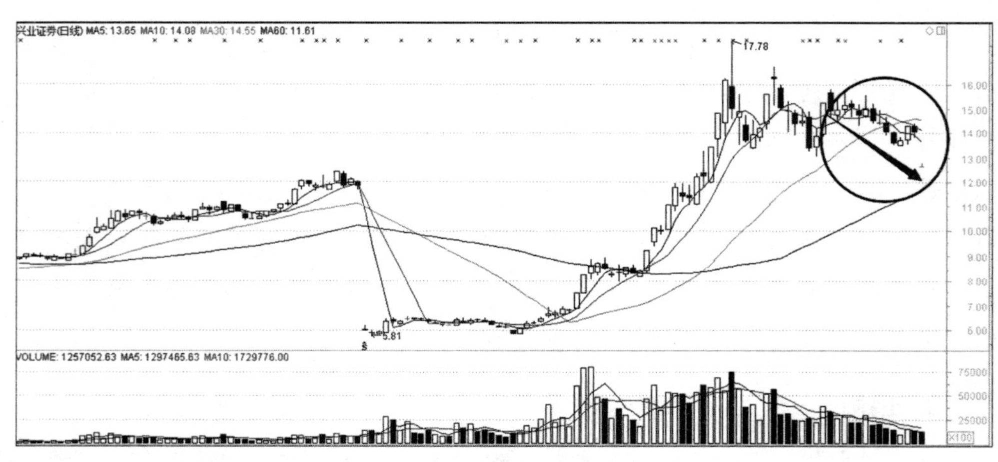

图5-8 违背技术指标该涨不涨

5. 大造声势调动市场热情

庄家将出货时，总是会把声势造得很大，股评也众口一词说大盘将不断创出新高。其实，这可能是掩护庄家出场的烟幕弹。为了掩护大部队撤退，庄家往往会拿出一部分资金，抓住一些盘子小、有朦胧利好题材的个股大炒特炒，

制造黑马狂奔、天天涨停板个股不断的狂热气氛，使退场的投资者又返身进场，捕捉股价早已高企的黑马。这样就帮助庄家稳住了大盘，使庄家获得更多顺利出货的时间。

6. 施放利多迷雾，让利空潜行

股市欲达到狂热程度，往往是与重大的（包括预期的）利多结伴而行：后知后觉的大众如梦初醒，奋起追涨，此时正是庄家见好就收的极佳时机。

7. 指标股出现异动

当大盘启动之初，指标股领先上扬，带动大盘上涨，说明庄家不是出货，而是想利用指标股启动行情。若大盘已上涨很多，个股行情火爆，领涨板块滞涨，这时若庄家启动指标股，就说明庄家是在利用指标股拉高指数而掩护出货。

跟庄秘籍

许多股民之所以觉得股票买进容易卖出难，关键原因是对于庄家何时出货心中无数。其实，“雁过留声，人过留影”，只要把握好庄家出货时出现的各种信号，就能稳稳当当地走在庄家的前面。

第八节　掌握庄家出货的手法

下面是庄家出货的一些常用手法，中小散户了解并掌握了这些方法，便可以做到心中有数、有的放矢。

一、滚动拉升出货法

有的庄家采用滚动拉升出货手法，每天故意低开，全天多数时间让股价低位运行，然后尾市拉高，如此连续数天，给投资者造成短线操作适当获利丰厚的感觉，一旦某天接盘众多，便果断砸盘出货。或者在K线图上搞有规律的箱体震荡，操作方法异曲同工。

二、双庄对冲出货法

在盘面上进行明显的不同庄家之间的买卖信号，造成大手笔成交不断的假象，或者干脆利用一个周五的时间进行一笔或者几笔特别大的成交（超过百万股），尾市上涨，同时配合著名咨询机构在电视媒体上指出这种异动，天性贪婪的一些投资者很难不手痒。

三、借势拉高出货法

强庄一般采用这种出货方法。同时，股票本身后续有较好的题材配合。如某电器股份除权前已经过大幅上扬，除权后经过一段时间的凶悍震仓，再次快速拉抬，股价升至28元附近时，庄家获利已颇丰。由于该股后续仍有较好题材支撑，因此庄家选择了一边出货一边上拉股价的方法，即大笔资金出货，小笔资金拉抬。这样既可以实现部分利润，又可为以后继续在更高的位置出货创造条件。果然，电器股份后来不断上扬。该股堪称坐庄成功的典范。见图5-9。

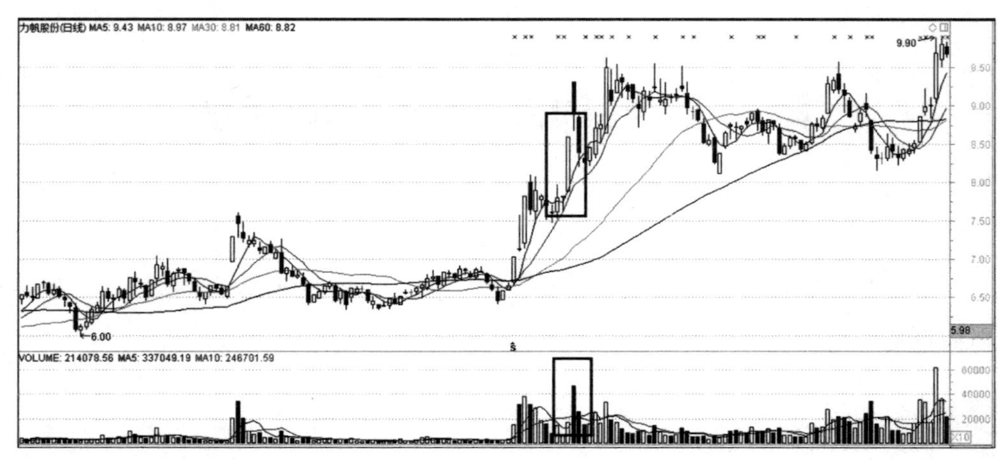

图5-9　边拉边出货

四、业绩诱多出货法

庄家会通过一些财务手段或者投资收益手段让上市公司公布的业绩特别好。当然，利用股价刚刚送股除权后公布，这样还有误解业绩、公布后先涨后跌以出货的目的。

五、高比送股出货法

当股票价格较高时，庄家为了出货，会先高比例送股，后改个适合当时热点的名字，其后再送一个特别大的利好，紧接着出货。

六、缓升急跌出货法

在盘面上挂出连续大买单，一分钱一分钱地把价格往上推，推到一定程度后突然跳水，把来不及撤单的买单砸成交。或者是挂上特别大的买单，吸引投资者上当。

七、技术陷阱出货法

用连续的小阳线上涨制造所谓的低位放量，研究销量较大的软件公式，吸引单一技术痴迷者的买盘出货。

八、隐真示假出货法

有些庄家为了达到出货的目的，会到一些大中户比较多的营业部不断地买进某一只股票，让成交回报暴露，同时私下传播消息，吸引大中户投资者入场。

九、长阴贯底出货法

长阴贯底出货法是指庄家快速持续地将大笔筹码抛出，抛出的过程中，股价下跌的速度也较快。庄家对于前期股价已有较大升幅的股票常用这种方式出货，因为庄家获利颇丰，以这种方式出货可迅速落袋为安，并减少随后可能发生的风险。这种出货方式的缺点是股价跌幅过大，庄家获利程度相对减少。

对于处于相对高位的股票，庄家常采用此种方法出货，表明庄家急于了结的心态较盛。这时庄家往往集中出货，有时连拉数根阴线，并对股票本身造成极恶劣的市场影响，人气一时难以恢复，需要一段时间的修整。

因此，投资者不宜过早介入抢反弹，而应冷静观察其底部调整情况，相机而动，否则极有可能被套。

十、专业机构出货法

目前有的机构专门帮助一些不会出货的机构出货，条件是接货价格比市价便宜一些。有些券商干脆利用职权把货出给基金。

跟庄秘籍

庄家出货除了上文介绍的十几种常用手法外，还有诸如操盘手运用图表造假、技术陷阱、盘中对倒等，五花八门。然而，“万变不离其宗”，“任他千条计，我自有老主意”，对于庄家的派发，投资者的对策就是坚决抛售，不要计较一两个价位与收益的高低。同时，尽量不要参与庄家的反弹操作，因为此时风险与收益已不成比例，贸然出击，一旦失手反遭被套，与其冒这么大的风险博取些小的利润，不如将眼光投向其他有潜力、低风险的股票。

第九节　庄家出货的盘面迹象

从盘面分析，常见的出货信号有以下几个方面：

（1）在高价区域连续 3 日出现巨量长黑代表大盘将反多为空。

（2）在高位连续 6 ~ 9 日出现小红或小黑或十字线及较长上影线，代表高位向下，再追意愿已不足，久盘必跌。

（3）股价暴涨后无法再创新高，虽有两三次涨跌，大盘仍有下跌可能。见图 5-10。

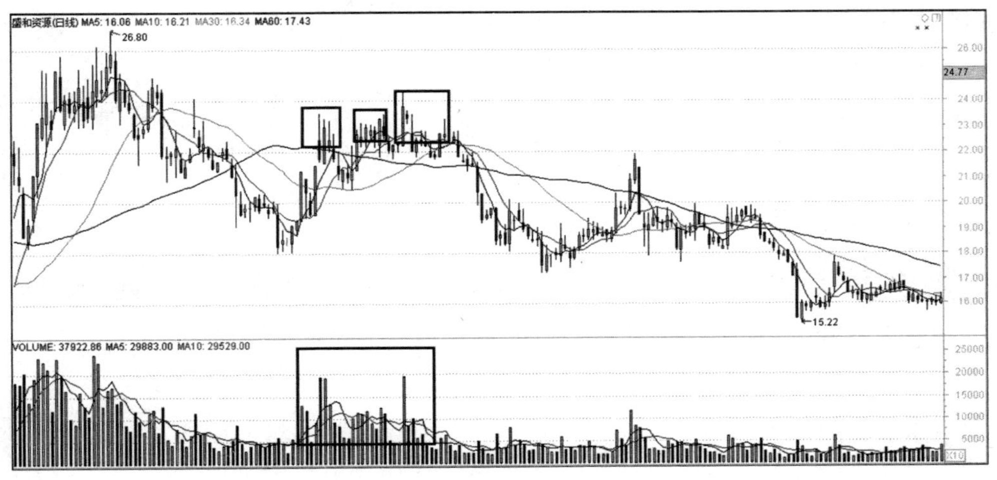

图 5-10 庄家出货的特征——两三次暴涨后无法创新高

（4）股价在高位出现倒 N 字形走势及倒 W 字形（M 头）走势，大盘将反转下跌。

（5）股价跌破低价支撑线之后，若连续数日跌破上升趋势线，显示股价将继续下跌。见图 5-11。

（6）依据艾略特波浪理论分析，股价自低位开始大幅上涨，比如第一波股价指数由 2500 点上涨至 3000 点，第二波由 3000 点上涨至 4000 点，第三波主升段从 4000 点直奔 5000 点，至 5000 点后涨不上去，无法再创新高。

（7）股价在高位持续上升，当资金消耗达到天量时，有可能达到头部。

（8）股价在经过某一波段下跌之后进入盘整，久盘不涨而且继续下跌。

（9）短期移动平均线下跌，长期移动平均线上涨交叉，一般称为死亡交叉。见图 5-12。

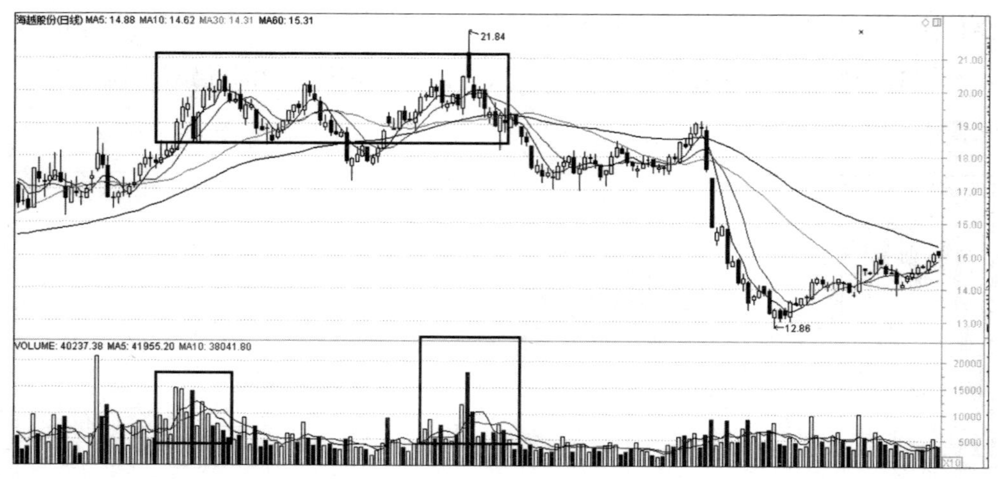

图 5-11 庄家出货的特征——股价连续数日跌破上升趋势线

图 5-12 死亡交叉

（10）多头市场 RSI 已达 90 以上，空头市场 RSI 达 50 左右。

（11）30 日乖离率为 +10 ~ +15 时，6 日乖离率为 +3 ~ +5 时，代表涨幅已高，可卖出手中持股；另外，股价高位出现 M 头及三尊头，且股价不涨，成交量放大。

跟庄秘籍

庄家为了掩护自己出货，还会经常制造一些利好题材并在媒介上散布，以吸引散户跟风。在盘面上则会制造再次上攻前期高点（或阻力位）且根本不会回调的假象。庄家会经常挂出大笔买单，只要有人跟进则往往迅速撤单，或者所挂出的买单手数越来越小。在高位有时呈现股价疲软，上攻乏力的现象。分时成交经常出现无量空涨或跌时放量的现象。技术指标经常出现“顶背离”。如果出现了前面的11类盘面特征，再出现上述种种迹象。投资者就应该果断的抛出手中的股票了。

第十节 辨别震仓和出货

很多散户由于无法正确判断出庄家的震仓和出货，当庄家震仓的时候误以为是出货，慌忙出逃，结果眼睁睁看着到嘴的肥肉被别人抢走；而等到庄家出货了，又误以为那只不过是庄家在震仓，在最危险的时候反而死抱股票，结果煮熟的鸭子又飞了。

庄家震仓的主要目的在于垫高其他投资者的平均持股成本，把跟风客赶下马去，以减少进一步拉升股价的压力。所以庄家在震仓时会千方百计动摇投资者持股的信心。

庄家出货指的是庄家在高价时，不动声色地卖出股票。所以庄家在出货时，必定会给散户留下最美好的幻想。

散户可以从K线形态、盘口、重心、成交量、消息及股价反应等方面来辨别震仓和出货。

1. K 线形态方面

震仓时，K 线形态有十分明显的分层现象，而出货时 K 线价位一直下跌。

庄家震仓是为了甩掉不坚定的跟风盘，并不是要吓跑所有的人，其必须让一部分坚定者仍然看好此股，仍然跟随庄家，帮庄家锁定筹码。所以庄家在震仓时，某些关键位是不会跌穿的，这些价位往往是上次震仓的起始位置，这是由于上次已洗过盘的价位不需再洗，也即不让上次被震出去的人有空头回补的价差。这就使 K 线形态有十分明显的分层现象。

而庄家出货则以力图卖出手中大量的股票为第一目的，所以关键位是不会守护的。导致 K 线价位失控，毫无层次可言，一味下跌。

2. 盘口方面

庄家震仓时在卖盘上挂有大卖单，造成卖盘多的假象。若庄家对倒下挫，是分不清是震仓还是出货的，但在关键价位卖盘很大，而买盘虽不多却买入（成交）速度很快，笔数很多，股价也不再下挫，此时多为震仓。

庄家出货时在卖盘上是不挂大卖单的，下方买单反而大，显示委比较大，造成买盘多的假象（或下方也无大买单），但上方某价位却有“吃”不完的货，或成交明细中常有大卖单卖出而买单却很弱，导致价位下沉无法上行。

3. 重心方面

判别震仓与出货的显著标志之一就是看重心是否下移。庄家震仓是把图形做得很难看，但并不想让其他人买到便宜货，所以日 K 线无论收乌云线、大阴线、长上影还是十字星，或连续四五根阴线甚至更多，但重心始终不下移，即价位始终保持。而庄家的出货虽有时把图做得好看些，收许多阳，但重心却在下移。

4. 成交量方面

一般说来，当庄家尚未准备拉抬股价时，股价的表现往往很沉闷，成交量的变化也很小，此时研究成交量没有实际意义，也不好断定庄家的意图。但是，一旦股价放量拉升时，庄家的行踪就会暴露，我们把这样的股票称为强庄

 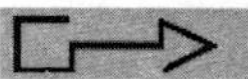

股，此时研究成交量的变化就具有非常重要的实际意义。此时如果能够准确地捕捉到庄家的洗盘迹象并果断介入，往往能在较短的时间内获取理想的收益。

5. 利用消息及股价反应区分

庄家震仓多选择并利用利空消息配合，结合大盘回调打压股价，顺势洗盘，使散户产生恐慌，丧失持股信心，从而抛出手中筹码。

庄家出货则多选择或利用利好消息，结合大盘上涨，使散户信心十足，争相抢购股票，庄家正好出货套现，成功出逃。

跟庄秘籍

震仓或出货，形态多样，过程复杂，变化多端，区分方法也很多，投资者在实战时还需互相参照，有机结合，综合分析，举一反三，灵活运用，这样才能正确区分震仓和出货的同与异，揪住庄家的“狐狸尾巴”，在股市战场中获胜。

第六章

跟庄策略：不同市道不同跟法

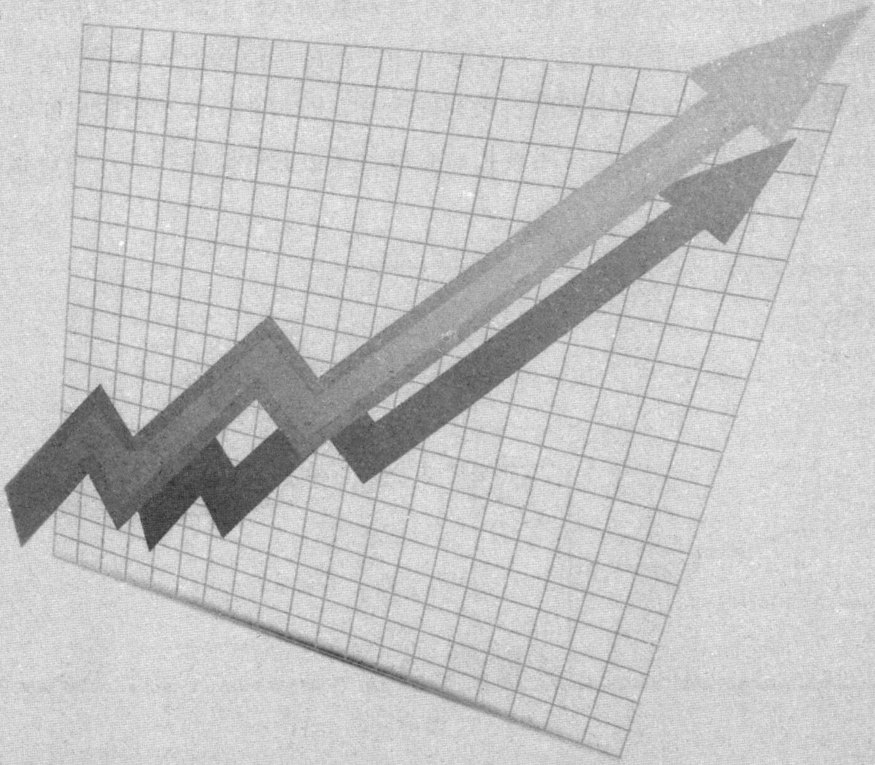

第一节 牛市中的跟庄策略

一、牛市选股“四不要”

牛市中，散户选股时应排除下列几种股票：

1. 暴涨过的股票不要选

“暴涨”过的股票指短时间内涨幅达到 100% ~ 200%，在 K 线图上看垂直上涨达两周，且中途没有任何调整，一步到位。这种股票暴涨的原因，往往是其上市公司有合资、兼并、收购和重组等利好消息。上涨初期在市场上没有任何消息和传言，几个星期后，关于该上市公司的传说和消息逐渐流传，上涨到天价后上市公司才宣布明朗的特大利好消息，此时缺少技术的散户和新股民见利好出现便蜂拥而入，庄家迅速把所有低价买进的持股抛给抢入的新股民。见图 6-1。

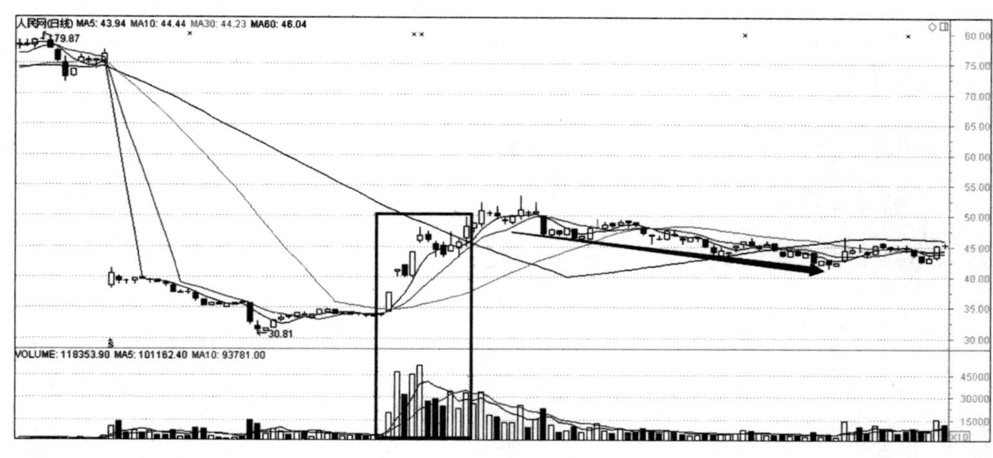

图 6-1 暴涨股票

暴涨后的股票往往需要 1 ~ 2 年的时间来修复才会有新庄家进入操作，所以即使是在大牛市，当某只股票暴涨后也不要在短期内就参与。

2. 利好公开的股票不要选

利好公开是指大盘或个股利好公开。公开利好几乎没有一次使个股和大盘上涨。所以，不管是大盘还是个股，听到利好出现或传闻的利好兑现，不要犹豫不决，先退为主。因为作为庄家的投资机构见散户进去，会立刻反向操作，大规模洗盘，砸到散户割肉出局，以此来赚取暴利。

3. 放过天量的股票不要选

天量代表着某只股票或整个市场当天巨大的交易量，往往是做庄机构用利好消息在一天之内把所有或大部分筹码派发给听到消息的散户。有句话叫“天量见天价，见了天价回老家”，非常形象。股市高手往往都是“天不怕地不怕，就怕成交量放大”。见图 6-2。

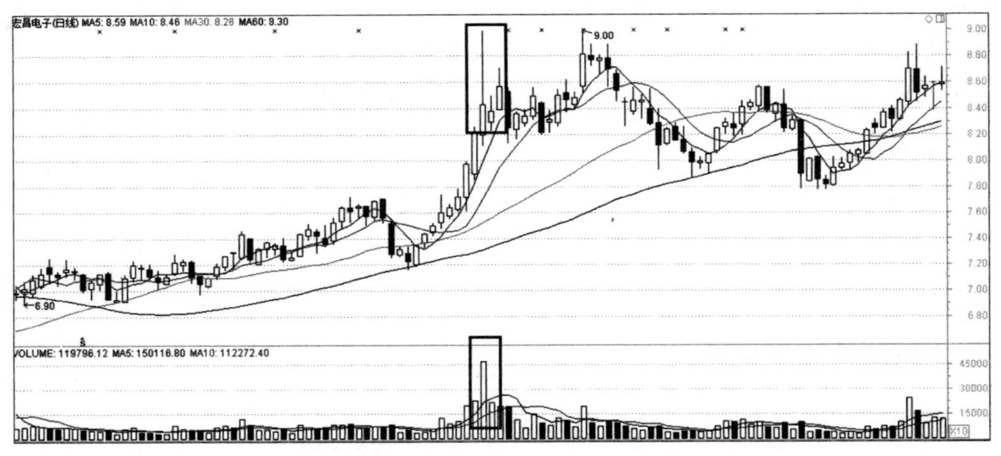

图 6-2　天量见顶

4. 大除权的股票不要选

“大除权”指的是大比例送配除权的股票，即庄家利用除权改变价格对比现象的特种手段，如一只股票被庄家炒到 30 元，10 送 10 除权后价格变成了 15 元。除权之前往往有绝对利好消息，价格低于同类股票且基本面又“好”，吸引喜欢低价又认为基本面好的新股民，为出货创造了机会。

散户需要注意的是，买不买此类股票，一般要看除权前后 2 ~ 3 周的成交量，如果除权前后 3 周中出现天量，那就要遵守不买原则。

初入市的散户应该注意大问题股票。大问题股票是受证监会或相关上级执法机构处罚和制裁的股票。这种股票在受处罚的阶段庄家一时不能拉升。如果问题较大，下跌期就会更长。这种股票的消息往往在重要的证券媒体上公开刊登。

二、牛市中散户的操作策略

牛市的操作策略分为以下几个方面：

1. 敢于持续看多

在实际操作中，要想正确应对大的牛市，首先是在思想上要敢于看多，克服“恐高症”，摈弃一涨就卖的思维方式。因为一旦行情得以确立，在消息面、资金面没有根本改变前，行情就不会轻易结束。在行情得到政策、资金配合，持续走高的形势下，如果散户总是不敢看多，势必会失去很多赚钱的机会。见图 6-3。

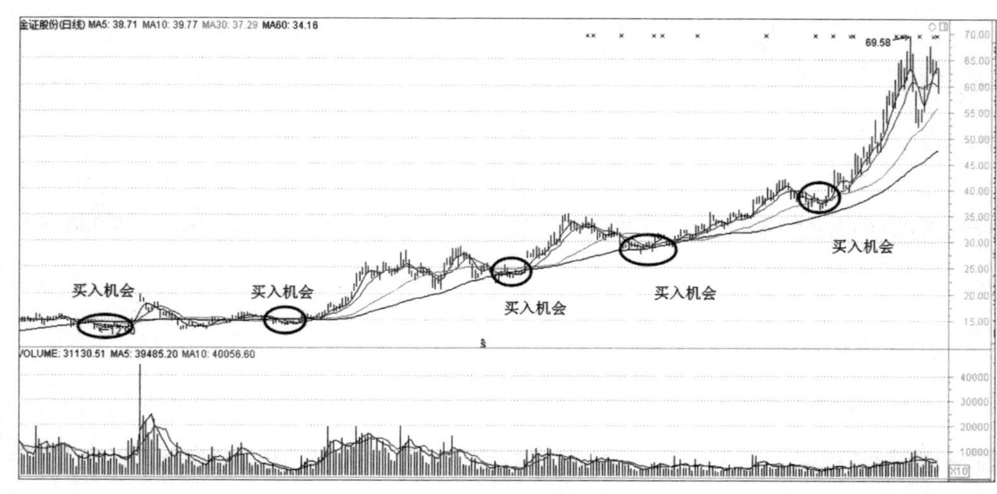

图 6-3 牛股要敢于持续看多

2. 做好操作前的准备

由于在牛市行情中的主要参与手段是追涨，因此，对于追涨的时机和操作前的准备工作更需要重视。如在软件中进行板块设置，将选出的板块和股票设置到分析软件的自定义板块中，便于今后分析决策，同时对所选股票进行密切的跟踪观察。投资者选择的板块和个股即使是市场热点，也需要注意把握买进的时机，而跟踪观察和耐心等待将有助于投资者把握住更好的投资机会。

3. 选择热点板块

散户应选择在未来行情中有可能形成热点的板块。需要注意的是，所选的板块容量不能过大，板块热点的持续性不能太短，板块所拥有的题材要具备想象空间，板块的领头羊个股要具备能够激发市场人气、带动大盘的能力。

4. 紧盯龙头品种

一般而言，一波上涨行情当中，上涨幅度最大的肯定是领涨品种。因此在牛市操作过程中，一定要紧紧抓住龙头品种，并在资金配置上加大龙头品种的买入比例，只有这样，才能跑赢大盘。

5. 精选个股

选股时，要选择有主流资金介入的个股，特别需要注意的是，这些主流资金得是市场中的新增资金，对于一些长期被套的或入驻时间过长的老资金控盘个股，则要坚决回避。因为在行情启动初期中，有新的大型资金介入的股票，其涨升的速度往往会超越大盘，从而为买入这类股票的投资者带来丰厚利润。

在形态上，要关注那些底部形态构筑坚实、目前正在放量突破的股票。至于底部形态构筑是否坚实可靠，可从两方面进行研判：一是底部形态的构筑时间，特别要关注那些底部形态构筑时间长的股票；二是通过成交量进行研判，只有放量的个股，才能确认底部形态的可靠程度，也才有大幅涨升的希望。

6. 中线持股为主

操作过程中，一旦买入主流品种，就要抱着中线持股的心态，不宜频繁换股，更不宜短线操作。因为主流品种往往会走出持续上涨的行情。这种股票很少有短线机会，一旦过早卖出，便很难买回，结果是错过极好的获利机会。

7. 及时调换股票

在行情初期，往往很难看清谁是龙头品种。但一旦看清主流板块和品种，就要把自己持有的非主流板块的股票及时换成主流品种。如果一味拿着非主流热点股票不动，不去换股操作，即使大盘涨了许多，也只能落个“赚指数不赚钱”的结果。

8. 阶段性卖出策略

当市场出现“空翻多”现象时，投资者需要实施阶段性卖出策略。牛市中大盘不断强劲上升的走势、不断跟进的市场做多能量以及做多投资者快速获利的财富效应等，使原本看空的投资者纷纷加入多头行列，而当市场中的投资观点呈现一边倒的态势，几乎人人看多时，往往是形成阶段性头部、牛市将告一段落的信号，而这正是投资者短线卖出的最佳时机。

三、大盘高位时的选股策略

在牛市中，散户最担心的一个问题无疑是大盘的高位回调，尤其是一段疯牛行情之后的暴跌，不仅会将大批散户在前期牛市中辛辛苦苦赚来的纸面财富一笔勾销，甚至会上演牛市套牢的悲惨故事。大盘高位的选股问题以及如何规避牛市中的回调风险成为散户非常关注的问题。

防范回调风险，首先要解决的就是投资者的投资心态问题。

很多投资者抱有投机的心态入市，这样风险就相当大。散户应记住，股市是一个投资场所，而不是一个赌博的地方，不要贪婪。贪心使得很多股民在选择股票时只关注个股的潜在上涨空间，唯恐自己手里的股票不能翻倍，而对市场风险、个股风险甚至政策上的频频预警视而不见。

牛市中，很多缺乏风险控制意识的散户一窝蜂地购买垃圾股，认为垃圾股赚钱快、上涨空间大。一些股民一味追求涨停板行情、无视基本面和市场风险，则顺理成章地接到了行情调整前博弈接力的最后一棒。

为了防范回调风险，散户应该选择价值投资型股票和强庄股。

从基本面上说，散户应该选择质地优良、资产质量较好、盈利能力突出、成长性高的价值投资型股票，这类股票往往是大盘调整风浪中的“避风港”。

从技术分析上看，散户应避免介入已经经过前期市场热炒，同时在形态上急涨急跌、异常放量的股票，应该选择庄家控盘强、席位资金正向流入、股价平稳上涨、均线支撑有力的股票。

由于基金和机构投资者拥有资金、信息渠道、研究能力和风险控制等方面的优势，通过有效监测其仓位成本和资金流向，投资者同样可以有效地规避风险，在市场回调中实现投资收益。

在牛市背景下，庄家资金和机构投资者更加关注股票的长期投资价值和持续走势，因此大盘的每次调整也是其调整仓位配置和价值投资再发现的良好时机，他们在这个时候所关注和介入的股票也就成为回调行情中的“避风良港”。而对于中小投资者而言，及时发现庄家动向，选择庄家增仓或有效高控盘的股票介入，这样就可以最大限度地规避大盘在高位时因选错股票而产生的风险，获取合理回报。

四、牛市上升期的中长线跟庄法

牛市上升期包括初升期、回档期和主升期三个阶段。见图 6-4。

1. 初升期的买入

初升期。少数比较活跃的股票价格大幅走高，多数股票价格走强，一些冷门也略有成交。部分专业人士开始进场进行短线买卖。大盘似乎有反弹迹象。

此时市场外围环境仍没有好转，但由于行情低位盘整已久，市场上货卖得差不多了，一些被套的投资者也不再急于出货。随着行情的深入，由于大多数个股低位吸筹不充分，短暂上行后就进入横盘整理继续吸筹阶段。而在行情爆发前就已充分吸筹的庄股则一路上扬，涨幅惊人。此时中长线投资者应果断介入具有下列情形的个股：

（1）大盘在启动前逆市上扬或强势调整、跌幅有限的个股。这两类个股都充分显示出有大资金驻扎其中，并且筹码锁定良好，市场浮动筹码很少，卖出的多是一些散户和被震出来的短线跟风盘。

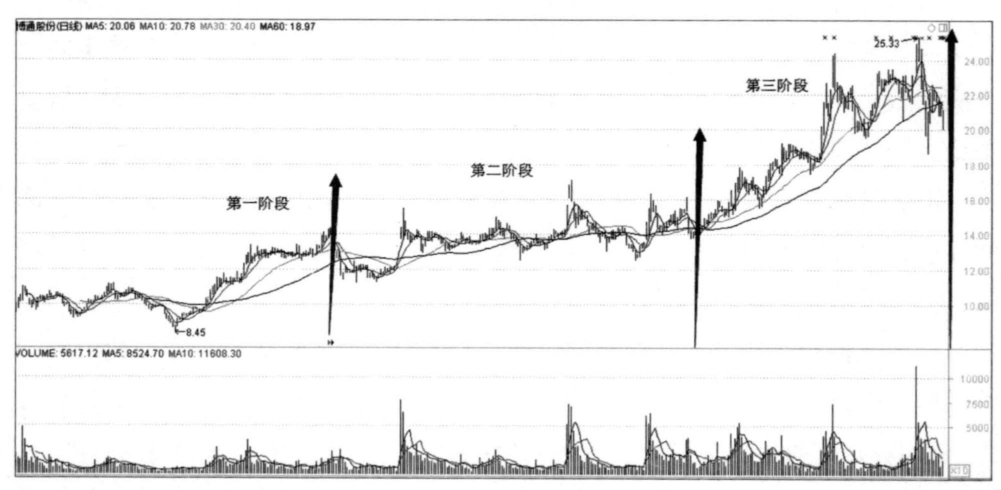

图 6-4 牛市股价走势的三个阶段

（2）前期大幅下跌并在大盘启动前跳水的个股。该类股票大多在前期大盘持续下跌过程中沿下降通道一路下行，其中几天出现反弹，然后再遭突发利空消息的打击，在本已有较大跌幅的情况下加速下跌，在下跌过程中放量不明显，暴跌后形成比较坚实的小平台，并且中、短期均线开始走平。

有些中长线庄股前期整理蓄势充分，一旦外部条件有利，股市转暖，散户敢于追涨，“天时、地利、人和”具备，往往表现非常抢眼，短时期内就涨幅惊人。中长线投资者一旦确认低迷期结束，初升段展开，则应果断介入具有以上特征的个股。如本来就持有这类被套的股票，则应大胆加码买进，摊低持仓成本，以期扭亏为盈。

2. 回档期的持股增仓技巧

经过初升期后，部分股票价格已有一定的升幅，部分长期被套的投资者解套了结改为观望，部分庄家趁机打压洗筹，而进行短线交易的投资者也趁机出逃，导致行情疲软，且市场上利空消息不断，使人们以为反弹结束。此时正是庄家入市大批承接的时机，部分精明人士也开始介入，因此会出现股价跌不下去的感觉。但广大散户却两手空空。此阶段一般市场成交量会小，但不会回到低迷期的水平。

这一阶段庄家的操作策略是打压洗盘，为主升段的拉升做准备。洗盘结束的特征是股价无法再跌破前期低点，主要技术指标发生背离信号，K线重新连续收出小阳线并温和放量。中长线投资者在这一阶段应择机补仓。许多投资者由于无法确认大盘底部而极容易在初升段踏空，回档期也给他们提供了一次择股买入的时机。中线重点介入的股票应是在回档期不跌破均线、多头排列、强势整理的初升段领涨股。

3. 主升期的操作技巧

主升期时外围环境转佳，上市公司的业绩有改善的迹象，市场庄家趁机拉抬，中小散户入市抢股，导致股价进一步上扬。此时利多消息频传，一些场外资金源源不断地入市，形成暴涨局面，成交量也持续放大，而上市公司也会公布一些送配方案，市场形成赚钱效应，散户买货越来越多，机构庄家开始部分派货。部分专业人士也开始获利了结，此时成交量仍持续放大。

中长线投资者在主升期应采取以下方法来应对庄家：

（1）中长线投资者应将手中有限的资金集中在有上述特征的领涨股票上。由于主升段的拉升常常是一气呵成，主流板块可以一再涨停，而非主流板块却涨幅极小甚至连大盘指数也跑不赢。因此，抓住主流热点就能获取超过大盘升幅的可观利润。

（2）在主升段确认之后应全仓追涨买进。牛市中特别是主升段时期应把握机会，将博取利益最大化放在首位。在这一阶段庄家为不给散户投资者逢低买进的机会，往往开盘不久就把股价拉至涨停板，即使是回调也大多在盘中进行，稍一犹豫机会就一纵而逝。投资者在操作时应在强势股放量初期大涨甚至涨停时及时跟进，并且全仓杀入，千万不要犹豫迟疑。

（3）介入后坚定持股信心，不放量滞涨不出货，技术指标不明显发出向淡信号不出货。在行情进入主升段以后，由于个股的连续换手率高，市场成本迅速大幅拉高，回调大多在盘中完成，出现深跌的可能性极小。中长线投资者应注意不要被这样的调整吓跑，被庄家轻易震仓出局，而应在回调时坚决守仓，甚而大胆加仓跟进，直到出现明显的卖出信号再获利了结，让庄家把轿子抬到顶。

五、牛市末期中长线跟庄手法

牛市末期分为末升期、初跌期和逃命期三个阶段，它是庄家出货的阶段。

1. 末升期的操作技巧

牛市末升期的特点为：股市交易十分活跃，人气旺盛，新股大量发行，部分垃圾股、冷门股也开始全线走高，散户被胜利冲昏了头，继续大量买入，往往导致成交量创下天量，且行情经常有巨大起伏，只有中小散户支撑着股价。此时行情已见顶。

末升期是庄家将手中股票疯狂拉升的阶段，连续的涨停板往往出现在这一时期。庄家利用大众投资者失控的热情的舆论而大肆做多头鼓吹，利用对倒拉升的方式吸引大量的追高跟风盘抢进，同时开始悄悄出货，由于大盘仍在大幅上冲，市场一般难以察觉。

大多数庄股明显的特征为：放量上穿原有上升趋势线；K 线形态为连续大阳线，远离 5 日移动平均线；指标在布林线上轨外运行等。

中长线投资者在末升期应该头脑冷静，理智地分析行情，克服害怕踏空而错过获取暴利的贪婪心理，一旦发现市场中具有上述庄股特征的股票，应严密关注，切忌追涨，手中已有这类股票的投资者在保持高度警惕的同时持股待涨，赚取一段时间内最丰厚的利润。具体操作上以该类个股的 30 日移动平均线为止盈点，股价跌破 5 日、10 日线后次日无法拉回时，应果断出货或至少减磅；如 5 日、10 日线下穿 30 日均线，则应果断迅速离场。

2. 初跌期操作技巧

大盘经末升段狂升以后，一根放巨量甚至天量的长阴线是末升段结束的重要标志，转势也就是在这一时点发生的。此时多数股价都已偏高，欲涨无力，投资者很难获利，市场庄家和精明人士已卖出了大部分股票，成交量减少，中小散户被套，但仍认为这仅是调整，期望另一段涨升来临。其实，这一阶段庄家正在大举出货，连续放量的阴线已把追高的散户套在其中，庄家则基本上完成了套现操作。

初跌期，中长线投资者应以大盘放量及巨阴线作为出货的警示信号，手中个股一旦走软即迅速卖出。走软的标准大致分为三种情况：

（1）对末升段追进的投资者，应已有相当差价收益作保障，故 10 日均线失守是其判断手中个股走软的标志。

（2）在高位前两日刚追进去的投资者，由于持仓成本很高，面临高位套牢的巨大风险，盘中当日均线失守就是走软的标志。

（3）初升段甚至低逃期、回档期介入的投资者，对他们来说最早的走软标志也应是个股 5 日均线跌破 10 日线，原则上股票不放巨量破位下行不出货，30 日均线成为其止盈点。

另外，对于那些因各种因素还没有来得及逢高及时了结的投资者，或不愿割肉的高位追进者，心中也不必过于慌张，保守者可静等逃命期的到来，激进型的投资者可逢低摊平，利用紧接着的逃命期解套出局。

需要注意的是，并不是每个庄家都会给投资者这样的机会，所以这种操作风险较大，一定要坚持快进快出的原则，切忌恋战。当然，无论是静等还是主动出击，与高位走软迅速出局的操作方法相比，它们都是下策，投资者在实战中应尽量避免这种被动局面出现。

若不能迅速出逃，也可利用其反弹时再逢高出局，但这一高点已不能同主升段的高点相比。总之，投资者要想赚钱，必须逢低敢于摊平操作，且必须果断，绝不能犹豫。

3. 逃命期的操作技巧

逃命期又叫反抽期，此时部分股价跌幅较深，似乎给人感觉调整到位，有再起一轮升势的可能（图 6-5）。部分投资者再次进场，使股价持稳回升。在这一过程中，市场中总会有多空之间的严重分歧，但由于多数投资者有强烈的解套愿望和一厢情愿的思涨心理，多头往往稍占上风。长线庄家利用这种整体市场的氛围谨慎拉高，待空翻多的补仓和短线客大量介入后，套牢盘的心态会逐渐趋稳而舍不得割肉出局，此时长线庄家便将手中最后一部分筹码倾倒而出，待追高者和持仓待涨者反应过来时，大盘已经开始大幅下跌展开主跌段行情了。

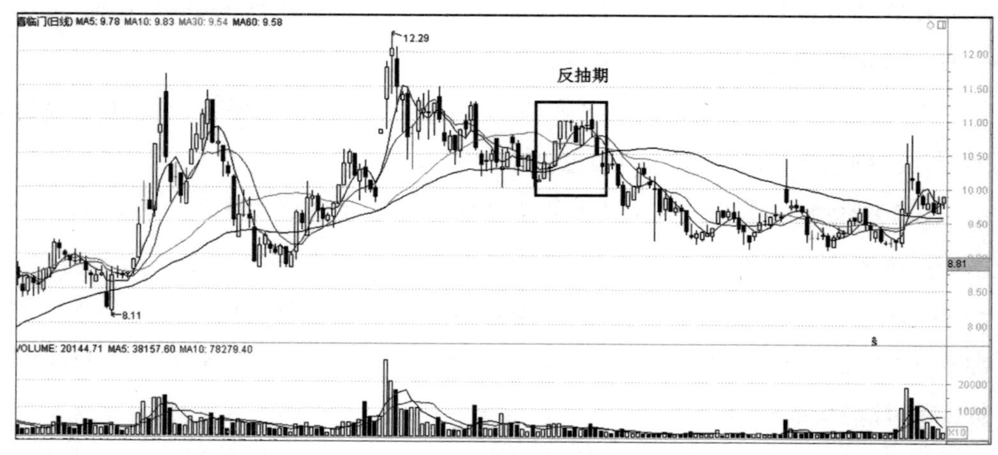

图 6-5 反抽期

了解了庄家在这一阶段的操作手法，散户就应该坚持“坚决不追涨”的操作策略，逢高果断出货，哪怕割肉也在所不惜。

高位套牢对任何投资者都是痛苦不堪的，但是因为已错过最佳出货时期，就应该割肉出货。否则，接下来的主跌段将会把散户拖入深渊。在这一阶段，投资者不应再用“拨档”操作摊平成本的方法解套出局，因为大盘不是每一次都给出明确的逃命机会的，更不是每只个股都会提供投资者逢高出货的机会。风险和收益不成比例的时期投资者必须审慎对持，股票市场上一定要牢记：小心驶得万年船。

六、牛市中跟上筹码高度锁定的庄股

筹码锁定度高的个股往往有一段轻松上涨过程，能给投资者带来丰厚的利润。筹码锁定度高的个股形成的原因有二：一是庄家通过大比例建仓，实现对股价的相对控盘，这类个股属于控盘类筹码锁定，多数情况发生在走势强劲的牛市行情中。二是股价经过漫长而又深幅的调整后，其中大部分筹码因为被严重套牢，持股人不打算斩仓割肉，庄家只需要少量建仓就可以锁定剩余浮动筹码，这类个股属于被套型筹码锁定，大多出现在走势低迷的熊市行情中。

筹码高度锁定庄股的特征如下：

（1）筹码锁定度高个股最重要的特征是能够以低标准的放量达到巨大涨幅，甚至能够以很少的成交量直封涨停。

（2）筹码锁定度高的个股在股价运行过程中，庄家资金运作痕迹十分明显，表现在盘面上就是股价常常有异常的大起大落，日 K 线上不时出现较长的上、下影线，但股价的异常波动却不会改变其上行趋势。

（1）筹码锁定度高的个股在大盘处于正常调整阶段时，往往表现出良好的抗跌性。对筹码高度锁定庄股的投资策略如下：

①投资控盘类筹码锁定个股，应该以中长线为主，在不减少筹码的前提下，适当进行滚动式操作。

②控盘类筹码锁定个股的买入，一般应选择个股已经具有明显的筹码被锁定特征，股价运行于标准的上行趋势中，并且股价的绝对涨幅不大的时候。

③控盘类筹码锁定个股的卖出应该以成交量是否放大作为重要依据，因为庄家在这类个股中介入较深，建仓比例大，如果试图全身而退，往往需要大成交量的配合。控盘类筹码锁定个股涨幅巨大，并伴有不规则放量时，投资者应该选择卖出。虽然庄家的出货不会在瞬间完成，有时放量后个股仍有最后一涨，但作为稳健的投资者，此时起码要适当减仓，使自己处于进退自如的主动位置。

4. 投资被套型筹码锁定个股，应该以短线为主，波段操作。

被套型筹码锁定个股的买入，一般应选择个股经历过较深的跌幅，股价已远远低于前期的成交密集区，乖离率负值偏大，移动成本分布获利盘的数据长期小于 5%，同时个股的地量纪录被不断改写的时候。

被套型筹码锁定个股的卖出应该以前期成交密集区作为参考标准，因为这类个股的筹码锁定性依赖于个股的被套，一旦股价接近或到达前期成交密集区时，就会有大量的解套筹码蜂拥而出，筹码的锁定性就会被破坏而松动。而且被套型筹码锁定个股的庄家一般投入资金不大，实际控盘程度不高，除非未来的市场行情非常强劲，否则庄家是不会逆市顽强做多的。因此，投资者在股价尚未到达成交密集区之前就要及时果断地卖出。

七、牛市中追涨停板法

追涨停板是猎庄中最惊心动魄的操作，也是一项高风险高收益的投机活动。追涨停板看起来风险最大，但是在牛市中，追涨停板股票的风险却最小。这是因为：一是涨跌停板对买卖股票的双方产生明显的心理影响。股票涨停后，对本来想卖股票的人来说，会提高心理预期，改在更高的位置卖出，而对想买的人来说，由于买不到，也会加强看好该股的决心，不惜在更高的位置追高买进。二是股票本身具有突然上涨 10% 以上的冲击力，被迫在 10% 处停住，第二天出于本身的上涨要求还要继续上涨，这是一个明显的投机机会。所以，涨跌停板对股价涨跌的推动作用是很大的。当一只股票即将涨停时，如果能够及时判断出今天一天涨停将被牢牢封死，马上追进，那么第二天出现的高点将给你非常好的获利机会。但需要提醒的是，追涨停板是一项绝对短线的投机操作，第二天不管股价是盈利还是亏损，都要止盈或止损出局。一般散户因为恐惧或者贪婪，往往做不到这一点，所以，追涨停板成为短线高手的乐园。见图 6-6。

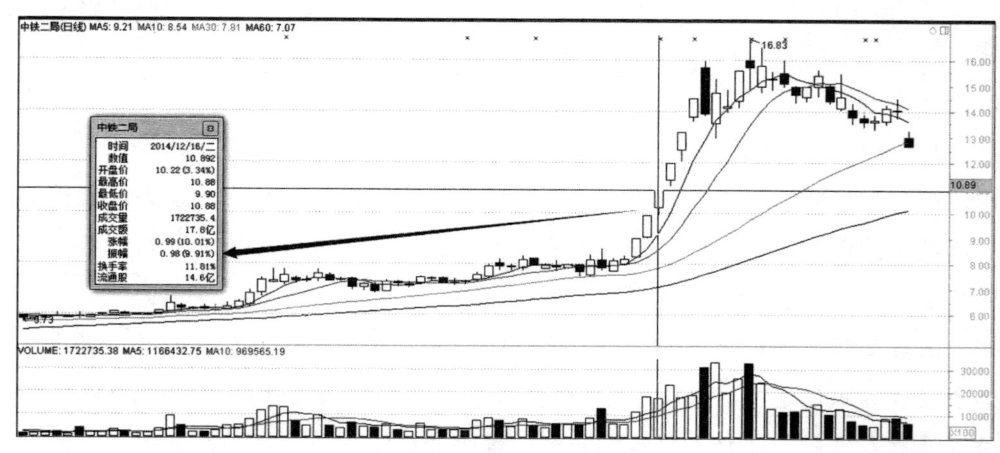

图 6-6　追涨停

涨停板主要分为两种，一种是股票勉强涨停，但是封不死，时不时被打开，给人感觉很无力，按以往经验，这是庄家在涨停板位置慢慢出货，即使

收盘最后以涨停报收，第二天也走不了多高。但是，在超级牛市中，如果股价处在相对低位，这种涨停的情况非但不是庄家出货，而且是庄家利用大家对涨停板的常规知识在反向洗筹，这样的股票在后面短时间的洗盘之后，往往会成为一只中线大黑马。另一种是封涨停时庄家的买单迅速跟上，天量封在涨停价上，全天不打开涨停。这是庄家不让散户有买进时间，散户要想买进，必须眼明手快，不能有丝毫犹豫，这对散户的技术水平和看盘水平要求比较高。

虽然追涨停板的股票风险最小，但是并不是所有的涨停板都能追，能追的只是少数。因为很多涨停是属于技术形态不好情况下的涨停、跟风涨停（当然不是说所有跟风涨停都不能买）、分时图情况不佳的涨停、处于大盘暴跌中的涨停等。在实际买卖中，必须在个股本身技术形态良好、存在一定上涨空间、分时图显示出庄家向上做盘意愿强烈以及大盘条件相对配合等因素都具备的情况下，才能采取追涨停板的方法，也才能将风险降到最低。

投资者在选择追哪一只股票时，应注意以下几方面的因素：

（1）涨停时间早的比晚的好，早盘先涨停的比尾盘涨停的好得多。

（2）第一次即将封涨停时，换手率小的比大的好。

（3）低位盘整一段时间后突然涨停的比连续上涨后再拉涨停的好。

（4）有重大利好被披露涨停的股票不要追。

（5）高开高走拉涨停的股票追起来安全些，最好开盘价就是最低价。

（6）龙头股的涨停比跟风股好，有同类股跟风涨的比没有同类股跟风涨的涨停股好。

（7）放量涨停，尤其在前期小头部处的放量涨停。一方面说明庄家做多意愿坚决，并不惜解放所有的套牢盘，其志在高远，另一方面也显示了庄家雄厚的资金量和强大的实力。只要不是远离庄家成本密集区的放量涨停，往往会形成一波大行情。只有在突破成交密集区和前期头部回抽确认时，一定要求缩量。尤其创新高后缩量，说明满盘获利无抛压，洗不掉的是庄家筹码，为高控盘庄股。一个从未涨停过的股票很难想象能走多高。

（8）遵循强势原则，专挑那些短期爆发力十足的涨停个股；一是在技术上寻找处于“两极”的股票，即处于上升趋势加速段的极强势股和远离套牢区、处于超跌中的极弱势股；二是寻找基本面变化对股价构成重大影响的股票。

（9）做好操作前的准备工作。查看有关符合条件个股的股评，公告信息，股评对大势的预测，对股市有重要影响的事件的发展情况等。有条件的还要看看龙虎榜信息，认真分析庄家资金是在流入还是在流出，庄家资金是机构还是私募。第二天早上必须认真查看财经消息，看看有没有突发事件、利空消息，顺便回忆一下昨天晚上看过的信息，做好心理准备。

追涨停板时应注意以下几个要点：

（1）在极强的市场中可大胆追出现过涨停板的股票，而弱市中切不可追。

（2）没有接近涨停时不要追，一旦发现庄家有三位数以上的量向涨停板打进立即追进，动作要快，要准。

（3）坚持追涨的操作风格，不可见异思迁，以免当市场无涨停时贸然介入其他股被套而失去出击的机会。

（4）可通过盘中即时搜索涨幅排行榜，寻找追涨机会，对接近涨停的股票翻看其现价格、前期走势及流通盘大小，以确定是否可以作为介入对象。当涨幅达 9% 以上时应做好买进准备，以防庄家大单封涨停而买不到。

跟庄秘籍

牛市中还要学会在调整中大胆抄底，尤其是对于领涨的主流品种，在其出现第一次大调整过程中，一旦出现缩量走稳，便可大胆介入。因为主流品种的第一次上涨往往都是建仓过程或是脱离庄家资金成本的过程，调整后才会展开最具爆发力的拉升行情，如果在调整末期及时抄底，随后的涨幅也相当大。

同时，在一波行情尚无见顶迹象之前，其间的调整都是不错的介入机会。

第二节　熊市中的跟庄策略

一、熊市选股技巧

熊市指股市行情萎靡不振，交易萎缩，指数一路下跌的态势。在这种环境中，多数股票处于下降态势，操作难度相对较大。熊市阶段虽然总的原则是持币观望，但也不是绝对不可以进场，因为熊市中仍然有短线机会。

1. 熊市更要选好股

熊市选股，要坚持跌时重质的原则。熊市中，绩差股、亏损股因没有业绩做支撑而抗跌性较差，成为冷门股；质地好的股票因为有业绩支撑而抗跌性较强，人们不愿意抛，或下跌后有人抄底，反弹的力度大，所以在熊市最好选绩优股。另外，如果发现有被套庄股，也可以考虑。

值得注意的是，当很多质地优良的股票出现百分之八九十跌幅时，意味着股市已进入熊市末期。此时，投资者应选择质地优良、具有发展前景的股票积极建仓，并捂股不放。

2. 形态为主

在绩优股和被套庄股中也不是个个都可以选，首先应该选图形好、上升走势未被完全破坏的个股，这类个股由于质地好，庄家护盘坚决，遇跌不跌，或在大盘大跌时只出现小幅下跌，因此仍然有走高的可能。另一种可选品种是股价已接近历史底部区域，或有明显的底部特征的个股，因为这类个股的底部可以算出，有利于准确抄底。

3. 避开大盘股

大盘指数下跌是由大盘股决定的，也就是说，熊市中大盘指数的下跌与大盘股下跌是一个意思。大盘股盘子太大，要拉起需资金太多，况且在熊市下跌环境中拉升大盘股就等于拉动大盘指数，其难度可想而知，庄家一般不会去碰。熊市中庄家拉升的都是中小盘股，所以熊市中大盘股上涨机会和幅度都远远小于中小盘股，买大盘股连逢高减仓的机会都很少。反之，当大盘股上涨时，带动大盘指数上升，中小盘股往往也涨得更好。见图 6–7。

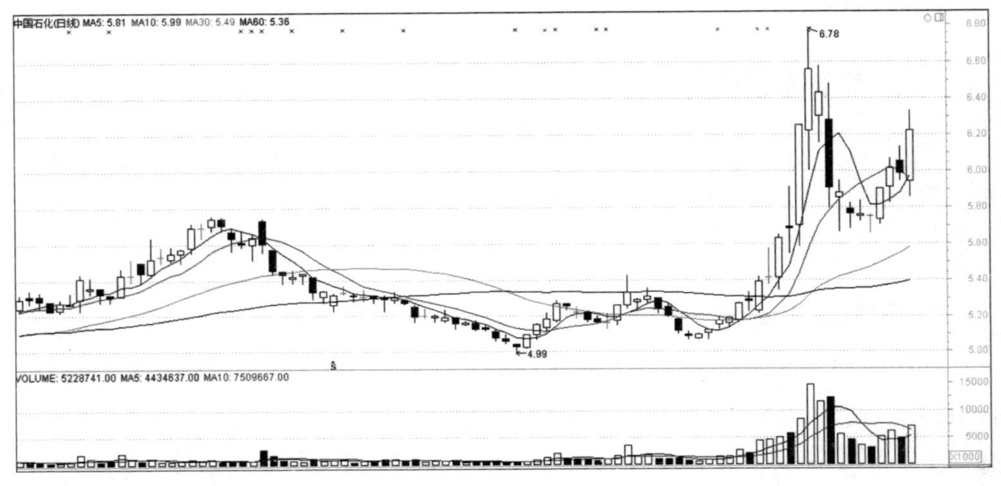

图 6–7 大盘股——中国石化走势图

4. 紧盯超跌品种

在牛市中，暴涨之后常会出现暴跌，同样，在熊市中，暴跌之后常会出现暴涨。所以，在熊市中买进股票时，投资者可以挑选一些暴跌的品种。同样属于暴跌的品种，跌得越深，离阻力位越远，将来反弹的力度也就越大。所以，投资者要尽量选择一些超跌的股票，以便获得更多的投资收益。

二、熊市中散户的操作策略

熊市中，散户应掌握以下操作策略：

1. 保住既有利益

很多股民在牛市时是高手，而一旦遇到熊市就又成了“低”手，不仅不能

在股市中再获利，反而还要把在牛市中获得的胜利果实吐回去。

散户在熊市中不去搏杀，保住自己在牛市中的胜利果实更重要。在熊市中保住胜利果实的办法是：始终跟踪几只自己看好的股票，并根据市场情况不断进行虚拟买卖，不奢望能够买入历史最低价，当通过虚拟买卖发现升势已经开始时，再杀入股市开始实盘操作。

2. 牛短熊长，落袋为安

股民都知道"牛短熊长"这句话，也就是说，如果股市由牛市转变为熊市，那么调整的时间通常会相当长，而且下跌的速度也会相当大。在这种情况下，绝大多数股票都会出现大幅下跌，涨幅榜上的股票涨幅很小，而跌幅榜上的股票跌幅很大。所以，投资者应对熊市首先要转变在牛市中持续看多的思想观念，坚持看空，以便把资金安全带到熊市末期或牛市初期。

3. 超级短线超级赚

熊市中所有股票的价格总体趋势与大盘是相符的，会越来越低，所以熊市中买的股票在股市反转前，只会越来越不值钱，如做长线只会越套越紧。但熊市中，也不会所有股票每一天全都下跌，也会出现反弹。所以熊市中每天也会有少数与大盘背道而驰的上涨个股。

熊市中难得上涨几天的少数个股都是庄家拉升的，庄家必须用这种手段才能高抛低吸，达到在熊市中赚钱的目的。虽然有庄家拉升，但个股也脱离不了熊市的下跌大势，所以庄家做的也是短线，一般只会上涨几天，之后又会跌下去。熊市中不会有长期上涨的股票，所以，熊市中不到反转，不要有做长线的观念。散户只有像庄家一样做短线，低吸高抛，才能赚钱。散户应根据自身能力进行分析，抓住庄家已进入的上涨股票，立即跟进做短线，绝不可恋战。

4. 快进快出抢反弹

在熊市中，因为空方力量明显大于多方力量，所以，即使出现反弹，其幅度也较小，时间一般也很短，再者，反弹之后常常还会继续下跌，迭创新低。所以，投资者抢反弹时要眼明手快，在大盘急跌或连续多日下跌企稳之后买入，轻仓为主，快进快出。见图 6-8。

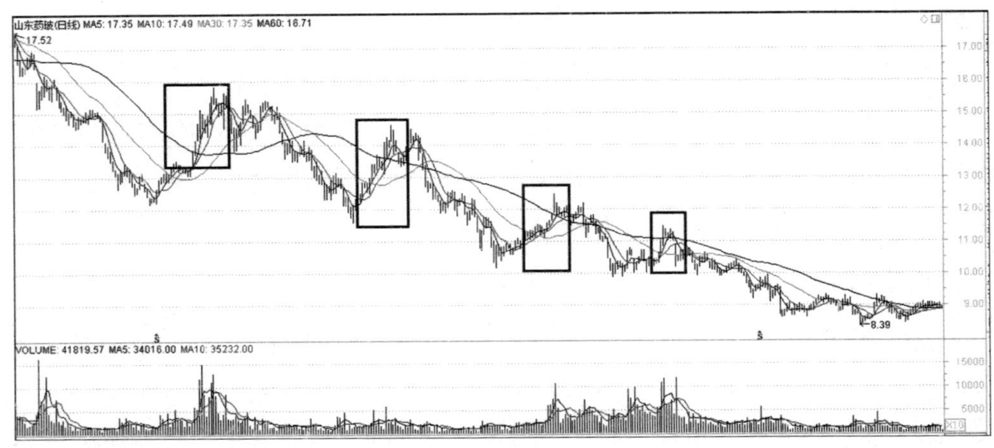

图 6-8 超跌抢反弹

5. 及时止盈，快速止损

很多股民对于股票下跌后所产生的损失会痛惜，总是希望自己股票的价格能再回升，一般都不愿割肉，而对于不断上涨的股票又不愿意卖，奢望能更多地获利。但这种想法有时会让股民不仅不赚，反而会损失更多。

熊市中少量参与时，一定要做好随时撤退的准备，如果股价上涨到预先设定的止盈价位，投资者就应及时抛出股票，落袋为安。如果股价不涨反跌，跌至预先设定的止损价位,投资者就应坚决抛空出局,以免遭受更大的投资损失。

在熊市中，下跌是主旋律，而反弹仅仅是插曲而已。所以，在熊市中绝大部分时间要顺势而为，股价在走下降通道时，只宜作壁上观，不要因为看到股价低了就买进，轻易买进常常会深度套牢。

但是，在熊市中，有一种情况例外，此时需要适度的逆向思维：当股价连续大幅下跌，利空消息频传，市场出现一片恐慌时，投资者应抓住有利时机积极做多。因为熊市中也会出现一些大级别的反弹，这种反弹的幅度有时可以达到 30% ~ 50%。但是，熊市里的大级别反弹是有条件的，即当市场中绝大部分人感到恐慌绝望，股价出现严重超跌时才会发生。此时，投资者能在众人谈股色变、对股票避之唯恐不及时分批承接，就能获得较好的收益。暴跌之后出现暴涨（强劲反弹）是熊市中常有的现象。

三、熊市中庄家砸盘的手法

熊市中股票暴跌的原因除了有些股票的确是由于基本面变坏而暴跌之外，还有不少股票的暴跌是庄家故意砸盘造成的。散户应了解庄家的这种砸盘手法，避免陷入庄家布下的陷阱。

熊市中，如果庄家要运作一只 15 元的股票，第一步就是将其砸至 10 元附近，然后做一个平台或小幅反弹，以吸引高点被套的投资者在此位置补仓。当庄家觉得在此位置跟风盘达到一定程度时，第二步就是将其从 10 元砸至 7.5 元附近，如果此时大盘或外部利空因素配合的话，可以非常省力地就达到目的。到达这个位置后，庄家需要做的就是利用外部环境或做盘技巧，使在高点被套的投资者误以为股价下跌 50% 了，已经调整到位了，让这些投资者认为该股有重新启动的一波大行情的假象。庄家的最终目的只有一个，那就是把高点被套投资者的后备资金尽可能多地骗进来。见图 6-9。

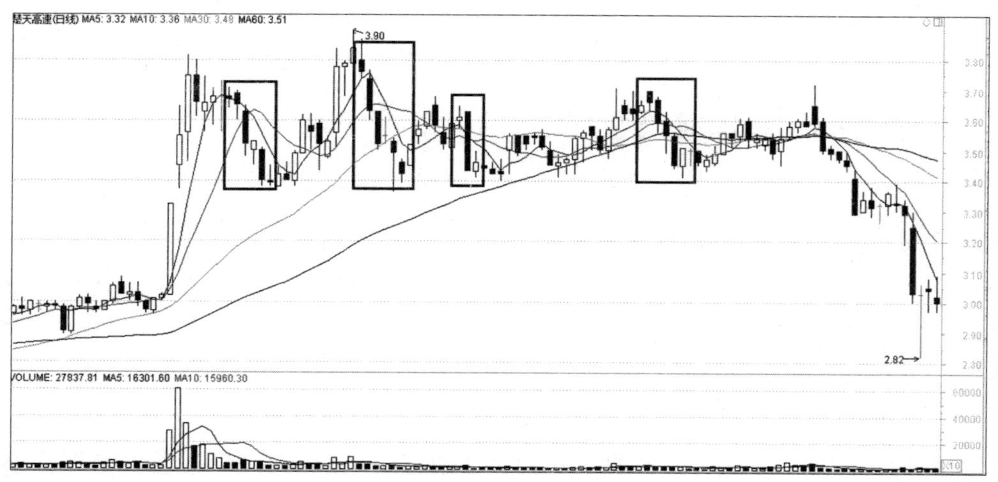

图 6-9　熊市砸盘手法

庄家追求的理想效果是让高位被套的投资者在这个位置满仓。为了达到这个目的，庄家除了把握盘面之外，更重要的是需要外部利空环境的配合，否则很容易功亏一篑。这也是为何此方法只能应用于熊市中的原因。

当达到这个目的后，庄家为了摧毁高位被拖进来的投资者的心理防线，同时也为下一步拉升作铺垫，会充分利用外部利空因素和在此平台收集的少量筹码再次砸盘。这次砸盘的幅度越深越好，最好砸至5元以下，甚至更低，这就要看当时环境是否配合和主操盘手的策划运作能力了。

当庄家完成这个目标后，会在4～5元的位置重新横盘震荡或微跌，以悄悄收集筹码。此时前期被套的资金要么割肉出局，要么只能被动等待。由于大部分投资者已经满仓，因此在此位置出现与庄家抢筹的概率很小。

庄家的上述操作完成后，就可以开始拉升动作了。一般拉升的目标位设在前期7.5元成交密集区下方，也就是说从5元附近起步拉到7.5元，有50%的毛利润，由于没有触及前期套牢区，且在拉升过程中该股的筹码除了庄家持有外，还有就是高位被套投资者被动地帮庄家锁仓，所以拉升的阻力会很小。而当被套投资者还在盼望解套的时候，庄家已经可以获利出局了。

在熊市中，中小投资者如果遇到上述操作手法，应该采取的应对策略是：只要大盘不见底，就不要轻易补仓，保住生力军留在大反攻时再去解救被套的部分。

四、熊市中陪庄家套牢

“陪庄家套牢”，就是看到庄家在某股票上套牢后即主动买此股票，与庄家结成“牢友”，待庄家自救时一同出“牢”，或可顺手牵羊满载而归。

“陪庄家套牢”作为一种操作方法，如果运用得当，收益会大于风险。运用这种手法时，要审时度势，灵活掌握，特别要注意以下几点：

1. 看庄家实力强弱

那些小庄家一旦被套，便是“泥菩萨过河——自身难保”，所以要选择实力强大的庄股。庄家实力大小可以通过“看量、看涨、看跌”三步来判断。

2. 看庄家获利多少

看目前价位庄家有无获利空间以及获利大小，若目前价位庄家获利菲薄，甚至市价尚低于成本，该股前景光明；若目前价位庄家已有丰厚的账面利润，

庄家操心的是如何将钱放进口袋，也即伺机逃脱的问题，此时指望其再创新高显然不现实。

3. 看股票涨幅大小

同为套牢庄股，若已涨幅过大则应引起警惕。涨幅过大的股票回吐压力重，下跌空间大，庄家拉抬也就格外吃力。

4. 看股票的历史表现

一些大股都曾被暴炒过，股性活，有号召力，一有机会，庄家便会旧梦重温，而股民也大都有“怀旧”情结，有人领头自然会应者云集。

5. 看股票的无题材和业绩

在“题材至上”的股市，似乎题材比业绩更重要。

6. 看庄家的操盘计划

有的庄家由于某种原因，并不一味地捂股或护盘，有的采取高抛低吸滚动操作，有的居然中途撤庄，这就要求与庄家同步行动了。

对于具备上述条件的庄股，要有信心，有耐心，不急不躁，大胆持筹。度过黎明前的黑暗，必将曙光在前，风光无限。

散户需要注意的是，一只既无题材又无业绩的股票，即使庄家深套其中，也是碰不得的。若贸然介入其中陪庄家“坐牢”，那只有“把牢底坐穿”了。

五、熊市中弱势庄家的运作手法及跟庄技巧

熊市中，市场长时间维持地量格局导致的结果是资金进易退难，反弹行情特别是由重大政策推动的行情产生时，各路资金涌入市场淘金，但当潮水快速退去时，大资金往往搁浅，被困在市场中挣扎。但是一些弱势庄家洞察和适应了这种市场特征，采取了脉冲式运作的手法，这种手法比较适合熊市特点，效果理想。

脉冲式操作是一种顺势而为的策略，是波段操作的升华。如果操作得当，不仅能获得丰厚的利润，还能有效延长行情的生命周期。

脉冲式运作具有三个方面的特征：

（1）涨幅不高。脉冲式运作的一个最主要特征是股价的上涨幅度并不是很高，一般不会超过30%。

（2）板块特征表现明显。脉冲式运作往往采取板块联动的形式，也就是说，板块特征表现得比较明显。

（3）题材较大。出现脉冲式表现的个股和板块往往具有较大的题材，这个题材是支持该板块整体走强最主要的因素。

庄家在这些板块的资金要盈利，主要方式就是在股价的波动过程中高抛低吸吃差价。在股价的波动过程中，成交量往往会维持在比较高的水平，这样就会使资金的进出相对比较容易，不会造成筹码高度集中，使兑现压力增大。

除浪形明显的个股外，许多中小庄家采用了这种手法，只是形式上作了改变，也就是将每一次的脉冲空间压缩，使场内跟风和套牢资金很难有获利的机会。通过脉冲式放量，庄家在减轻抛压的同时获取利润，达到摊薄成本、最终解套的目的。

散户了解了庄家的脉冲式操作手法后，就可以从以下两方面有效把握：

（1）目标的选择。散户应将目标锁定在曾有过强势的品种上，因为庄家运作之前一般会有一个放量建仓的过程。但这里面有部分庄家是混水摸鱼，不具备产生波段行情的条件，判断依据有两个：一是回调的低点必须与第一启动区域保持一定的距离；二是短线见顶时成交量不能过大，且回调中不应出现放量反弹。

（2）起涨时机的选择。起涨时机的选择应满足两个条件：首先是个股在成交量上缩无可缩，表明浮动筹码已得到有效的清理，股价基本走稳；其次，大盘走势趋于明朗，短线酝酿反弹，如果有基本面的配合，效果会更好。

六、熊市庄股中长线操作技巧

熊市时，散户参与的积极性不高，有些庄家就采取相反理论，抓住机会，采取人弃我取策略，对目标股耐心地震荡吸货，甚至边拉边吸。利用大盘在低迷时大众投资者的悲观情绪和对被进一步套牢的恐惧心理进行大庄股的运作，

是这一时期庄家的主要策略。这些有庄家的个股在未来的行市中将成为超级大牛股。散户要想择机介入这些庄股，就应该了解这些庄股在熊市的一些特征：

（1）中期均线系统呈多头排列。熊市中，由于大盘经过大幅下跌，绝大多数个股的均线多头排列都被破坏，能够保持均线多头排列的个股很少。

中期均线系统呈多头排列，是指5周、10周、20周、40周线的多头排列，股价自然必须在5周线之上。从日K线的形态看，该类庄股表现为小阴小阳逐渐震荡走高，涨势并没有受到媒介的关注，成交量温和放大，但是很有限。由于受熊市连连下跌的影响，很多散户认为这类股票在弱势中连续上涨风险很大，庄家随时都会出货。

庄家了解了众多散户的这种心理，并利用了大众投资者对被套牢的恐惧心理，完成了建仓或拉高成本的计划。

（2）周布林线呈平行收敛态势。周布林线逐渐走平，上、下轨之间的距离越来越近，股价在通道内窄幅波动，逐渐突破中轨线向上轨边沿运行。

（3）周CR指标在两端运行。这里的两端指的是CR值要么在A、B、C、D四值之上，要么在A、B、C、D四值之下。最佳的状况是A、B、C、D四值或已有的数值在图形上表现为互相平行且收敛。

在熊市中，同时满足以上三个特征的个股，绝大多数在上升行情展开以后都会成为市场万众瞩目的大牛股。

中小散户投资者了解了大牛股在这一阶段的表现之后，可以择机介入，与庄共舞，待上升行情展开后尽享庄家拉抬的乐趣。对于已被深套的投资者，可以择机卖出股票，并于当日反手再买进具有以上特征的强势股，通过持股结构的转换，达到优化资源，尽快扭亏为盈的目的。

熊市中，中长线投资者的跟庄技巧有以下三个：

（1）逢低买入。中小散户可以在某些蓝筹股出现长时间大幅度阴跌时入场建仓。在操作上要注意两点：一是选准时机。中小散户不应过早介入，当静观其变，在阴跌了一段时间之后才介入。二是循环操作。为了降低持股成本，应采用向下滚动的方式操作，不断追跌，逢低试探性少量建仓，再创新低时适量增仓，一旦出现反弹先减半仓，再创新低时又适量增仓。这样循环操作，保持一定的持仓比例。见图 6-10。

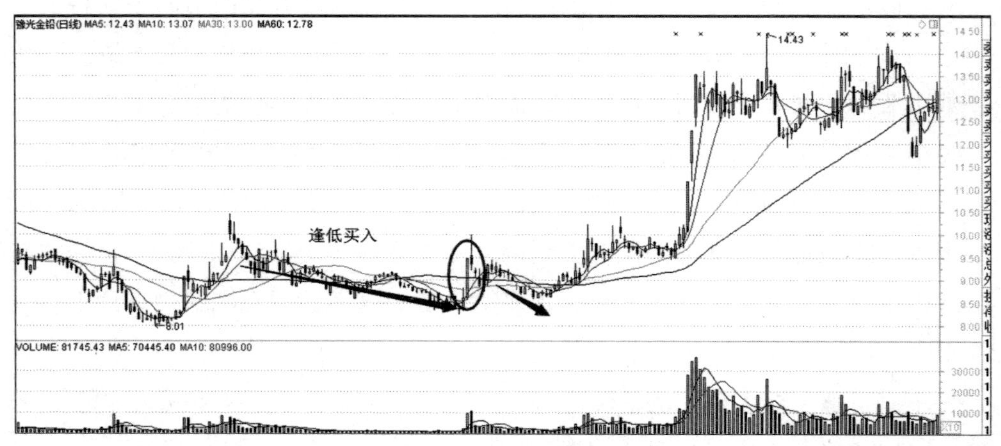

图 6-10　逢低买入

一旦发现庄家发动第二波行情时，应全仓杀入，否则便很难再有介入机会，特别是在进入快速拉升阶段后。

（2）坚定持股信心。中长线投资者在庄家拉抬股价后一定要坚定持股信心，坚决捂股不动。在个股出现见顶特征时不要轻易出局，即使庄家刻意打压震仓洗盘，也要持股不动。中长线投资者应该确信：既然庄家长时间收集筹码，就不会轻易弃庄出局。既然投资者已经坐上了轿子，就不要轻易把获大利的机会失掉。

（3）逢高获利了结。庄家在迅速将股价推高，脱离其平均持仓成本区，有了一定的升幅和获利空间后，必然开始横盘整理，而且横盘的时间较长。横盘的目的就是出货。此时个股风险已大，且投资者已有一定收益，应落袋为安。

熊市里庄家并没有休眠，寻找到庄家并有效跟庄仍然大有可为。但熊市毕竟不同于牛市，赚钱的概率锐减，亏损的概率增大，这对投资者的技术能力提出了更高的要求，"熊市不言底"，如何寻庄、如何找底是熊市跟庄的敲门砖。当众人纷纷抛掉手中的筹码，割肉离场时，真正的机会刚刚开始，超跌的股票才可能超赚。

第三节　平衡市中的跟庄策略

一、平衡市选股技巧

平衡市指的是大盘在某一个区域内运行，中线来看没有明显的上升或下降趋势。处于平衡市中的市场既不可能持续下跌，也不可能持续上涨，只能是反复震荡。在平衡市中，指数在一定区域内徘徊，除个别股票外，大多数股票也受制于大盘，股价往往也在一定的空间内震荡，构成上有顶下有底的局面。平衡市中的选股技巧主要有以下几个：

1. 选强庄股票

我国沪深股市中有不少强庄股票，即使在调整市道中也会走出强劲的“牛股”行情，即所谓“熊市牛股”。当然，介入这类股票时，必须在其股价刚刚启动之时，或者是股市暴跌庄家深套其中。否则的话，买强庄股票风险同样是巨大的。这是因为,在股市中上演“高台跳水”节目的往往就是所谓的强庄股。

2. 选低市盈率股票

在平衡市中，有业绩支撑的股票不仅抗跌，甚至有“价值发现”上涨的机会。选绩优股，当然是选低市盈率股票比较合理。同样是绩优股，如果股价较高，市盈率已高，依然不能成为散户的选股目标。

3. 选严重超跌的股票

严重暴跌的股票也酝酿了反弹的动力，特别是那些在调整市道中跌去市值50%，已跌无可跌的股票，大势企稳以后，它们必然率先反弹。所以，选严重超跌的股票也应当成为中小散户在调整市道买股票的一条原则。

4. 选新股次新股

由于新股次新股股权尚未被稀释，或者本身含权，而且新股次新股一般没有历史套牢盘或很少有历史套牢盘，所以庄家机构即使是在大势不好、调整市道中也愿意介入新股次新股。这里，我们把选新股次新股也作为一条在调整市道中选股的策略原则予以推荐。

二、平衡市中散户的操作策略

在平衡市中，股价和指数往往在一个相对确定的区域中上下震荡，股价的上升幅度或下降幅度都不大，投资者长期持有某只股票往往会有两种结果：或者股价回到原地，或者股价离开买进价一段距离后停滞不动。而在投资者持股期间，其他股票的价格波动也照样在进行，不能及时获利了结便意味着机会的浪费，有时还可能令账面盈利化为乌有，而另一只股票的较佳买入价也被错过。因此，在平衡市中适当地降低收益预期，用集小胜为大胜的方式进行操作是较好的选择。

平衡市中，散户投资时应树立正确的投资理念，买股票时较牛市更谨慎，建仓时不急躁。买低市盈率股票要立足长期投资，而不能耐不住寂寞当短线炒，否则会得不偿失；同时也不能把短线当长线，也就是说要做短线（比如跟庄、追热点），一旦形势不妙必须“开溜”，而不能被迫做中长线，否则会损失巨大。

一般来说，平衡市是出现在股市下降或上升之间的一个持续时间不确定的过渡形态，为回避风险，市场参与者会不约而同地根据当时的市场情况以及对未来的评判买进和卖出。此时，判断公司的基本素质和市场的运行特征是否有较大的相关性便尤为重要。一方面，业绩或题材好的个股价格波动较大，可能的赢利空间也较大；另一方面，它们在大盘结束平衡市进入上升或下降时具有上涨快或较抗跌的特性。因此，在平衡市中，研究上市公司的基本素质及其与市场运行特征的关系，是平衡市中投资者必须认真做的一项工作。

跟庄秘籍

平衡市中，在个股的操作上需要更加重视技术分析，尤其要重视K线组合形态和成交量的配合关系。由于每个时期庄家手法和操作中参考的技术指标差异较大，投资者更应从盘面变化中学习、研究当时成功率较高的研判手法。而从实践经验来看，不同时期，通过相同的K线形态和技术指标形态得出的对后市的研判往往差别很大甚至截然相反。

平衡市中操作的另一个重要原则就是持股时间不能长。这是因为平衡市的震荡特性本身决定了股价和指数的单一方向运动时间不会太长，同时平衡市持续时间的不确定性也意味着股价的运动方式随时可能发生变化，及时出场十分必要。

第七章

跟庄细节：不可不知的八大技巧

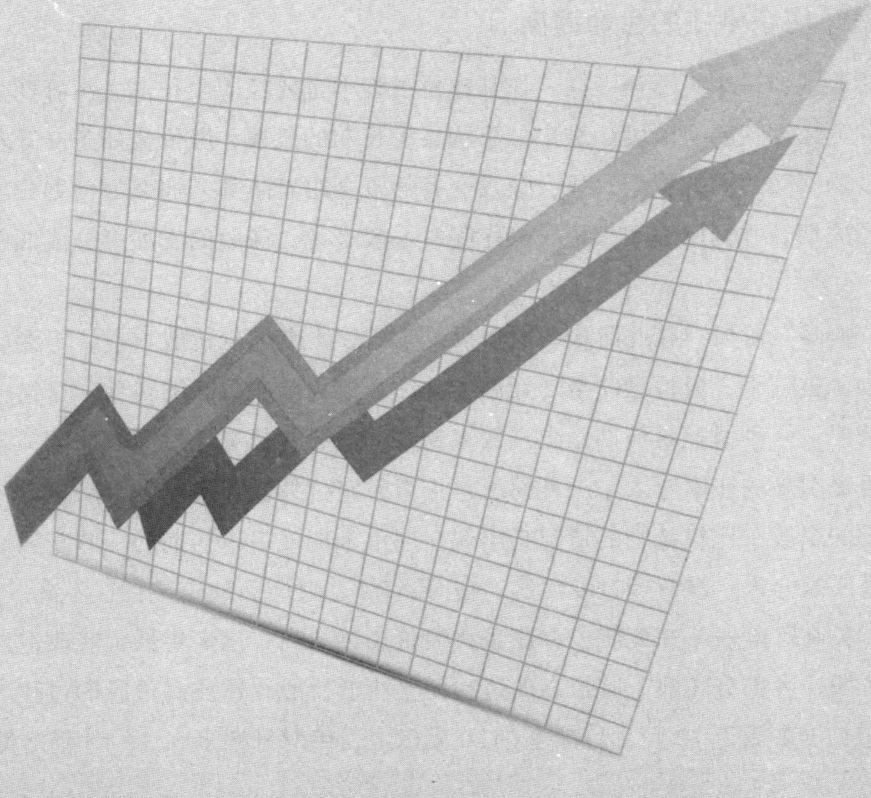

第一节　选对时间巧跟庄

对于广大散户来说，全程跟庄需要很长时间，但也不能保证赚取利润，因为庄家最后一批股票的卖出价可能比吸筹阶段的买入价低。所以，散户要想成功跟庄，就必须在恰当的时机买入股票，然后再等到恰当的时机卖出股票。“恰当的时机买入股票”是跟庄成功的核心，而“恰当的时机卖出股票”是跟庄成功的保证。

一、庄家坐庄的生命周期

股票就像一个生命体一样，在其成长过程中也要经历生长期、高峰期、成熟期和死亡期这四个阶段。散户如果购买生长期的股票，股价会如芝麻开花节节高；购买死亡期的股票，只会让投资者的资金跟着陪葬。那么如何划分庄股的生命周期，并利用周期来指导操作呢？一般来说，庄股的发展可分成四个阶段：

“瘦身”阶段：在此阶段，股价反复盘跌，不断向低价股靠拢，等到股价中的水分被拧干，股价已跌至 5 元以下，往往成为新庄青睐的对象。这又分成几种情况，一种情况是前期已出现较大升幅的个股，只有经过深幅回调，才有可能再吸引新的庄家介入；一种情况是上市时定位偏高，经反复盘跌之后才探明底部的个股；比较特别的情况是出现在熊市末期或牛市初期的一些新股一上市便有庄家介入，没有经过专门的“瘦身运动”，此时新股定位往往不高。

“长高”阶段：在此阶段，庄家将股价连续抬高，逐渐将低价股改造成一个高价股。大部分庄股，其拉高的过程便是将低价股改造成高价股的过程。庄股的起步价多低于 10 元，目标多在 20 元以上，绝对升幅多在 3 ～ 5 倍之间。

 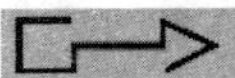

“生子生孙”阶段：在此阶段，大部分庄股一升到高位，便开始以配增发、送股的方式生“子”生“孙”，以此摊低股价，这就是“生子生孙”阶段。子孙满堂之后，股价就会慢慢下落。

“死亡”阶段：股价在这个阶段基本上以跌为主，即使偶尔有反弹，也是来去匆匆，再也抬不起头来。

可见，掌握庄股的生命周期，散户需要在“瘦身”阶段末期或“长高”阶段介入，在“生子生孙”阶段出局，在“死亡”阶段避而远之。

二、庄家运作的时间与空间

大部分散户都是“能亏不能赚”，某只股票一旦被套牢，心情就会慌乱；可是一旦出现盈利，便立刻又会欣喜若狂。据调查，80% 以上的投资者盈利达到 15% 左右的时候就会选择卖出。因此，不少投资者虽然选中了黑马，但只赚了一点点利润。这就是说，他们虽走进金山，却只拣点芝麻，这样下去投资收益永远难以提高。有时候，这些散户虽选中强庄，但盘中一有风吹草动便疑心是庄家在出货，因而总在主升段来临之前被摔下马。出现此种情况，关键在于对庄家操作的时间与空间不太了解。

在股市上有这样一句话：没有一定的升幅，庄家难以出货。究竟需要多大的升幅，庄家才有出货的空间呢？如果从成本的角度来分析的话，一个中线庄家至少能将股价拉抬 100%，扣除吸货成本约 20%、派发成本约 20%、资金成本约 10%（年）、拉抬税费约 10%、公关成本约 10%。这样算下来，即使股价翻番，实际上庄家赢利也仅为 30% ~ 40%。观察历史上牛股的走势，升幅 10 倍以上牛股的上升周期一般在 1 ~ 2 年，假如散户不能耐住寂寞中途放马的话，收益必然会大大减少。虽然许多散户都知道这是强庄股，但能赚到钱的人却不多，因为庄股的走势往往“不随人意”：小幅度拉升后有时会有数个月的横盘整理和股价小幅盘落，似乎强庄股一下子变成了“瘟股”，许多人的持股信心开始动摇，纷纷被吓跑。而一旦庄家再大发神威做一波，启动后再也不给散户买进的机会。

根据经验，当强庄个股上升的时间或空间不够时，可认定其庄家未出局，散户们不妨等待其缩量回调之际介入，等待下一个高潮的到来，胜于拣那些无庄关照、走势长期积弱的个股。因此，一旦发现有新庄进入的股票后要积极跟庄，散户取得成功的第一步就是要测算庄家的持股成本和仓位。庄家进入的股票，只要基本面符合庄家的意图，一般来说是很少“半拉子工程”的，只有完成一个充分的炒作周期后才会“庄走茶凉”。

跟庄秘籍

1. 股价的抗跌性：大盘下跌是庄家实力的一块试金石，若是强庄股，庄家控制了大部分筹码，大盘下跌时不会乱了阵脚，不会随波逐流，能保持良好的抗跌性。特别是在大盘较长时间内都处在调整期，某股一直能屹立不倒，其中必然埋伏着强庄。

2. 筹码的集中度：目前市场习惯用人均持股来判断筹码的集中程度，人均持股越多，筹码集中程度越高；人均持股越少，说明筹码越分散，假如某股人均持股较多且呈集中趋势，说明庄家在不断增仓，后市自然应看好。

第二节　区分境遇巧跟庄

一、跟新庄股的策略

新庄指的是庄家介入时间不长，一般是指入市时间没有超过 1 年的庄家。

新庄股的资金介入时间不长，时间成本压力小；新庄选择坐庄的股票，一般是历史上没有经历过疯狂炒作，价格偏低且具有一定投资价值和炒作题材的个股，并且往往是当前最新流行的市场热点；由于新庄有备而来，其选择的入市时机往往比较恰当，多在熊末牛初进入股市；新庄股炒作时资金、技术、题

材、信心都比较到位；由于庄家刚刚介入，股价涨幅不大，新增资金的获利有限，后市往往有更大的上涨空间。

一、散户跟新庄股的策略

1. 研判新庄介入时间

投资新庄股的重点是要研判庄家的介入时间。有些个股没有明显的庄家介入痕迹，股价走势却表现为控盘行情，则大多属于被套的老庄股。只要这些股票中近期有明显放量的，则为新庄家介入的庄股。

2. 研判新庄股的特征

新庄股一般具有五个共同特征：次新、小盘、高成长、题材丰富、股本可扩张性强。

3. 把握新庄股的投资时机

投资者介入新庄股的时机有两种：一是在新庄股的潜伏阶段介入。这一阶段属于新庄家的隐蔽建仓期，股价走势会有一种压抑的感觉，但成交量却不小，显示增量资金在不断进入。这时投资者可用主动买套的方法，不论短线是否获利，均耐心持股不动；二是在新庄股的发力阶段介入。新庄股的爆发力往往超过其他类型的庄股，在投资策略方面，由于新庄股炒作空间和上升潜力都颇富想象力，因此，发力阶段的新庄股最有参与价值，投资者要注意把握时机，勇于追涨。

二、跟老庄股的策略

老庄股指的是一段时间以来一直有庄家驻守其中，其股价走势基本不随大势，甚至逆势而为，图表上常常表现为带长上下影线的日 K 线，忽大忽小、参差不齐的成交量，并且不论量大还是量小，都与其流通盘不甚协调的一类个股。由于这类个股的盘中表现有其相对独立性，散户在实际操作中也要注意相应变化，采取相应的措施。

老庄股在大势下跌时往往比较抗跌甚至逆势上涨，因而可以在跌势中规避风险，甚至获得弥足珍贵的弱市（甚或熊市）利润；而在大势向好时，老庄股却往往表现滞涨甚至不涨反跌。这就是老庄股在市场中常常表现出的“双抗”。

同时，老庄股的走势与其流通盘大小的关系也不一定十分密切。因为所谓老庄股实际上也就是说庄家已经持有了相当部分的流通筹码，分散在外的流通筹码已不是很多，或者说比例已不是很大，此时流通盘的大小在一定程度上也就失去了意义。散户跟老庄股的策略如下：

1. 进退要自如

进退自如指的是在熊市中或大盘调整时操作，而当市场转好或预期转好时则不可介入。同时严格遵照“追跌杀涨”的原则，在回调低位吸纳，但必须是形态未坏、无破位之虞者，因为如果庄家尚不想大举出货，他一定会维持一定的技术形态使之不被破坏，而不是像拉升初期一样常常洗盘以震出浮动筹码。如果形态已坏，庄家即使想修复也会付出较大的代价，中小散户实在没有必要去为庄家“添砖加瓦”。我们甚至可以采取“挂篮子”的方式来进行老庄股的买卖，这样不成交则已，一成交就可以赚他个“狠”的。在选股时，我们可选择有拉长上下影线的个股来操作，这样既可赚取相应的利润，又可练练手，培养和提高自己的临盘操作能力。

2. 参与要适度

由于老庄股的走势存在一定的惯性与惰性，且一旦庄家出货意愿较强时可能面临较大的风险，因而最好不要重仓打进，而应以自己能够控制的仓位适量参与，如此方能做到“进可攻，退可守”。另外需要注意的是，对绝对价位颇高的老庄股要保持足够的戒心，股价超过 20 元者应多加小心，因为此时庄家获利已经十分丰厚，如果其出货心切，或市场明显向淡时有较为迫切的减仓要求，都可能给高位介入者造成较大损失。

3. 退出要果断

老庄股大都有自己的运行轨迹，如平缓的上升通道或具有一定震荡空间的箱形等，此时没有必要去追涨，而应在其形态的低点埋单介入，在到达形态高点时卖出，以获得预期的差价收益。

三、跟被套庄股的策略

被套庄家指被套牢的庄家，其按被套程度不同分轻度被套庄和重度被套庄两种。被套庄拉高不需收集筹码。轻度被套庄家往往不过分拉高，只要达到解套位有人跟进，庄家就会出逃。庄家多采用震荡方式出清筹码。深度被套庄家要解套必须有较大升幅，因此庄家往往会利用利好消息和市场乐观气氛，在短期内大幅拉高。

对于浅度被套庄股，散户通常应在成交量见地量时跟进，因为此时由于抄底者少，庄家又得采取拉高方式吸引买盘，有一定升幅，有人追涨时庄家就会出货。因此，跟这种庄最忌追涨杀跌。

对于深度被套庄股，散户若发现在市场气氛十分乐观时庄股猛然上升，就应当跟进，此时一般可获得较丰厚的利润。要注意，若在利好出现前已有相当升幅，则应在出现该股利好消息后迅速抛股，发现庄家大量派发时也应迅速斩仓。

跟庄秘籍

不同的角色做庄，股市就会产生不同的变化，其炒作过程也各有特点。因而，对于不同的角色，散户应采用不同的跟庄方法。

第三节 盯牢炒作过程巧跟庄

任何置身股市的投资者都知道，要想从股票交易中获取利润，最终是靠一买一卖即低买高卖而获取差价收益的，庄家也不例外，只不过其方式更为独特，买卖更为隐蔽而已，其操作过程一般都是事先选择某支看好的股票，然后利用资金优势缓慢地吸纳即进货，拉升前清洗盘面，最后出货。总之，低进高出是他们操作的总思路。

一、盯牢庄家进货全过程

庄家一旦选定某只股票，就会动用其财力进入炒作的实质性步骤——进货。成熟的庄家不会轻易进驻某只股票。所谓“凡事预则立，不预则废”，庄家深知个中的道理。庄家进货，犹如广大投资者一样，总是力图以最低的买入价成交，从而降低其购买成本，而此时的股票庄家并不随心所欲地加以控制，一旦进货数量过多过急，就会导致暂时的供需失衡引起股价上扬，提高持仓成本。

因此，庄家在这个过程中有两个任务：一是尽量避免进货意图暴露引来抢盘，同时又要尽量压低股票价格。为此庄家要利用各种手段，比如有关该公司的利空传言，或是设法使股价跌破重要技术位，诱空造成恐慌。如果这个过程庄家有耐心，可能会持续几个星期甚至更长的时间。

二、跟在庄家建仓结束时

散户跟庄炒股需尽可能准确判断庄家的持仓情况，盯牢庄股，跟在庄家建仓结束时，在其即将拉升时介入，必将收获颇丰。庄家建仓的过程就是一个筹码换手的过程；在这个过程之中，庄家为买方，股民为卖方。庄家只有在低位充分完成了筹码换手，吸筹阶段才会结束，发动上攻行情的条件才趋于成熟。庄家的吸筹区域就是其持有股票的成本区域。长线庄家和主流成本就是庄家的建仓成本所在。这里面的关键是如何发现庄家已锁定筹码。建仓完成后通常会有一些盘面特征，这些特征在前面的章节已有阐述，本处不再赘述。需要补充的是如何识别新股建仓结束时机。

对新股可关注上市数天内、特别是首日换手率。新股上市首日成交量大，应是庄家有意将其作为坐庄目标，一般都会利用上市首日大肆吸纳，完成大部分的建仓任务。判断换手率依据如下：

（1）上市首日换手率超过 50%。换手率越高，说明庄家介入的可能性越大，日后拉升的高度可能会较高。若换手率较低，则说明筹码惜售，不便于庄家建仓或控盘，上攻的空间会打折扣。当然，这里还要区分有无多家机构争抢筹码，如有，则股票日后的表现会延期或打折扣。

（2）完成首个 100% 换手率时，股价有强势表现。强庄在做新股时可能会采取连续拉升的方法，这一般出现在上市首日股价定位不高的情形。更多的庄家会选择横盘震荡来完成首个 100% 换手率，以完成建仓任务。

（3）在大盘平稳时，新股中的庄股股价不会跌破上市首日的最低价。首日庄家如果大举介入，后市必然会护盘，否则让跟庄者拿到一大批比自己仓底货还要便宜的筹码，那是庄家难以容忍的。偶尔跌破也是为了震仓，时间短，幅度浅（不超过 10%）。若大盘出现中期调整，反正市场上敢于买进的人会很少，庄家借机打压再补更低位的筹码则又另当别论。满足以上条件时，新股的庄家基本上难以遁形。日后如何演绎行情，不同的庄家手法自然各异。

庄家建仓完成时还有一些特征值得：

如股价先在低位筑一个平台，然后缓缓盘出底部，均线由互相盘绕转为多头排列，特别是若有一根放量长阳突破盘整区，更加可确认建仓完成，即将进入下一个阶段。

另外，从低位整理的时间来判断，低位盘整时间越长，庄家越有时间进货，行情一旦启动，后市涨幅往往很大。

三、踏准庄家洗盘结束点

庄家洗盘的手法千变万化、层出不穷，庄家往往采用长阴盘、连阴盘等凶悍的盘面或者令股票放量下挫等恶劣行径恐吓投资者。

如果投资者把握洗盘的技术特征，就不会被眼前的假象迷惑双眼。关于洗盘结束点的盘面特征，在本书第四章有详尽的阐述，本处不再赘述。投资者可以用简易的方法对庄家的洗盘行为进行监控。

（1）观察近期正处拉升阶段、离底部已有一定升幅但尚未出现放量急拉的个股，即有庄家介入、但尚未展开主升浪的个股，将其列为重点关注名单。

（2）关注这些个股何时出现明显的洗盘动作，未出现前可静观其变。

（3）一旦洗盘结束后向上突破，投资者可待股价突破洗盘前的高点时介入。

这一策略的关键在于投资者需能正确判断主力是在洗盘而不是出货。

跟庄秘籍

庄家建仓后一般都要洗盘，洗盘的目的就是把低价涌入的散户投资者驱赶出局，降低庄家的持仓成本，这就是庄家最希望看到的结局。所以在洗盘时候庄家是不达目的不罢休的！他往往借助于大盘下跌的时间段洗盘，这样更能达到洗盘的效果，而判断洗盘是否接近尾声的标准，那就是成交量。我们只要看好成交量，什么时候没有量了，半天也没几笔成交的了，那就接近洗盘的尾声了，这个时候可以逢低吸纳一点，但动作不要太大，免得打草惊蛇。大量买入应该在价格重新放量上涨的初期。

第四节　谋判技术图形巧跟庄

2014年以来，深沪股市的走势越来越明显地表现出资金流推动的特征，因此，从资金流推动方面进行技术分析的作用也越来越大。市场庄家也好，散户投资者也好，都不得不服从于市场本身的规律，任何企图扭转大势的努力都是徒劳的。因此，对于一个完整漂亮的图形不应有所怀疑，尤其是对于那些需要很长时间形成的图形更应该相信，庄家机构只能短时间内影响股价，无法长期控制股价去形成一个大的形态。

在所有关于股价走势的规律中，最直观的就是股价走势形态了（俗称图形）。因此，寻找稳赚图形，也就是发现那些良好的走势形态，借助这些形态

来挖掘市场走向的本质，就能捕捉到最能带来丰厚利润的个股。

一、圆底

1. 什么是圆底

圆底又称为碟形或碗形，是一种逆转形态，但并不常见。圆底就是指股价在经历长期下跌之后，跌势逐渐缓和，并最终停止下跌，在底部横一段时间之后缓慢回升，终于向上发展的过程。圆底是一个过程，而不仅仅是一张图，由股价所描绘的图形仅仅是这个过程的表象。此类形态大多出现在由熊市向牛市转化的长时间整固期。见图 7-1。

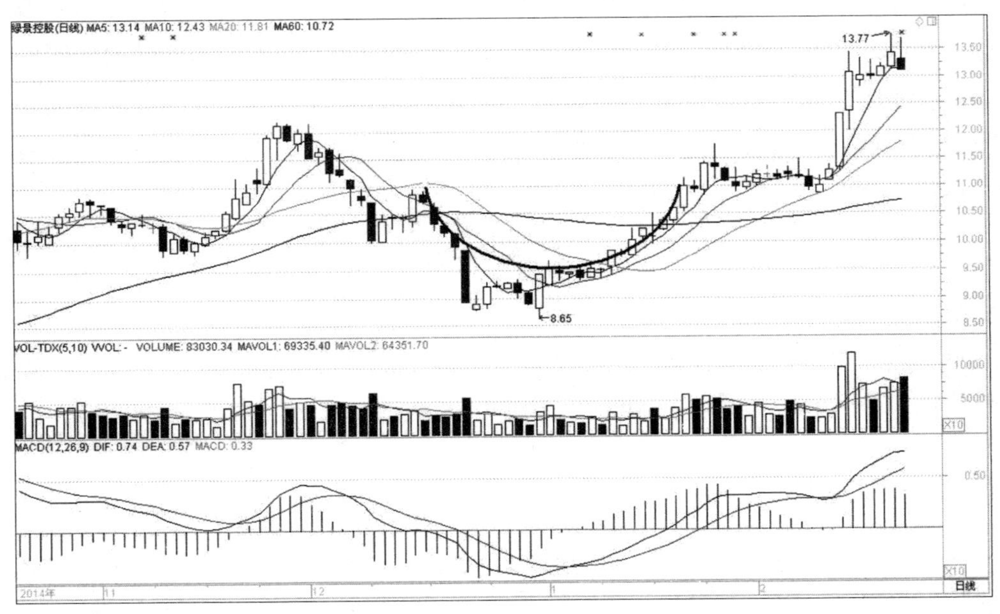

图 7-1　圆底

2. 圆底的主要特征

（1）底部的波动幅度极小，成交量极度萎缩。

（2）打底的时间较长。

（3）盘至尾端时，成交量缓步递增，之后巨量向上突破阻力线。

（4）股价日 K 线与各平均线叠合得很近。

（5）在经历了大幅下跌之后形成。

3. 圆底形态的投资策略

投资者一定要选择合适的入市时间。如果入市过早，就会陷入漫长的筑底行情中，遇到这种情况，股价不仅不会上涨，反而会略有下降，几个星期甚至几个月都看不到希望。很多投资者就是因为经不起长时间的折磨，在股价向上发动前将股票一抛了之，从而与即将到来的上升行情擦肩而过，这是十分可惜的。

此外，投资者在买入股票之前还必须观察成交量的变化。当成交量逐渐变小的时候，经过长时间的换手整理，投资者的持股成本也逐渐降低，这时候股价下跌的动力越来越弱，因为想离场的人已经离场了，余下的人即使股价再跌也不肯斩仓。这样，股价便不再下跌。但是这时候也没有什么人想买进股票，大家心灰意冷。这种局面可能要持续相当长一段时间，形成了股价在底部横盘的局面。

当股价在成交量放大的推动下向上突破时，是一个难得的买入时机。因为圆底形成所耗时间长，所以在底部积累了较充足的动力，一旦向上突破，将会引起一段相当有力而持久的上涨。投资者这时必须果断，不要被当时虚弱的市场气氛吓倒。

二、双底

双底也称为 W 底。它是当价格在某时段内连续两次下跌至相同低点而形成的走势图形。如果出现双底形态，表示在向下移动的市况由熊市转为牛市。如果出现双底图形，投资者必须注意股价是否能突破阻力线，一旦突破阻力线，表示有强烈的需求，成交量会因为回调而出现大幅度上升的情况。对于双底，亦可利用技术分析指标中的资金流向指数及成交量平衡指数（OBV）作分析买卖强势之用。若价格突破阻力线，阻力线则因此而变为支撑线。具体图形如图 7–2 所示。

图 7-2　双底

1. 双底的主要特征

（1）W 底两个低点的相隔周期在一个月以上。

（2）形成第一个底部后的反弹幅度一般在 10%左右。

（3）W 底的两个最低点并不一定在同一水平上，二者相差小于 3%是可以接受的。

（4）第二个底部形成时成交量经常较少，因此很容易出现圆形形态，而上破颈线之时成交量必须迅速放大。

（5）股价在突破颈线后常常有回抽，颈线也会由阻力变为支撑。

（6）第二个底点一般比第一个底点高，但也有可能比第一个低点更低，因为对庄家而言，探底必须要彻底，必须要跌到令多头害怕，不敢持股，这样才能达到低位建仓的目的。

（7）双底并不全都是反转信号，有时也会是整理形态，成为下跌中继中的箱体震荡，关键在于颈线或箱体下沿是否具有有效的支撑。

2. 双底形态的投资策略

双底形态是一种可靠的底部反转形态。2014 年 3 月大盘出现三重底形态（图 7-3），开启了 2014 年牛市，形成了极好的介入时机。

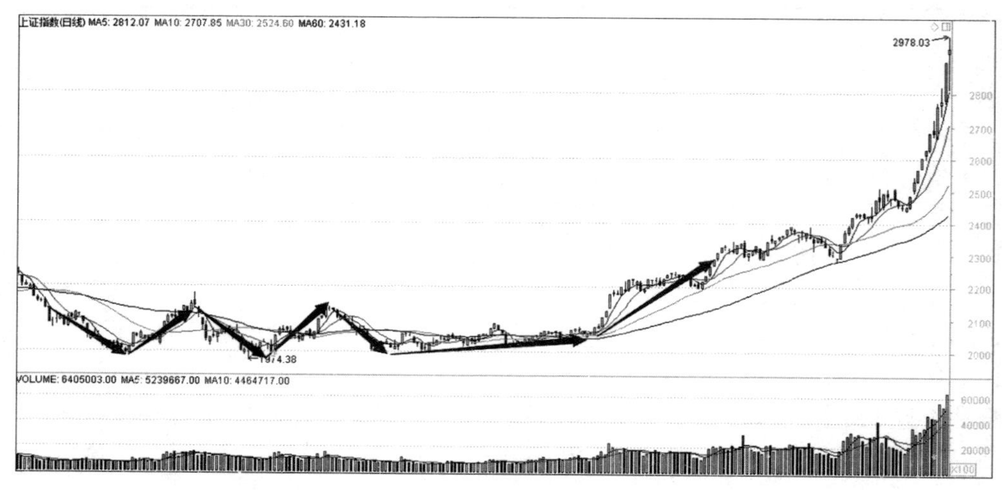

图 7-3　2014 年 3 月以来的大盘上证指数 K 线图

对于双底，比较安全而又稳健的做法是，可在股价突破颈线回抽试探颈线支撑有效，再次放量上攻时买进（这个点位通常称为第二买点），这样赢利的把握性更大些。至于涨升节奏方面，如果股价形成双底后的上升节奏是一帆风顺直线上涨式的，就会不利于行情的持续性走高；如果股价的上升保持着一波三折的强劲上升节奏，中途不断出现一些震荡式强势调整，反而有利于行情的持续性发展。因为只有在反复震荡洗盘的走高行情中，庄家才能得以充分建仓和炒作，才更有利于行情向纵深发展。

三、上升三角形

在各种盘整走势中，上升三角形是最常见的走势，也是最标准的整理形态。在股市中，如果能抓住走势刚刚突破上升三角形的股票，足以令散户们大赚特赚。

上升三角形的上边线表示的是一种压力，在这一水平上存在某种抛压，但这一抛压并不是固定不变的。上升三角形属于看涨形态，形态的完成是市场以收市价突破该三角形的上边线，并且随着价格的决定性突破，成交量会相应扩张。上升三角形向上突破后的最小价格目标是从突破点算起，向上投射出与三角形最宽处相等的竖直距离。

1. 上升三角形的主要特征

（1）整理至尾端时，股价波动幅度越来越小。

（2）两次冲顶连线呈一水平线，两次探底连线呈上升趋势线。

（3）成交量逐渐萎缩，在整理的尾端逐渐放大并以巨量冲破顶与顶的连线。

（4）突破时干净利落。

（5）形态完成的时间在 4 周之内，一般上下波动只有两个来回，不应一直走到三角形顶端才突破，否则上升力度有限或可靠性降低，甚至会演化为横盘走势。

（6）如果股价三次碰上线之后仍然未能突破，再次向下，则说明多方的上升力度有限，形态整理作用的可靠性降低，甚至会演化为横向或箱体走势。

（7）最佳介入时机为放量有效突破上升三角形的上边线之后。

（8）如果三角形整理的突破时机与均线系统的支撑在图形上相重合，则突破的意义更明确可信。

2. 上升三角形形态的投资策略

（1）股价放量突破颈线位当日跟进，这时距最密集的筹码峰差价最小，放量拉升是从此起步的（这里也是庄家成本区）。

（2）低位部分筹码岿然不动，上档筹码峰高度密集，止升趋势线不被股指再次压低，震荡中股价收在密集峰上沿附近时机会较多，可随时介入。

（3）持股途中，某一价位低位筹码有所异动或上移时应格外警惕，或适量减持仓位。当低位筹码接近消失时，摒弃技术分析及消息面，及时获利了结。见图 7–4。

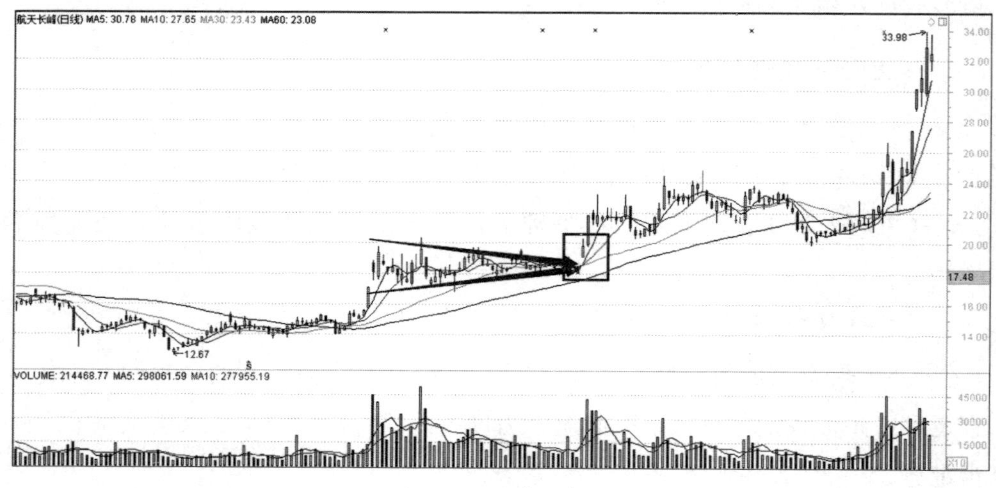

图 7-4 上升三角形

跟庄秘籍

在使用上升三角形投资策略时，如果突破时成交量配合不理想，股价又重新回到三角形之内时，特别在有些涨幅已经很大的股票，庄家往往利用假突破制造多头陷阱，达到高位派发的目的，其特点就是突破后很快股价又跌回至整理形态之内并形成头部。应小心假突破并应止损。

第五节　根据不同角色巧跟庄

一、对上市公司庄家的跟庄策略

上市公司庄家指操纵和炒作本公司上市股票或别的上市公司股票的上市公司。上市公司以自有资金、拆借资金或者通过某种渠道将上市募股资金用来坐

庄，活跃了股性，获取了暴利，也维护了公司在二级市场的形象。有的公司为了配合内部职工股上市或顺利进行配股而采取行动，也有的公司纯属为了获利而兴风作浪。上市公司庄家有以下特点：

（1）根据需要制造消息，编造题材。如公司放出风声，年报有高比例送股，散户得到消息后纷纷跟进，庄家则乘机大量派发，当货已出尽，公司通过股东大会否决分配预案，结果散户竹篮打水一场空，庄家却笑看云起。

（2）做亏本买卖。为了维护本公司的市场形象，上市公司会出来护盘，不惜冒被套风险，将上档抛售筹码接在手中。

（3）抗跌性强。上市公司坐庄的股票，在大盘下挫的过程中通常比同行业其他个股的下跌幅度小，主要是庄家的护盘行为所致，但此时一般也不会有上涨的表现。

投资者选择上市公司庄股应采取以下策略：

（1）如果在盘整市道和上升市道发现有庄家收集筹码，可以考虑跟进，这时可能有利好出台。

（2）在下跌市道中，庄家收集筹码是在护盘，此时不宜跟进。反弹时也不宜抄底，因为跌幅不深，反弹升幅也不大。

二、对炒板块庄家的跟庄技巧

炒板块庄家是指把整个板块作为炒作对象，通过各种方法去影响、控制整个板块股价升跌的庄家。这类庄家经常以某一龙头股作为领涨股，同一板块其余个股随后呼应，即采取轮动炒作的方式，等到整个板块全面启动之时，则往往是主要品种调整（减仓）之际。

纯粹炒板块的庄家与炒大势的庄家有两点区别：一是炒板块庄家的资金远不及炒大势庄家，因此，他们炒板块的目的不是为了控制大势，一般不炒大盘股板块。二是在同一板块炒作中往往采取轮炒的方式，这一方面是因为庄家实力小，这样操作便于集中资金，另一方面也好掩护他们撤退。利用题材和概念进行炒作，是炒板块庄家的惯用手法。炒作前看准某个题材，不断营造一种概念的气氛，然后动用资金炒作其中一只具有特点的股票，以拉动相关股票，造成大众投资者的一种心理定式，形成齐涨齐跌的错觉，以号召散户跟进。

散户在跟炒板块庄家时要注意两点：

（1）当属于某板块的个股被炒时，如果发现得早，可跟进；若发现得晚，可观察分析同一板块其他个股，看有否异动，若有，可买入，然后坐以待涨。

（2）注意在轮炒中换股操作，但不要太贪心，不要想在每只股上赚足。

三、对炒个股庄家的跟庄技巧

炒个股庄家指的是把特定的个股作为炒作对象，运用各种手法影响、控制其股价升跌的庄家。这是最为常见的一类庄家，这类操作即所谓的“撇开大盘做个股”“轻大盘，重个股”。炒个股之所以盛行，是因为一方面资金实力庞大的庄家联手炒作协调管理难度高，而庄家各自为政炒个股相对机动灵活；另一方面是因为发掘个股题材较之发掘同类板块或大盘题材要容易，更易找到炒作机会。

对散户来讲，跟这种庄家的机会最多。散户在跟炒个股庄家时应该研究走势图，了解庄家进货时间、成本和进货的数量，再配合消息面，推测庄家坐庄时间长短以及可能的炒作幅度。如果是短庄，晚了就不要跟；如果是中线和长线庄家则要随时监视其出货，以免错过了获利时机。

跟庄秘籍

这些不同的庄家角色有一些共同特征。如：在低位建仓时，一般会控制当日的涨升幅度，而不愿在每天的涨跌幅排行榜上亮相，以便引起市场注目，同时会严密封锁消息，不让外界获知进庄秘密。在拉升阶段时，喜欢在涨幅榜上“金榜题名”，以便吸引市场的跟风盘，并显示庄家的实力，此时经常有意“泄露”消息。善于运用逆向思维，往往在高位轧空诱多，而在低位轧多诱空。如欲建仓吸货，往往利用手中筹码制造卖压，一旦散户大量抛空，便迅速撤掉原挂卖单吞吃廉价筹码，即假卖真买。这些都是散户们要特别注意的！

第六节　做长线，巧跟庄

庄家中有一类是做长线的。长线庄家的运作周期长，一般都在半年以上，有的长达两三年。长线庄家看重的是上市公司的业绩，是以投资心态入市的。由于长线庄家的资金实力强、底气足、操作时间长，因此在走势上能够看出其吃货、洗盘、拉高、出货的动作。

此类庄家常常有极强的操作计划，对时间效率不考虑。他们在操作个股时，一定要把股价压在一定的低位耐心吸筹，常常破坏K线图形并且震仓凶悍，庄家吸筹非得达到一定数量仓位才会启动，但一旦启动其幅度是较为惊人的。

一、长线庄家的操作特点

（1）收集筹码的时间较长，资金量的动用比较大，收集期比较明显。在K线图上的表现是：在接近底部时大盘跌而该股不跌；大盘盘整，它却盘升，成交量温和放大。

（2）拉升幅度比较大，至少为50%。一般情况下，长线庄家吸筹较多，易于拉升股价，但正因为吸筹多，将来出货也较为困难，所以要有很大的升幅，才能保证将来出货时，即使股价下跌还能有较大的获利空间。

（3）长线庄家在选时上往往是在经济周期各底附近，又有股票业绩作支撑，因此，庄家往往心存高远，股价在不受特大突发性利空影响的前提下会形成较长期的上升趋势，一个周期下来涨幅惊人。

（4）大多数情况下，洗盘不会破坏上升趋势，等指标修复重新拉升后，K线形态仍保持完美，这样才能吸引更多的跟风盘。

（5）长线庄家一般都会采取波段操作，台阶式拉升。因为要完成较大的升幅，就要不断清洗浮筹，以便使散户能够充分换手，提高散户持筹成本，这样才不至于将来出货时散户与庄家争跑道。

（6）长线庄家的目标股符合国家的政策导向，同时还会有一个良好的炒作题材，例如业绩题材、高送配题材、重组并购题材等，因此能得到投资大众的认同。

二、长线跟庄策略

（1）如果股价在底部经过较长时间的盘整之后出现放量拉升，散户应果断介入，此为第一买点。如果已涨过高可等回抽确认时介入。

（2）散户介入之后的期望值一定要高，首先要经得住庄家的洗盘，出现一时涨跌的时候，一定耐得住寂寞，只要上升形态未遭破坏，就不要慌张抛售。

（3）一波大的行情一般要经过几个波段，在第一次回调时，一旦某些重要支撑位不破，再次向上启动时可加码，此为第二类买点。但如果错过，庄家已拉升两个波段以上，就不要再追高，因为此时获利空间已小，而风险加大，若此时跟进，一旦庄家出货就会造成较大损失。

跟庄秘籍

跟长线庄家，不要为小幅升跌而患得患失，不要太过于留意中途的波折。唯有当经济周期顶峰到来，股市狂热丧失理智时，庄家才会抛出手中股票，此时散户获利颇丰，才应该出货。

第七节　炒短线，巧跟庄

作为短线操作，最重要的是如何捕捉热点，而且要抓住那些实力强劲的强庄股，这样才能获利丰厚。坐庄的手法有很多，跟庄的方法也因人而异。

一、短线庄家的操作特点

（1）短线庄家收集的筹码少，通常为流通股的10%左右；吸筹时间短，一两天就收集完毕；由于其容易隐蔽收集动机，故较难捕捉行踪。

（2）重势不重价，也不强求持仓量。可分为两种情况，一种是抢反弹，在广大散户开始抢反弹的时候出局。另一种是炒题材，出重大利好消息前拉高出货，或在重大利好出台后立即拉高吃货，之后继续迅速拉升，并快速离场。

（3）完全以技术面为依据，侧重快速拉升。

（4）升幅有限，一般为10%～20%。

（5）出货速度快，不打持久战。

二、短线跟庄策略

一般跟这种短庄较难，在跟庄时要注意以下几点：

（1）期望值不要太高，有5%～10%的升幅就离场。低位放量时应立即跟进。散户操作应突出一个“快”字，不作基本面分析，只要有量就行，既然庄家要做，就一定会有题材。

（2）错过时机不要追高。庄家炒作的第一目标应为涨幅20%～50%，作为散户切忌贪高，应及时获利出局。

（3）性格优柔寡断者不要跟这样的股。

（4）设立合理的操作止损点。在股市投资中，再精明的投资者也会出现判断失误的时候，所以设立止损点是防止长线被套的必要措施，这一点对于散户来说更为重要。止损点一般在下跌 10% 较为合理。

（5）学会跟随热点转移。强势市场有一个热点轮转的特征，做短线必须紧扣市场脉搏，注意观察下一板块启动迹象，以免延误时机。

（6）投资于股票的资金要集中。散户投资的股票最好不要超过 2 只，资金应集中投入，这样才有利于跟踪观察，才可能取得较大回报。

跟庄秘籍

跟庄成功的关键在于散户与庄家拥有成本近似的筹码，所以此时散户应与庄家一样，首先分析是否存在短线获利机会。以下几种情况下通常存在短线机会：

（1）大势转暖，后市明显有上升空间。

（2）大盘连续急跌，技术上要求反弹。

（3）轮涨出现时，比价明显落后的个股。

（4）价值被明显低估的个股。

（5）有利好和题材的个股。

在出现以上机会时，密切留意成交量的变化，成交量出现轻微放大时跟进，则收益会大大高于风险。

第八节　会看盘，巧跟庄

看盘是股票投资者主要的日常工作。但是刚进股市的新手们常常把看盘仅仅理解为及时跟踪指数的涨跌，这是严重的失之偏颇，庄家在坐庄过程中，其

盘口表现是最为直接和真实的。对于散户而言，学会看盘，进而分析盘口表现的真正含义，是跟庄炒作的重要环节。

股市的一位资深人士在其著作中有这样一句话："给我一张K线图，我告诉你庄家想干什么。"从这句话中，我们可以看出盘口分析的重要性。

面对众多只股，哪一只有庄或强庄，哪一只无庄或弱庄，即使有庄但处于哪一阶段呢。这就要对该股的基本面及技术面作全面的、详细的、科学的分析后，再作出结论来。其实，庄家在盘口的任何动作，无非是三种目的：拉抬、洗盘、出货。要在盘口中读懂具体动作的含义，是股市实战中不可缺少的基本功。

一、拉抬的盘面形态

庄家在完成最初的吸筹动作之后，在大市的配合下，将展开拉升，使股价迅速脱离其成本区，以免更多低价筹码落入他人手中，在盘面上表现为基本脱离指数的干扰，走出较为独立的短线向上突破行情。在股市的操作中，可以从以下几个方面来辨别庄家的拉升动作：

1. 开盘形态

强庄股在其起跳的瞬间，开盘后30分钟的走势较为关键，因为这30分钟的走势基本可以预测全天的行情，准确率在80%左右，所以在这一段时间内发生的趋势将决定当日的最终趋势。

从个股走势及大盘走势的对比中，往往可以发现强庄股的踪迹。如果开市后股价指数出现上下振荡的趋势时，说明该股股价受其影响不大，在大盘指数走低时稳固运行于前一日收盘价上方横盘，均价与股价基本保持平行，量比超过1，即使有抛单打低股价，也能被迅速拉回盘整区。

一般情况下，开盘的价格如果高于前一日的价格最高点，这多是控盘的庄家准备拉升股价的前兆，在这种情况下，散户就可以继续做多。如果是开盘的价格低于前一日的最低价，这大多是控盘的庄家庄家看淡后市的预兆，在这种情况下，散户就应该做空。

2. 盘中形态

在进行盘中操作时，主要是考虑盘中的价格、形态、即时成交量这三个因素。其中，盘中的买入操作重点是根据盘中的形态进行分析和参与的。盘中底部的形态主要有以下五种：

（1）盘中V形底。它是形成时间最短，也是参与风险最大、研判最困难的一种型态。但是这种型态的爆发力很强，如果把握好的话，就可以在短时间内迅速获取高额利润。它的形成往往是由于庄家刻意打压造成的，使得股价暂时性的过度超跌，从而产生盘中的报复性上攻行情。这属于短线高手最青睐的一种盘中形态。

（2）盘中圆弧底。此种形态的形成原因，是有部分做多资金正在少量的逐级温和建仓造成，显示股价已经探明阶段性底部的支撑。盘中圆弧底的理论上涨幅度通常是最低价到颈线位的涨幅的一倍。

（3）盘中头肩底。盘中头肩底的形状呈现三个明显的低谷，其中位于中间的一个低谷比其他两个低谷的低位更底。对头肩底的研判重点是量比和颈线，量比要处于温和放大状态，右肩的量要明显大于左肩的量。如果在有量配合的基础上，股价成功突破颈线，则是该形态在盘中的最佳买点。参与这种形态的炒作要注意股价所处位置的高低，偏低的位置往往会有较好的参与价值。

（4）盘中双底。双底或双顶也不一定完全是反转形态，有时也可能会是整理形态。如果两个底点或顶点之间的时间非常近，在它们之间只有一个次级上升或下跌，所出现的这种情形，大部分属于整理形态，股价的趋势将继续朝着原来的方向发展。

（5）如果两个底点或顶点之间出现的时间相距甚远，而且中间又经过了几次次级下跌或上升，那么，所出现的这种情形大部分属于反转形态。

大多数的投资者，一般都喜欢在双底中的颈部突破点建仓，此时，如果双底的形态并不成立的话，那么投资者则会立即惨遭套牢。故此，一般在股价突破颈线后回落至颈线确认之时，人们才会果断地跟进，在通常情形下，获利的面会是相当大的。而在双顶形态中，机敏的投资者往往都会在第二波上冲的峰顶处出货了结，这种做法在某种情形下，有时能卖出一个较好的价位。但是，

此时的图形形态若并非是双顶形态的形成，则投资者马上就成了第二次涨升行情中的踏空者，因而损失了最大的一段行情所产生的利润。

故此，从稳健的投资出发，我们一般都会在正式确认了下跌趋势的颈线时，抛出自已手中的筹码。这样果断的平仓方式，虽然有时会失去了一部分利润，但是其操作的成功率在一般程度上却是极高的。

盘中平底。这是一种只有在盘中才特有的形态。某些个股开盘后，走势一直显得十分沉闷，股价几乎沿着一条直线做横向近似水平移动，股价波动范围极小，有时甚至上下相差仅几分钱。

3. 尾盘形态

如当日盘口强劲，尾市半小时左右就会出现跟风盘涌入的情况。一旦出现此种情况，股价便会脱离当日大盘走势单边上行，此时庄家会借机大笔提拉，以封死下一交易日的下跌空间。跟进的买盘在遇到这种情况时都会有强烈的短线斩获利润的兑现心理，所以尾盘若在抢盘时出现 5 %以上的升幅，要小心次日获利盘兑现对股价造成的抛压以及庄家次日开盘借势打压振荡所带来的波动，因此散户一定不要在尾市过分追高抢货，以免陷入庄家次日短期振荡给仓位带来的被动局面。

二、洗盘的盘面特征

无论庄家用什么方式洗盘，都是人为操纵股价，目的只有一个：获利。除了底部吸筹后、拉抬前的打压洗盘外，涨升中的洗盘大多具有以下特征：

（1）洗盘整理是在股价于 10 日移动平均线上并远离 10 日移动平均线时开始的。这意味着一些跟庄者已有较多利润，庄家认为应该让他们出场，换进新的跟庄者，从而抬高散户持股成本，避免进一步拉抬时获利回吐盘的压力。

（2）股价在庄家打压下快速走低，但在下方获得支撑缓缓盘上。下跌时成交量无法放大，在重要支撑位会缩量盘稳，反弹时有明显的吸筹迹象，上升途中成交量缓缓放大。

（3）10 日线、30 日线和 60 日线维持多头排列，即使股价跌穿 10 日线也不会太深，而是在其附近徘徊，缩量盘稳，并迅速回到均线之上。盘面筹码越来越少，成交量递减。一般不破 30 日线，即便破了也很快会升回来，这是避免将来拉抬时遇到强大解套压力。整体上为波浪式上升的形态。见图 7-5。

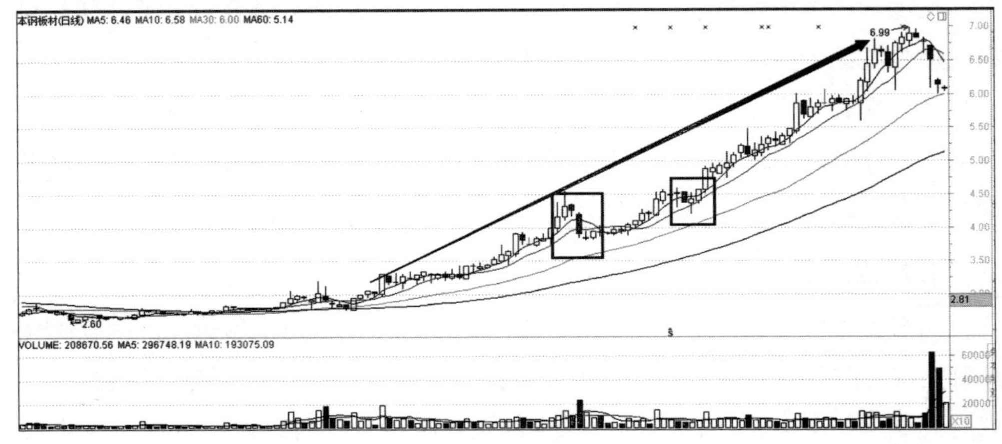

图 7-5　短期均线不破长期曲线，整体上扬

（4）一般横盘式调整触及 10 日线即结束，然后展开升势。期限长的调整会破 10 线，但一般不等 10 日线向下触及 30 日线即结束洗盘，重入升途。道理也是庄家不会让 10 来天内进场的散户都套牢，否则拉抬时遇到这样大的解套压力怕难成功，或达不到“四两拨千斤”的功效。

（5）洗盘时，成交量总体上有一个量缩到缓慢放大的过程：起初洗出的胆小和不耐烦者多，故成交量大；到中间，浮码洗净，成交量因惜售而萎缩；到后期，庄家补仓和拉抬，价格上移，成交量放大。

（6）洗盘完毕，向上突破时，一般都伴随巨大的成交量。

（7）对台阶式、打压式洗盘而言，终了向上突破时需相对较大的成交量，这一方面是无耐心者趋高出货，被深度套牢者解套；另一方面是庄家的拉抬及散户追买所致。

（8）边拉边洗式洗盘的盘面表现出如下特征：

①拉升时不一定有很大成交量，因为在洗盘时成交量已经很大。

②股价日日被拉高，但在拉高庄家利用打压和获利盘的抛售洗清浮码。因

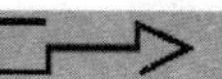

而边拉边洗表现为每日股价上升，但上升中交叉出现 T 字 K 线或下影线较长的十字 K 线，或带上影线的 K 线，说明股价拉升时盘中有洗盘动作。见图 7-6。

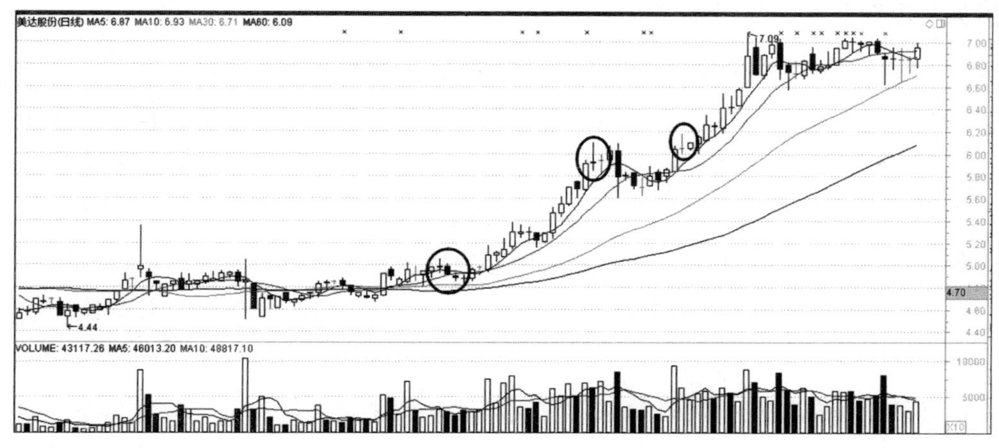

图 7-6　T 字 K 线和十字 K 线

③当股价有一定涨升后，为了吓走散户，采取高开低走方式。如果想继续采取这种洗盘方式，则往往当天收市前又拉起，收 T 字 K 线。而次日将会收 T 字线或实体较长的阴线，或下影线较长的阴线，代表这种洗盘方式的继续。

④在调整后期，往往采取低开高走，向上洗盘及吸货方式。

三、出货的方式及盘面表现

1. 出货的手段

出货是庄家操作中最关键的一环，也是最难的一关，它直接决定做庄的成败。为达到出货目的，庄家们必定使出浑身解数，不择手段。短线投资者而言，了解庄家的出货方式，把握主动就显得尤为重要，一般而言，庄家主要有以下几种出货方式：

（1）借势拉升方式。庄家利用大势狂热、人气旺盛之际，快速拉抬股价，展开主升段行情，令散户追涨跟进。成交量逐日放大，连续多日换手率超过 10%。此时市场已失去理性，很多散户会丧失警惕，把风险抛于脑后，惟恐失去买入赚钱的机会，而不断追高买入。庄家就在众多散户疯狂汹涌扑进之时，在有满意的盘面收益后寻机出货。此时很快形成一个结实的顶部，这种顶部一旦反转，一时半会儿难以解套。见机早的人及时“断臂”离场，尚可减少损失；迟缓者将深陷泥潭，不能自拔。

（2）高开对倒方式。股价被做到了高位，“庄家”想要出货了，就会在高档区发布突发性的重大利好消息，之后巨幅高开，诱使散户丧失理性而追高，这时庄家一边放量对倒，一边出货，往往一两天就完成出货操作。这种出货方式要求人气旺盛，消息刺激性强，适合中小盘股操作。但这种出货方式庄家风险很大，只能在行情较为火爆时才能稍有把握成功出货。

（3）明拉暗出方式。在庄家出货的手法里，明拉暗出是最隐蔽最高明的一种。明拉暗出在形态上表现为这只股票很少出现高位放量的情况，而仅仅是在某一波上涨的初期出现过放量的情况，后来便都是无量拉升或无量盘整，整个上升形态始终保持得很好，所以很多人或还以为庄家没有出货，持股的信心也很坚定，轻易不会出局，因此行情可以持续得较久，甚至于发展成为长期牛股，庄家一边挣着钱，一边保持着良好的市场形象。此方法多见于强庄股，且股票本身有后续较好的题材配合。这里的操作规律是：不参加高位爬坡，因为在这里风险大，收益小。

（4）先拉后跌方式。明拉暗出法虽然可以哄住一些新股民，但对有经验的老股民来说，反而给他们一个从容出逃的机会。于是，庄家又创造了先拉后跌法。就是庄家先把股价疯狂拔高，远离出货目标价，然后向目标价位滑落，表面上给散户以“逢低吸纳”的良机，从而落入庄家设置的美丽陷阱，以实现顺利出局。

（5）“洗盘”出货方式。采用此种方法派发的庄家派发前会连续拉升，当然前提条件是绝对控盘，很快形成加速上扬的格局，尽管成交量会不断放大，上攻势头很猛，吸引众多的投资者参与“博傻”。然而股价达到理想价位后，庄家就在盘中迅速放货，造成股价大幅震荡，尾市一般都会迅速拉升股价，造成“是庄家洗盘”的假象。为了强化这种假象，有的庄家还会真的再拉一二天，这往往是最后的逃命机会，否则马上就会形成最后的山顶。

（6）高位整理方式。此种手法较为隐蔽且有欺骗性，庄家往往制造在高位震荡整理的表象悄悄分批减仓。一般庄家持筹较多，很难一次性出清。一般庄家都乐意采用这种派发方式，因为股价在高位构筑平台，庄家出货的利润高、风险小、操作起来也比较容易。同时，平台式派发的隐蔽性较强，不会显露明显的头部特征，市场不容易觉察，反而更容易让投资者产生蓄势整理的错觉。当市场中没有其他抛盘争跑道的情况下，庄家可以从容进行派发。一般来讲，此法多运用于大市累积升幅不大的情况下，因为如果大市处于长期的盘升之中，盘中积累获利丰富，一旦有风吹草动，抛压立即涌现，带动个股的回吐压力增大，庄家无法完成出货目的。高位平台式派发在成交量方面呈递减特征。

（7）震荡护盘方式。这是一种很自然的出货手法，这种方法需要有大盘人气配合。庄家拉抬到一定位置，看人气旺盛，就借机开始出货。庄家出货，盘中卖压增高，必然会造成下跌。股价下跌到某一支撑位时，庄家就会出来护盘，因为再往下跌破支撑位人气就会受到较大影响。为了保住出货价格，也为了保住已经出现颓势的人气，庄家必须制造快速有力的拉抬，才能恢复散户的信心。同时快速有力的拉抬可以节省成本。出货和护盘动作交替就形成了震荡走势。

震荡出货的震荡周期如果达到几天或十几天，就会在日 K 线上形成经典的顶部形态，如头肩顶和 M 头等；如果震荡周期在三天以内，则会形成高位快速震荡的行情。高位快速震荡反应出市场心态躁动，行情在顶部维持的时间更短。如果股价以十几天的周期震荡两次，第二次是一个大的护盘动作把股价打到前期高点，就会形成 M 头；如果人气较旺，在顶部维持时间长，可以出现三次震荡，分别把股价打到前期高点，这样就会形成头肩顶或三重头。判断庄家是否在震荡中出货的一个有用的线索是熊长牛短形态。庄家在一定区间内反复出货和护盘，由于出的多进的少，所以在走势上很容易形成熊长牛短的走势。下跌的时候速度较慢时间较长，这是庄家谨慎出货造成的，为的是利用有限的空间尽量多出一些货；上涨的时候迅猛时间短，这样拉抬可以节约成本。

另一个线索是看成交量和 K 线振幅。庄家大规模出货必然造成大成交量和股价的大幅度下跌，庄家护盘只能控制股价不跌破某个价位，但盘中的大幅震荡是不可避免的。所以，如果持续出现带量震荡幅度较大的K线，则表明庄家在出货了。震荡出货比较容易识别，很多掌握技术分析的人都可以逃掉。

（8）无量阴跌方式。

事实上在多数情况下，许多股票庄家是以较温和的成交量慢慢阴跌出货的，这种出货手法较隐蔽，不易引发跟风出货的现象，对股票后市的走势也留有余地。这种出货方式与震荡调整蓄势行情表现相似，很难区别，稍有不慎就会出现失误。区分两者的关键在于：如股价前期有过较大拉抬、且下跌时无明显支撑，一般可认定出货。反之，则可判断为震荡。见图7–7。

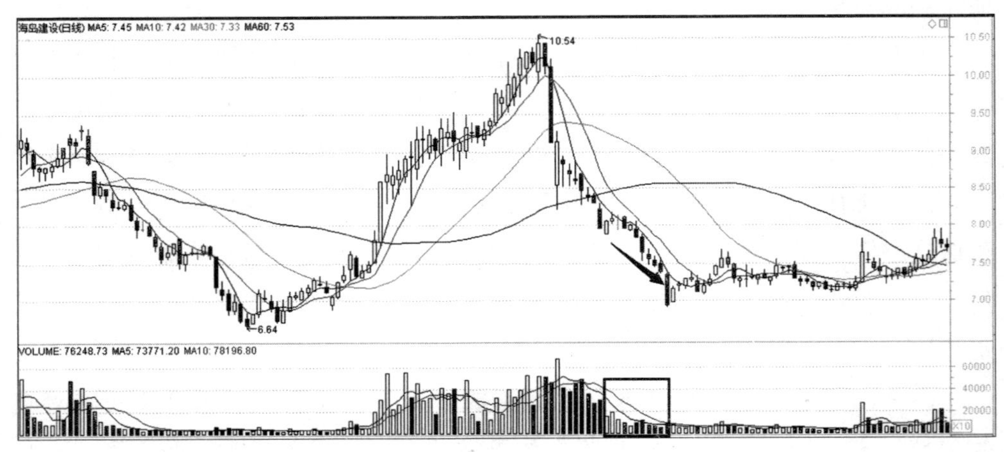

图7–7　无量阴跌方式

（9）高台跳水方式。

这种情况的出现，常常是因为庄家发现了突发性的利空。或者某种原因迫使庄家迅速撤庄。因为庄家的持股成本远远低于众多散户，即使打压出货也有丰厚利润。

此种手法较为凶狠且具杀伤力，意在让高位追进者无机会出逃。一般庄家在持筹不多或获利颇丰的情况下善用此法。但此法由于派发时间短，下跌迅速快，大部分庄家无法全身而退，惟有利用后市大市回暖时，拉高自救，完成最后的出货任务。

打压出货的特点：①股价已炒至较高位置，成本与利润之比已翻倍甚至几

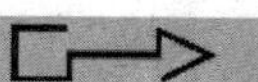

倍。②此股前期一直处于强势之中，股价勇往直前，大有一去不回头之意。刚开始打压股价之时，必须使股民认为它只是短暂的回调洗盘而已，后市会延续升势。④打压两三天后，当市场对放出的大量有所警觉时，庄家却更加狠心打压股价加速下滑，令前几日买入者套牢无法出局。

（10）平台递减方式。

这种方式与高位整理有一定的联系，但又有很大不同，平台递减方式是通过做多个整理平台达到出货目的，而每个平台的操作手法基础相同。当股价见顶回落后，庄家利用平台递减方式出货，每下一个台阶，都可在盘整区域出掉不少货。若跟进者发现庄家的意图，也跟着抢抛的话，庄家就会再下个台阶盘整，又锁定一批套牢筹码，并造成筑底的态势，自己则慢悠悠地出货。见图 7–8。

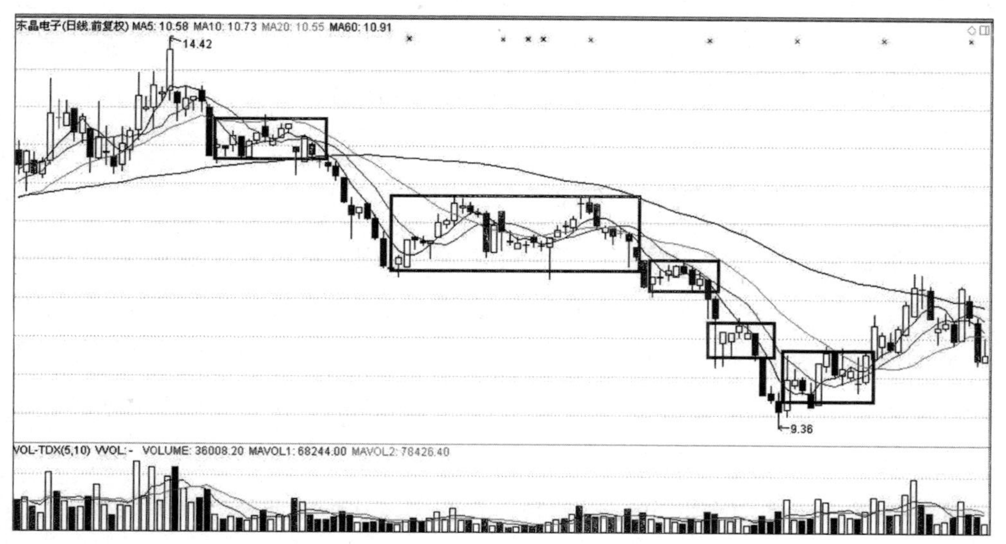

图 7–8 平台递减方式

跟庄秘籍

许多股民之所以觉得股票买进容易，卖出难。关键原因是对于庄家何时出货心中无数，其实，“雁过留声，人过留影”，只要把握好庄家出货时出现的各种信号，就能稳稳当当地走在庄家的前面。

第九节　会看量巧跟庄

庄家在吸筹、拉升、出货等阶段，可以用多种技术指标蒙骗股民，但千蒙万蒙，成交量是无法蒙骗人的。因为一只股价要涨，必须有主动性的买盘积极介入，即买的人多了，股价自然上升；反之，大家都争先恐后地不惜成本卖，股价就下跌。这在成交量上能反映得比较清楚。

所以，股价一上升，必定有成交量配合，说明庄家在大量购入股票，散民此时应紧紧跟上。下面就成交量的变化情况，介绍散户的投资时机。

一、大资金入驻的量价特征

当股价呈现底部状态时，若“每笔成交”出现大幅跳升，则表明该股开始有大资金关注；若“每笔成交”连续数日在一较高水平波动而股价并未出现较明显的上升，更说明大资金正在默默吸纳该股，在这段时间里成交量倒未必出现大幅增加的现象。当我们发现了这种在价位底部的“每笔成交”和股价及成交量出现明显“背驰”的个股时，应予以特别关注。一般而言，当个股“每笔成交”超过大市平均水平50%以上时，我们可以认为该股已有庄家入驻。

二、机构庄家入庄的量价特征

机构庄家入庄后，不获利一般是不会出局的。入庄后，无论股价是继续横盘还是呈现“慢牛”式的爬升，其间该股的“每笔成交”较庄家吸纳时是有所减少还是持平，也无论成交量有所增加还是萎缩，只要股价未见大幅放量拉升，都说明庄家仍在盘中。特别是在淡静市道中，庄家为引起散户注意，还往往用“对敲”来制造一定的成交假象，甚至有时还不惜用“对敲”来打压震仓，若如此，“每笔成交”应仍维持在一相对较高的水平。此时用其来判断庄家是否还在场内，十分灵验。

三、庄家离场前的量价特征

应特别提高警惕股价放量大阳拉升，但“每笔成交”并未创新高时，因为这说明庄家可能要派发离场了。而当股价及成交量创下新高但“每笔成交”出现明显萎缩，也就是出现“背驰”时，跟庄者切不可恋战，要坚决清仓离场，哪怕股价再升一程。

由上面所述，可以得出一个简单的投资总结：当“每笔成交”与其他价量指标出现明显“背驰”时，应特别引起散户的注意。同时，散户应注意“每笔成交金额”（股价 × 每笔成交量），因为 10 元 / 股的每笔成交显然比 5 元 / 股的庄家实力强劲。

跟庄秘籍

股市有句话叫“有量就有庄”。意思是说，凡是有量的股票必然有庄家在里面活动，当然，有大机构入驻除外。股票成交量的变化在无庄家资金的有效介入时，是无任何意义而言的。而一旦有庄家资金介入其中，其股票的形态组合与成交量的各种变化状态，都会处在控盘庄家的微妙调控之下。通过成交量的变化可以看出庄家操作的节奏。

第八章

谨防庄家陷阱与骗术

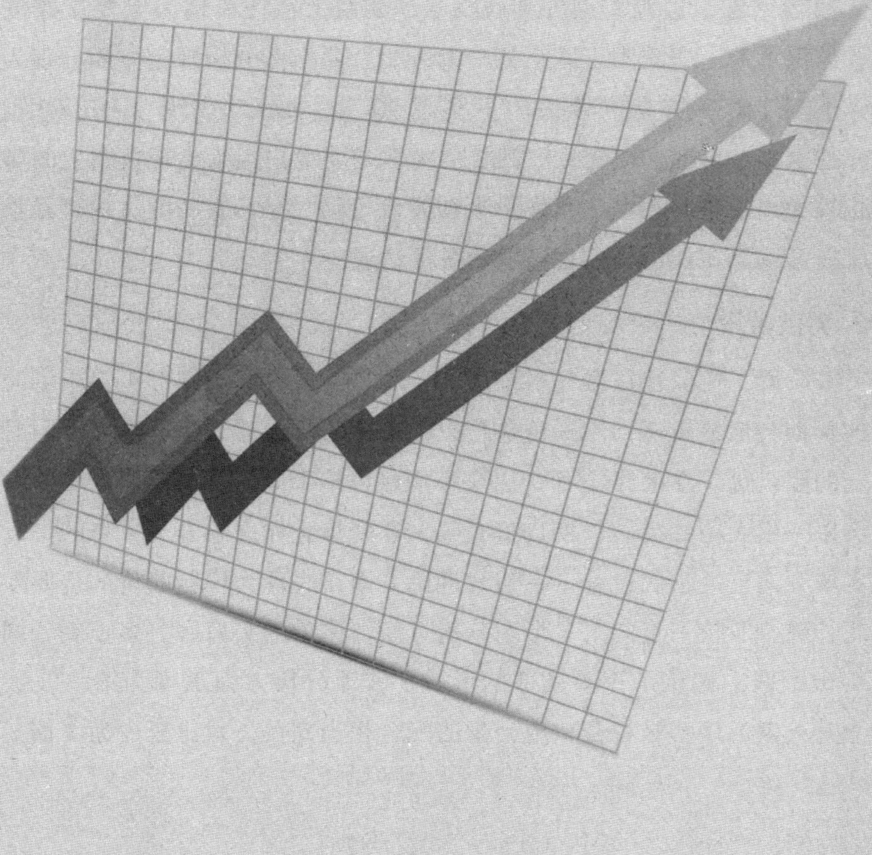

第一节　看清庄家的陷阱

一、洞察技术分析陷阱

庄家经常在下面四个阶段利用技术分析制造各种陷阱：

1. 吸筹阶段

庄家在吸筹阶段往往要刻意掩饰，欲做到不露痕迹。普遍的做法是先往下打，在图表上制造向下突破的信号，这时 K 线形态上会出现三角形、长方形、矩形、旗形突破下边等典型的突破信号，切线上往往表现为重要支撑位置被击穿，波浪形态上表现为下跌第五浪的开始；而指标分析理论方面，则为 KDJ 线交叉向下，RSI 从高位转头向下穿越 50 线，MACD 表现为 DIF 向下突破 DEA，甚至 MA 出现死亡交叉。其目的无非是要散户因为出现技术上的卖空信号而止损卖出，这时正是庄家大量吸纳廉价筹码之时。筑底的过程是漫长的，有的庄家会刻意压住价格，直到建仓目标达成。

2. 突破阶段

突破阶段，庄家往往会先虚张声势，制造巨量突破的图形吸引市场注意，拉升的早期会反复震荡，不断试盘，以确认市场对走势的附和程度，同时摆脱不坚定的跟风盘。在 K 线方面，因庄家操盘风格不同，会有不同的突破方式，有的会以一根大阳烛突破长期盘整底部，让升势犹如火焰升天，有的是以突破性跳空展开向上冲击的过程；在切线理论方面，表现为压制股价的重要阻力线被彻底冲破，股价一直向上；形态分析方面，典型的头肩底、多重底、圆底、双底突破颈线，确认了重要底部的形成；波浪分析方面表现为第一波接近完成，上升五浪的序幕被拉开，成交量的配合相当完美，量比至少为 3 倍；指标分析方面，RSI 从 50 线上穿，KD 指标交叉向上，DIF 向上突破 DEA，MA 形成金叉。总之，拉升开始的庄家以各种陷阱来吸引散户的注意。见图 8-1。

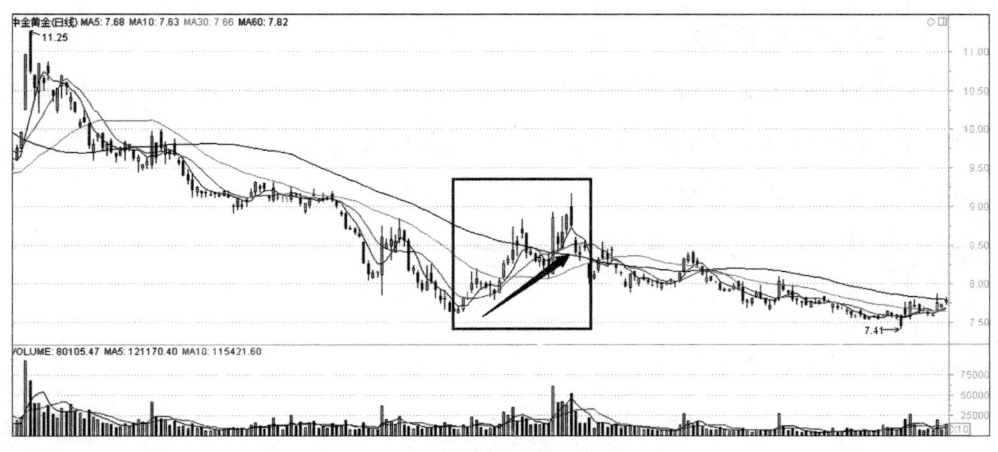

图 8-1　突破陷阱

3. 拉升阶段

跟风者的蜂拥而入正是庄家最醉心的时刻，为了诱惑跟风者，行情会进入主升浪，跟风者的账面利润不断滚动增长。技术图表看起来就像银行存折一样令人陶醉：K 线图上一根阳线紧跟着另一根阳线，人们开始预测接下来还有多少根阳烛会出现；形态上三角形、旗形、矩形等持续形态指示着上升趋势的不可逆转；切线上上升通道近乎完美无缺；指标上 MA 紧贴走势形成弯曲的支撑线，KD 与 RSI 均在 50 线以上显示涨势正当“盛年”；波浪上主升第三浪爆炸性展开，人们在谈论是否会发展为延伸浪。庄家的目的已经达到，在散户争先恐后地追涨之时，庄家已经做好了撤退的打算。

4. 派发阶段

早在拉升的过程中，庄家就开始将手中获利颇丰的筹码派给“抬轿”的散户。这个阶段，不同的庄家表现也不同；急不可耐的玩高台跳水，不动声色的玩横盘整理，心浮气躁的玩高位震荡。总之，这个阶段出现的图表形态大多都是庄家设计的陷阱，庄家已经撤退了。

二、发现多头陷阱

1. 多头陷阱的判断

多头陷阱即为多头设置的陷阱，通常发生在指数或股价屡创新高，并迅速突破原来的指数区且达到新高点，随后迅速滑落跌破以前的支撑位，结果使在高位买进的投资者严重被套。见图 8-2。

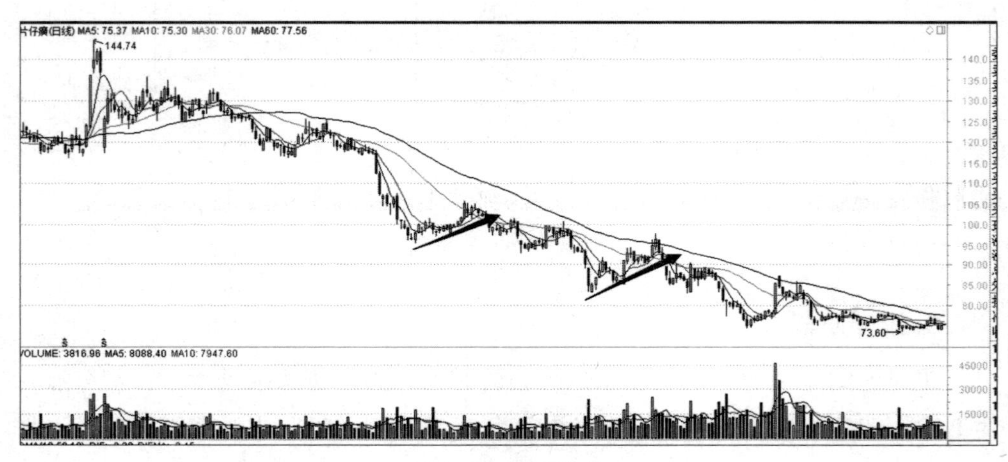

图 8-2　多头陷阱

多头是指投资者对股市看好，预计股价将会看涨，于是趁低价时买进股票，待股票上涨至某一价位时再卖出，以获取差额收益。

多头陷阱，总的来说就是庄家利用资金、消息或其他手段操纵图表的技术形态，使其显现出多头排列信号，诱使投资者买入。

多头陷阱往往发生在行情盘整形成头部时，此时成交量已开始萎缩，但多数投资者对后市尚未死心，不愿杀跌出场，因而其形态完成时间相对较长。

在判断多头陷阱时，盘面表现是关键，一些庄家手法很隐蔽时，判断会比较困难，但有一个要点要牢记，即一定要谨慎。

2. 规避多头陷阱的方法

识别多头陷阱需要有一定的市场经验，能够将盘面信号与基本面分析以及宏观政策的变动结合起来判断。这里提出几点规避多头陷阱的方法供参考。

（1）从图形上分析庄家的持股状态。如果股价已经节节上升，在高位出现成交量放大，盘中价格震荡起伏，庄家出货的意愿已经很强烈了。此时如果再出现技术指标多头排列，在K线图上显示连拉阳线，投资者就一定要当心，可能存在多头陷阱。因此要注意观察盘面的进一步变化，而不要急于抢入购买股票。

（2）留一定时间和空间研判指标的变化。庄家以资金、消息和其他手段操纵技术指标的显示，来掩盖自己的真实目的，是逆势而为，成本很高。因此，庄家只能在一时做出一段多头排列的技术指标。投资者在看盘时，不仅要看5分钟线、15分钟线，更要看日线，特别是周线和月线。庄家设置的多头陷阱一般都在日线上，但是投资者可以从周线图上发现卖出信号。此外，投资者还可以通过能量潮OBV线图的成交量变化趋向观察庄家的意图。特别是OBV线图显示的卖出信号与K线图上的短期买入信号发生矛盾时，多头陷阱的阴谋就暴露在光天化日之下。当然，投资者还可以使用其他一些技术分析方法来识别多头排列的真实性。

（3）认识庄家的小欺诈。小欺诈是指一些投资公司联手庄家预先进货，然后发布假消息，在高位向散户推荐需要出货的股票。所以投资者应该学会一些投资技术，比如理论涨幅（头）及理论跌幅的计算方法，把握“股票七不买”规律，从而规避一些暴涨后的股票和庄家已撤退的股票。

（4）认识庄家的大欺诈。大诈骗是指一些上市公司联手庄家在不同的阶段发布不同的消息，使投资者逐步“入瓮”，特别是请一些所谓的股评家在媒体上大肆推荐庄家的股票。

（5）具体而言，多头陷阱的应对策略如下：在盘头形态或尚未确认的中段整理时，宁可保持观望的态度，待支撑固定后再做多不迟。否则，多头陷阱一旦确立，必须在原趋势线破位后停损出局，因为在以后一段可观的跌势中，做空的利润或许足以弥补做多的损失。

跟庄秘籍

每一种技术分析方法都有它的盲区，以及受它的灵敏度局限，投资者只有反复验证才能逐步掌握区分真伪的本领。另外，当多个技术指标显示相同的信号，彼此可以相互佐证时，判断的准确性会比较高。

三、管窥空头陷阱

1. 空头陷阱的定义

所谓空头陷阱，就是骗取筹码的陷阱。具体来说，就是市场主流资金大力做空，通过盘面中显现出明显疲弱的形态，诱使投资者得出股市将继续大幅下跌的结论，并恐慌性抛售的市场情况（图 8-3）。一段时间，大盘急转直下，龙头股纷纷跳水，指数连续快速下跌，这时投资者更要谨防空头陷阱。

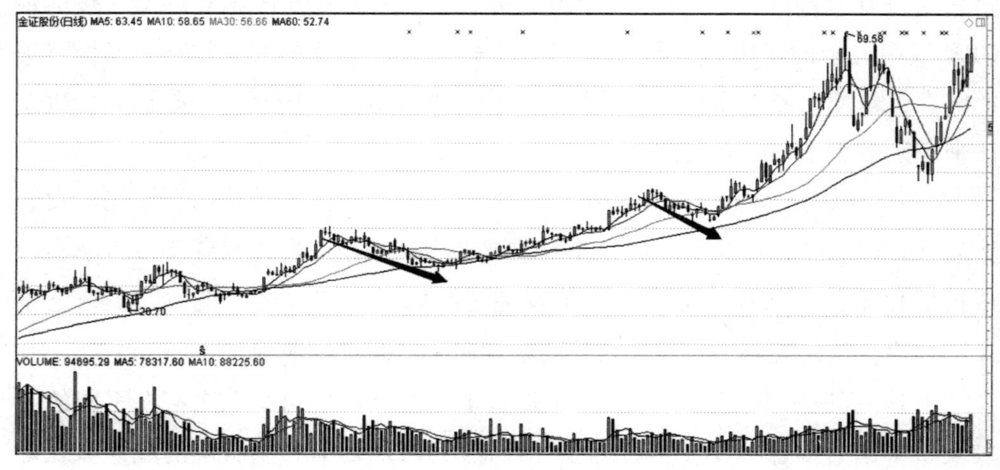

图 8-3　空头陷阱

2. 空头陷阱的特点

空头陷阱一般出现在股价的底部区域，当庄家在底部吸纳一定的筹码后，往往在某一时刻，疯狂打压股价，并使其击穿某重要支撑位，致使投资者误认为股价还要下跌而大量卖出股票，而庄家正好在下面把筹码一一吃进，完成底部建仓工作。这时候，股价会被一根大阳线或者几根大阳线快速拉起，到前期庄家吸纳筹码的平台稍作停留后，展开快速向上拉升阶段。投资者把这个向下破位的下跌定义为空头陷阱，也称为挖坑、诱空。投资者把股票卖在这个坑里，也就是把带血的股票卖在了地板上。

3. 规避空头陷阱的方法

对于空头陷阱，本书的第三章从消息面、资金面、宏观基本面、技术分析和市场人气等方面进行综合分析研判。

规避空头陷阱，投资者战胜自我是关键。投资者往往自己没有技术输了钱后，不找自己的原因反而去大骂证券公司甚至指责证券管理机构，这是非常幼稚和错误的。原因就如一个没有炒股技术的股民去炒股，就如一个没有驾驶技术的人非理性地驾驶一辆汽车，在直路上好比牛市的上升通道，开得很安稳，在牛市中赚了很多钱，要知道全世界都没有天天涨的股市，涨得再高总有一天要转变形势下跌的，就如没有一条马路是没有弯道的。股市转势就如马路拐弯，而没有驾驶技术的人在拐弯处不但不踩刹车减速反而踩油门加速，也就是在股市刚转势下跌时去加码或补仓，这种后果是众所周知的。如果是开车，严重的车毁人亡，轻则受伤罚款，而在股市就更不用说了，赔尽利润再加上本钱。知道了这个道理，今后失败者就会理智了，便会到市场中去学习炒股技术了。

四、骗线陷阱手法揭秘

所谓的骗线，就是庄家利用 K 线形态的图表走势使散户作出错误判断和操作的手法。最常见的是震仓洗盘和拉高出货。

影线分上影线、下影线两种，一般来讲，上影线长表示阻力大，下影线长表示支撑力强，但是，由于市场内的大资金可以调控个股价位，影线经常被庄家用来骗线，上影线长的个股并不一定有多大抛压，而下影线长的个股也并不一定有多大支撑。

1. 洞察长上影线骗钱

长上影阴线可以解释为买方力量一度非常强大，将股价大幅拉升，但是在随后的多空力量争斗中，空方占了上风，将多方苦心经营的成果夺回，并使收盘价收在了前日收盘价之下。长上影阴线出现于中高价区，股价经过连续上扬之后，日 K 线出现长上影阴线，伴随巨大的成交量，这意味着高位抛压沉重，往往是庄家在高位减磅派发所致。长上影线只是庄家制造的一个假象，也就是我们通常说的多头陷阱，吸引跟风追涨的买盘，实际是为了掩护出货。长上影阴线是股价将进入调整的信号，散户应考虑及时出货（图 8-4）。

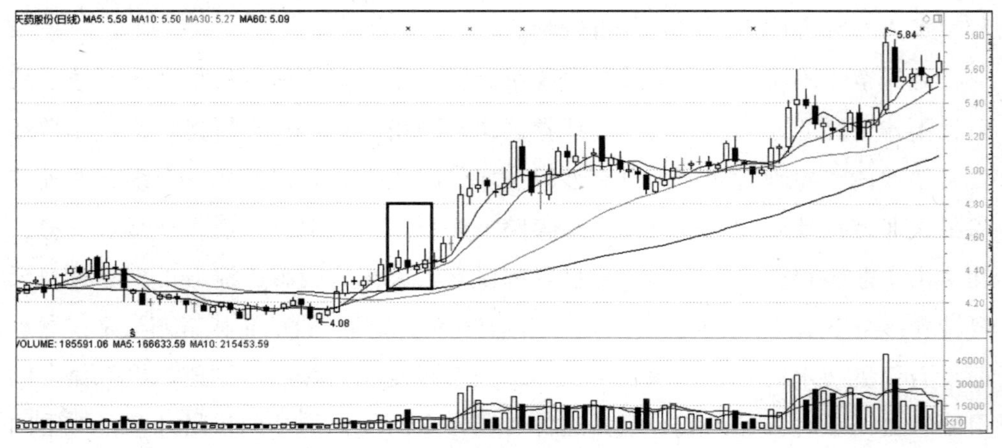

图 8-4 长上影线——庄家出逃

一般来说，个股在日 K 线上留下长上影线，表明股价冲高后遇到强大阻力，后市回调在即。然而真正的盘面语言却并非如此。因为有时候这种长上影线是庄家刻意打压骗线洗盘的圈套。因此散户不应死教条，见到个股拉出长上影线就抛股并不一定正确。

2. 发现试盘型上影线

有些庄家拉升股票时操作谨慎，在欲创新高或股价行进至前一高点时均要试盘，用上影线试探上方抛压。如果上影线长，但成交量未放大，股价始终在一个区域内收带上影线的 K 线，就是庄家在试盘。

如果试盘后该股放量上扬，则可安心持股；如果转入下跌，则证明庄家试出上方却有抛压，此时可跟随庄家抛股，一般在更低位可以接回。注意：当一只股票大涨之后拉出长上影线，最好马上退出。

3. 盯准震仓型上影线

这种上影线经常发生在一些刚刚启动不久的个股K线图中。有些庄家为了洗盘，往往用上影线吓出持仓不坚定者，吓退欲跟随庄家的散户。这种情况表明确有庄家利用上影线洗盘。散户操作时要看K线组合，而不要太关注单日K线，见图 8-5。

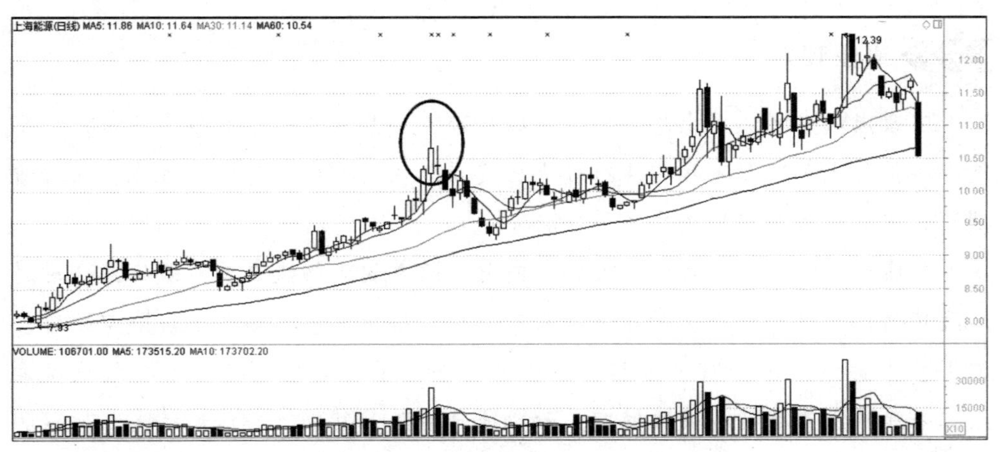

图 8-5　震仓型上影线

需要指出的是，大资金庄家可以调控个股的涨跌，但在市值不断增大的市场内，没有什么可以调控大盘的机构，所以，大盘在阶段性高位或低位出现了长上影线或下影线指导意义较强。

4. 掌握长下影线骗线

在强势市场中，有些庄家资金实力不是很强，他们往往在其炒作的股票中制造一个或几个单日的长下影线，表现为某只股票在盘中突然莫名其妙地出现一笔价位极低、手数较大的成交，而后恢复平静，长下影线由此产生。这是庄家在向广大散户发出“支撑力强”的信号。一般这种股票由于庄家实力不是很强，表现不会突出，真正有大庄家的个股不会在底部显山露水，让人察觉什么“支撑力强”。

有时个股在交易中大幅下挫，尾市收高，在日K线图上留下长下影线。如果散户简单认为这是股价见底、下档支撑力强、反弹在即，则可能会吃大亏。此时只要打开每日实时走势图就会发现，此类股票往往全天均处于阴跌之中，而只在收盘的瞬间出现了一笔奇怪的资金将股价上拉，形成带长下影线的K线。遇到此类股票，散户还是早些离场观望为好。这是庄家在派发阶段利用尾市收盘几分钟快速拉高股价，留下长下影线，以引诱跟风盘的出货手法，这才是真正的盘面语言。散户对此应多加提防。

跟庄秘籍

庄家出逃在K线图上总会留下一些痕迹，如某只个股已有较大涨幅，如出现一根带长上影的日K线并伴有较大成交量，往往是庄家逃跑的征兆，股价短期已见顶，后市极有可能反复下挫。

阳线或阴线带长上影线的K线，同时伴随着较大的成交量，股价拉高后迅即反转向下。这种形态通常在升势末期出现。股价加速上扬后出现跳空缺口，留下长上影线，原因有二：其一，庄家诱多，早市大幅拉升，吸引跟风盘涌入，等散户上钩之后再反手做空，股价先升后跌。其二，股价连续上升后获利盘丰厚，多方对后市判断出现分歧，多头阵营分化，短线抛售套现，导致股价冲高回落，留下长上影线，股价短线见顶。总之，散户对带长上影的K线应保持高度警惕。特别是大批股票同时出现该形态时，大盘见顶的可能性极大，短线应迅速出局。

个股在长期阴跌或大幅下挫后，出现T字线，这种情况往往表明该股有可能止跌回升，且后市有较大的涨幅。实战经验表明，T字K线止跌回升的技术意义通常有以下几种情形：T字K线的实体部分越小、下影线越长，止跌的作用就越明显。股价下跌的时间越长，幅度越大，T字K线见底的信号就越明确。T字K线不论是阳线还是阴线，实战意义基本上都是相同的。阳T字K线通常比阴T字K线的力量更大，散户可以大胆试探性建仓，如股价放量上升，可跟风做多。底部见T字K线，对短线炒作者来说，是抢先介入的好时机。T字K线是庄家防守反击形成的一种K线形态，但在下跌趋势中，庄家有时会利用它来作为一种骗线信号，实际上跌势并未止住；而在上升趋势中，则是庄家

回档洗盘的伎俩。

股市中，庄家与中小散户经常玩猫捉老鼠的游戏。而要识别庄家的骗局，没有一定的谋略与智慧是很难做到的。面对庄家的种种骗线行为，散户要潜心思考，仔细分析整个大盘的走势，而不要被庄家的骗钱所惑，该出手的时候不应太贪，该持股的时候不应恐慌。

五、突破陷阱的识别

为了避免操作错误，提防庄家的突破陷阱，投资者应注意一些判断真假突破陷阱的准则。

1. 识别有效的突破

如果突破后连续两天股价继续向突破后的方向发展，这样的突破就是有效突破，是稳妥的买入时机。当然两天后才买入，股价已经有较大变化——该买的股价高了，但是，即便那样，由于方向明确，大势已定，投资者仍会大有作为，比之贸然买入要好得多。

2. 收盘价突破趋势线的研判

某天的收盘价突破下降趋势线向上发展，第二天，若交易价能跨越它的最高价，说明突破阻力线后有大量买盘跟进。相反，股价在突破上升趋势线后向下运动时，如果第二天的交易价在它的最低价下面，那么说明突破后沽盘压力很大，投资者应跟进沽售。

3. 成交量衡量市场气氛

在市价大幅上升的同时成交量也大幅增加，这说明市场对股价的移动方向有信心。相反，虽然市价飙升，但交易量不增反减，则说明跟进的投资者不多，市场对移动的方向有怀疑。趋势线的突破也是同理，股价突破趋势线后，成交量如果随之上升或保持平时的水平，说明突破之后跟进的投资者多，市场对股价运动方向有信心，投资者可以跟进，斩获巨利。如果突破之后成交量不升反降，那就应当小心，防止突破之后又回复原位。事实上，有些突破信号可能是由于一些机构、大户入市所致，例如大投资公司入市、中央银行干预等，如果相信这样的突破，投资者可能会上当。

4. 趋势的打破，未必是相反方向的新趋势的开始

有时候由于上升或下降得太急，市场需要稍作调整，作上落侧向运动。如果上落的幅度很窄，就形成所谓牛皮状态。侧向运动会持续一些时间，有时几天、有时几周才结束。技术分析人士称之为消化阶段或巩固阶段。侧向运动会形成一些复杂的图形。侧向运动结束后的方向是一个比较复杂的问题。

投资者认识侧向运动的本质，对把握股价运动的方向极为重要。有时候，投资者对于股价的窄幅运动大有迷失方向的感觉。其实，侧向运动既然是消化阶段，就意味着上升过程有较大阻力，下跌过程有买盘，买家和卖家互不相让，你买上去，我抛下来。在一个突破阻力线上升的过程中，侧向运动是一个打底的过程，其侧向度越大，甩掉牛皮状态上升的力量也越大，而且，上升中的牛皮状态是一个筹码密集区。同理，在上升过程结束后，股价向下滑落，也会出现侧向运动，侧向运动所形成的筹码密集区往往是今后股价反弹上升的阻力区，就是说没有足够的力量，市场难以突破筹码密集区而改变下跌的方向。

跟庄秘籍

投资者在操作个股的时候，都会有一种买入方法：在股价突破新高或突破重要压力位时买入。这种方法本身是正确的，只有股价突破了重要的压力位才可以不断向上攻击。但是，由于很多投资者的操作方法有误，在股价突破时买入，结果到头来却赔钱了。这是因为庄家也会利用突破反做，投资者认为突破是买点时介入，而庄家却在突破时出货了。

一般来讲，寻找突破买点在指数不断向上时成功率很高，指数涨个股也会涨，所以会不断向上突破，但是在弱市与震荡市中风险就时时存在了，因为庄家随时会利用假突破来出货。那么，真突破与假突破的区别在哪里呢？

简单来讲，在于量。假突破时是庄家在出货，所以量能往往很大，而真突破量能比较温和，并且资金性质是明确地向场中介入，虽然有时也会引发放量突破，但只要资金性质没有改变便可以跟进。所以说，区别真假突破最主要的就是观察庄家是不是在出货。只有作出准确的判断才能回避突破陷阱。

六、识别庄家的消息陷阱

1. 庄家设置消息陷阱的原因

消息是庄家设置陷阱常用的一种工具。股票市场每天都充斥着各种各样的消息，这些消息无论真实与否、准确与否，都可以成为引起股市动荡的重要因素。庄家在操盘过程中，为达到自己的某种目的，一般都会借助利好或利空消息设置陷阱。

正是因为消息对股市的作用强大，因此拥有消息的人就会借助消息制造陷阱，以实现其赢利的目的。上市公司谎报公司事实，要不就先放出消息吊人胃口，待目的达到之后，撤销先前的消息，这则消息就变成了烟幕弹。对这类消息，投资者往往不能知其真假，甚至连是利好利空都很难判断。所以，关注这类消息的时候，投资者要关注其真实可靠的业绩报表，对其放出的烟幕弹进行过滤，理性判断它是不是想要的消息股。

2. 消息陷阱的特点

（1）庄家设置的陷阱并不高明。通常，庄家都会先散户一步获得消息，开始炒作消息股，走出的曲线多为“升（散户进）—大跌（散户跑）—小幅升（散户观望）—大幅升（散户追）—跌（散户套牢）”。由于散户获知消息较晚，所以在大幅拉升的时候散户追进最多，这时候庄家基本上已经实现了50%的盈利，只等出货，所以投资者容易上当。

（2）股评者在中国被称为“庄家的嘴”，庄家以朦胧的方式透露给股评者一些朦胧的消息，就变为了炒作题材，轻信了股评言论的散户，被利好消息说得心动、信心满满的时候，股价已经到了高点，散户买入，庄家就开溜，散户又被深套，只能再等下一波行情。

3. 消息陷阱的规避

市场中有很多散户主要是依靠消息炒股，以消息来作为自己投资决策的依据。散户如何辨别消息的真假呢？

（1）当消息出现时，首先要看股价所处的位置。如果股价处于底部，极有可能是庄家保密不严走漏风声。如果股价已大幅拉高，八成是庄家为了配合出货散布的假消息。对此散户可以参考成交量的变化以及股价在各个位置的形态变化来判断。

（2）散户投资者在看股评的时候一定要注意一些字眼，例如“唯一”“实力最强”“预计”“管理层传出消息”等，这都是些不切实际又模糊的字眼，因此分析这样的股评的时候，投资者一定要多个心眼，如果能对其中提到的信息进行核实是最理想的；如果不能，就从技术面上分析消息的真假以及是否具有炒作价值。

（3）听到消息时买进，消息被证实后迅速卖出。当散户无法确认消息真假时，可以在股市刚传出此类消息时立即少量买进，并密切关注，一旦有拉高放量出货的迹象，不论是否获利，立即平仓，消息被证实时，即使被浅套也应“割肉”出局。

跟庄秘籍

投资者获得消息的渠道基本上都是相仿的，媒体报道、网络、公司公告、股评，等等。这些渠道一般可将其分为正规渠道和非正规渠道，正规渠道得来的消息是指国家政策发布、证监会公告等。

中国的股市向来被称为“消息市”，所以正规渠道的消息对政策涉及的板块一定会有明显的作用。具体来说，就是投资者在面对大量消息时，一定要选消息覆盖行业里的龙头股，只有龙头股才容易出现消息行情。除此之外，消息来得快去得也快，所以买消息股要的就是快，买入快，卖出快。买入的最佳点是消息还很朦胧，但已有小行情出现时；卖出的最佳点是消息渐渐明朗，大行情已经出现之后。一般而言，消息股的行情不会超过半年，所以，投资消息股

一定要短线操作，切忌长期持有。

第二节　识别庄家的骗术

一、警惕对敲骗术

1. 庄家对敲骗术的特点

对敲是庄家在股市操盘中常用的一种控盘手法，主要目的是迷惑大众投资者，使之对后市走势失去正确的判断，而庄家则借此乱中取胜。

通常庄家需要将跟风者看盘的思路搞乱，使之得出庄家需要的结论时，就会使用对敲来实现。对敲、骗线是庄家成本最低的办法。

对敲主要是为了制造无中生有的成交量，以及利用成交量制造有利于庄家的股票价位。庄家操盘常用对敲，过去一般是为了吸引散户跟进，而现在则变成了一种常用的操盘手法，建仓时对敲，震仓时对敲，拉高时对敲，出货时对敲，做反弹行情时仍然运用对敲手法。

2. 对敲的操作手法

（1）吸引跟风盘眼球时，自买自卖让人觉得成交量放大，行情即将发生，从而介入。判断时可见分时图中买卖挂单中并无大单，但成交大单时有出现，用此法来激活股性，一般资金实力不大的机构会这样操作，或者协议倒仓时采用。

（2）用对倒形成大量买单涌出而股价却不涨反跌，是以大买单掩护出货，有时也造成股价大涨而成交量却不大，此类股票的走势杀伤力最大。

（3）用大卖单砸盘，且封住股价上升趋势，看不到大买单，大卖单却成交了，当真有主动买单上攻时，上面的卖单却不见了，这是庄家常用的试盘和洗盘手法。现在，实盘中判断是否对敲越来越困难，因为挂买卖单是公开信息，庄家在这上面做文章是很容易的事，因此买卖挂单就成了最不可靠的信息。

3. 辨别庄家的对敲手法

一般来说，庄家对敲手法的运用如下：

（1）以压制股票价格为目的，在建仓时积极对敲。庄家为了能够在低价位搜集到更多的筹码，往往通过对敲手法来压制股票价格。在个股的 K 线图上表现为股票处于较低价位时，股价往往以小阴小阳的形态持续上扬，这说明有较大的买家在积极吸纳。之后，出现成交量较大的并且较长的阴线回调，而阴线往往是由于庄家大手笔对敲打压股价形成的。从较长的时间上看，这期间股票价格基本是处于低位横向盘整，但是成交量却在悄悄放大。这时候盘面表现的特点是股票下跌时，单笔成交量明显大于上涨或者横盘时的单笔成交量。如果散户能够在这个时候识别出庄家在对敲建仓，就可以踏踏实实买一个地板价。

（2）拉升时利用对敲手法大幅度拉抬股价。庄家利用较大的手笔大量对敲，制造该股票被市场看好的假象，提升投资者的期望值，减少日后该股票在高位盘整时的抛盘压力。在这个时期，一般散户投资者往往有追不上股价的感觉，往往看准价格下了买单股价却飘起来了，不高报许多价位就几乎不能成交。这时候盘面特点表现为小手笔的买单往往不易成交，而单笔成交量明显放大并且比较有节奏。其实，如果投资者在这个时候果断一些，仍然会得到比较便宜的股票。

（3）采用大幅度对敲震仓的手法，使一些不够坚定的投资者出局。从盘口看，在盘中震荡时，高点和低点的成交量明显放大，这是庄家为了控制股价涨跌幅度而用相当大的对敲手笔控制股票价格造成的，见图 8-6。

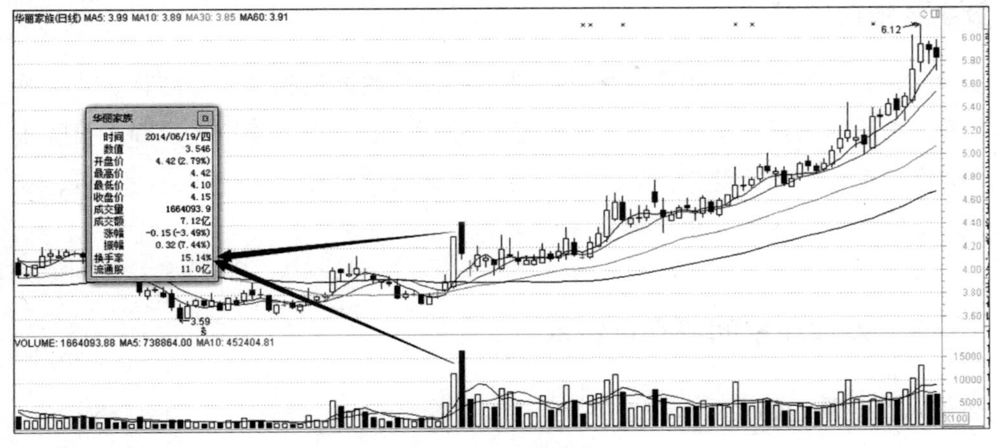

图 8-6　对敲震仓

（4）当经过高位的对敲震仓之后，某只股票的利好消息会及时以多种多样的方式传播，股评分析也都长线看好。股价再次以巨量上攻，其实这时候庄家已经开始出货了，如果散户投资者能够看到盘面上显示的数据，可能会发现这样一种现象——往往是盘面上出现卖二甚至卖三上成交的较大手笔，而投资者并没有看到卖二或者卖三上有大的卖单，而成交之后，原来买一或者买二甚至买三上的买单已经不见了，或者减小了。这往往是庄家运用比较微妙的时间差报单的方法为一些经验不足的投资者布下的陷阱，也就是投资者常听说的所谓“吃上家喂下家”，吃的往往是庄家事先挂好的卖单，而喂的往往是跟风的买家。

（5）庄家出货之后，股票价格下跌，许多跟风买进的中小散户已经被套牢，成交量明显萎缩。庄家会找机会用较大的手笔连续对敲拉抬股价（这时庄家不会像以前那样卖力了），较大的买卖盘总是突然出现又突然消失，因为庄家此时对敲拉抬的目的只是适当拉高股价，以便把手中最后的筹码也卖个好价钱。对散户而言，观察对敲盘需要耐心地长时间连续观察，结合大盘情况和个股价位以及消息面等情况综合分析。一旦学会了观察和把握对敲盘，就好像是掌握了庄家的脉搏。只要投资者有足够的耐心，就等着庄家来送钱吧。

跟庄秘籍

投资者识破庄家的骗招其实并不难，最简单的方法就是注重均价、均量的作用。当不同区间的均量、均价相距很近时，一般投资风险不大，如果投资者严格执行止损纪律，就万无一失了。当不同区间的均量、均价相距很远时，风险就增加了，投资者一定要倍加谨慎才是。

二、发现庄家的成交量骗术

1. 成交量的特点

成交量是研判行情最重要的因素之一，因为股市资金的运动才是股价变化的本质，成交量的分析异常重要。成交量的大小，可以衡量股票市场或个股交易的活跃程度，并由此观察和了解买卖双方庄家进入或退出市场的情况。有经验的股票投资者往往把整个市场或个股的成交量作为衡量和观察市场变动趋向的前提，并从中寻找庄家的动向，选择入市或退出市场的契机。在量价关系中，成交量是起主导作用的，而价格只是某个成交量区域的表现。在一个成交量区域内，股价上下浮动不大。当某个区域成交量开始逐步放大，股价随之上升时，表明股价将结束长期在此区域的运行，进入到另一个区域。深入研判成交量的变化，在什么区域怎样变化，以及相对应的股价变化规律，对研究股票的走势有至关重要的作用。股票的涨跌，成交量的变化，周而复始地按其自身的规律运行，股市谚语“先有量，后有价”即是这个道理。

2. 庄家的成交量骗术及其规避

庄家是如何在成交量方面设置陷阱的，中小投资者又应该怎样防备呢？

（1）中报或年报公布前，许多企业的业绩已经出来了，因此股价在中报或年报公布前会因消息的泄露而出现异常波动。业绩好的公司，其经营状况早就在各券商和大机构的调研之中，其经营业绩也早有可能被预测出来，因而庄家早就入驻其中，将股价做到了很高的位置盘整，等待利好公布出货。待消息公布时，投资者一致认同该股值得买入时，该股会在涨停板位置高开；然后，先期获得消息的庄家会将股票全部抛出，做一个漂亮的短线投机，后跟进的投资者则可能因利好效应用尽而被套。

（2）凡操盘必先收集筹码，庄家若收集筹码，在成交量上就会有反映。有的庄家静悄悄地借股价下挫或横盘的机会收集，这样收集所需时间较长，也较难被察觉。

（3）有些股票可能长时期在一个平台或一个箱形内盘整，但是，有一天个股在大盘放量下跌中纷纷翻绿，市场一片哀叹，而该股却逆市飘红放量上攻。这时候，许多散户会认为，该股敢逆势而为，一定是有潜在的利好待公布，或者有大量新资金入驻其中，于是大胆跟进。孰料该股往往只有一两天的行情，随后反而加速下跌，使许多在放量上攻那天跟进的散户被套牢。见图8–7。

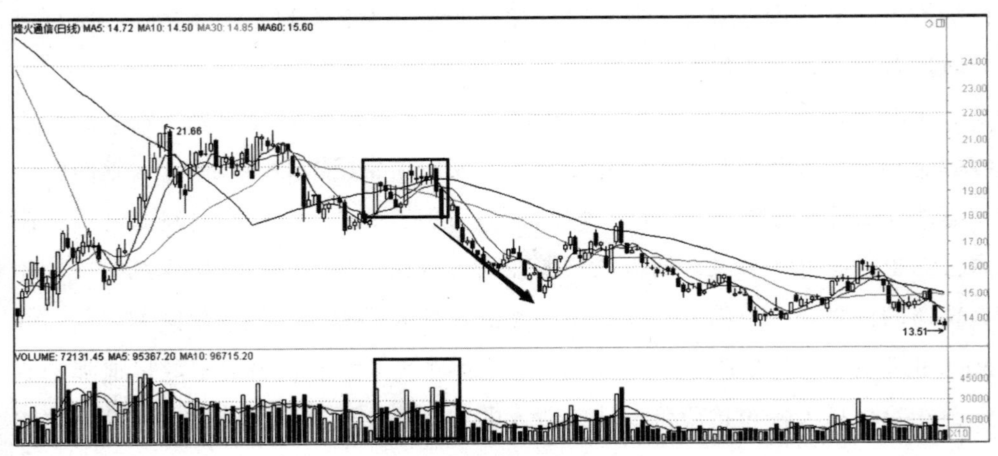

图 8–7　成交量假象

显然，该股庄家利用了投资者反向操作的心理，在大盘下跌时逆势而为，吸引市场广泛关注，然后在拉抬之中达到出货的目的。在这种情况下，庄家常常孤注一掷，拼死一搏，设下陷阱，而许多短线炒手正好也想孤注一掷，舍命追高，正好符合了庄家的心愿。这种陷阱很容易使那些颇有短线炒作实践经验的人上当受骗。

庄家在吸筹的时候成交量不要多大，散户投资者只要有耐心，在底部多盘整一段时间就行。而庄家要出货的时候，由于手中筹码太多，总得想方设法设置成交量陷阱。因此，散户投资者在研究量价关系时，应全面考察一只股票长时间的运行轨迹，了解它所处的价位和它的业绩之间的关系，摸清庄家的活动迹象及其规律，以避免在庄家放量出货时盲目跟进。

（4）吸纳筹码阶段与其后的推升阶段完成后，个股在此期间可能利空频出，股价进入拉高阶段。拉高阶段前的成交量与换手率，可以作为投资者判断庄家实力的重要依据。看盘时，投资者如发现长期调整的个股在缩量后成交日增，并有加速倾向，而换手率也累积到流通股本的 1/3 乃至 1/2 的数值时，这只个股就多半有拉升希望了。利空消息频出是庄家欲骗取便宜货的手腕。

散户投资者如能在庄家建仓时介入，自然是先知先觉者，但推升或拉高前介入亦不算迟。在这之前换手率的高低，则成为测量庄家大小与吸货期持仓量的标准。一般来说，吸货期越长，庄家持股量越大，但这与股本数量、市场所处阶段及行情是否火爆有关。

（5）庄股炒作的一条铁律是该股一定有大比例的送配消息。在大比例送红股、用公积金转送和配股消息公布前，庄股通常已被炒得很高了。这时候，稍有买卖股票经验的散户投资者都不会在高位买进。而股价大幅上升后，庄家拉抬也没有什么意义。所以股价要在高位企稳一段时间，等待送红股或公积金转送的消息。一旦消息公布，炒高了的股票大幅除权，使价位降到很低，如 30 元的股票，10 送 10 就只有 15 元了。这时候，庄家利用中小散户追涨的心理，在除权日大幅拉抬股价，造成巨大的成交量。道理和手法与上述两个陷阱设置时如出一辙。当散户幻想填权行情到来时，庄家却乘机大肆出货了。

（6）拉升期的成交量、换手率与大笔成交是帮助散户投资者确认个股有无庄家、是强势庄家资金还是弱势庄家资金的有力工具。特别是大笔成交，不管是否为庄家对敲，都是庄家“庐山真面目”的亮相。故此这个时期投资者要下工夫耐心收集这方面的数据，包括每日的平均每笔成交股数。但要注意的是，在拉升后期由于庄家已高度控盘，成交可能日趋萎缩，不要因此而轻率得出无庄家或庄家已离场的结论。这时候技术指标往往极度超买及多顶背离，但股价就是不跌。这正是强势庄家资金在场的标志。

跟庄秘籍

散户投资者要注意的是，只要高位不放量，就可以肯定庄家尚未功成身退。但在反复震荡形成顶部的情况下，要警惕庄家借多次冲顶分批出货完成规模派发的结局，信号是缩量下跌，再无护盘使者，而且反弹无量。

三、规避庄家的行情骗术

股票市场正是因为有庄家的炒作，才会有蓬勃的生机。随着股票市场的发展，庄家的炒作技巧也在变化，从而导致投资者追涨杀跌，结果自然是以庄家的全身而退告终。下面就揭秘股市中庄家的行情骗术以及规避方法。

1. 尾市突然拉高

庄家利用收市前几分钟用几笔大单放量拉升，刻意作出收市价。此现象在周五最为常见，庄家做出漂亮的图形，吸引股评免费推荐，周一开市，投资者大胆跟进，此类操盘手法证明庄家实力较弱、资金不充裕，通过尾市突然拉高，令投资者来不及作出反应从而容易被套。

2. 涨、跌停板骗术

庄家发力把股价拉到涨停板上，然后在涨停价上封几十万的买单，由于买单封得不大，于是短线投资者蜂拥而来，会有一两百的跟风盘，然后庄家把自己的买单逐步撤单，在涨停板上偷偷出货。当下面买盘渐少时，庄家又封上几十万的买单，再次吸引最后一批跟风盘追涨，然后又撤单，再次派发。因此，放巨量涨停十之八九是出货。有时早上一开盘有的股票以跌停板开盘，把所有集合竞价的买单都打掉，投资者看见有许多抄底盘出现，如果不是出货，股价会立刻复原，如果在跌停板上还能从容进货，就证明庄家量在用跌停出货。

3. 高位巨量假突破

超过 10%的换手率，股价处在高位，庄家获利颇丰，巨量是短线追涨盘以及庄家边拉边派发共同创造的。巨量说明筹码锁定程度不高，巨量是庄家为追涨者挖的坑。见图 8-8。

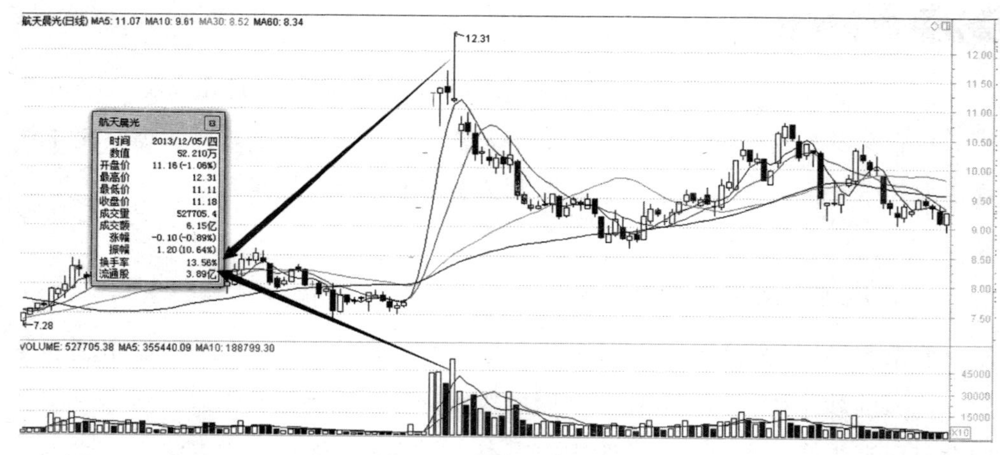

图 8-8　高位巨量假突破

4. 大买单和小卖单

委买单都是三位数大单，委卖单则是两位数小单，造成买盘踊跃的假象，吸引投资者进场扫货，庄家顺利派发。在实际操作中，庄家常常是虚虚实实、真真假假，手法瞬息多变。

5. 利用分析软件的弱点

有耐心的庄家每次只卖 2000 ~ 8000 股，根本不会超过 10000 股，所以有的软件分析系统不会把这种小单成交当作庄家出货，只看作散户的自由换手。两个操盘手在两部计算机上分别输入，按卖一上的委卖价买进 100 股，按买三的价格输入卖出 9900 股，然后同时下单，显示出来就是成交 10000 股，而且是按委卖单成交，分析系统会统计为主动性买盘。这时要分辨真假，就要盯紧均价线，若显示一主动性大笔买单，分时均线却往下掉，就证明这一笔是假买盘、真卖盘。

6. 大单打压出货

突然一笔大单把股价砸低 5%，瞬间股价复位，买进的投资者以为捡了便宜，没买到的急于得到，便在低位挂单守候，庄家果然再砸，而且更低，所有买盘一扫而光，投资者为买得低价股票高兴，庄家则为兑现获利筹码而开心。

跟庄秘籍

庄家通过大买单、小卖单对倒，尾盘拉升、高位巨量假突破、涨跌停板骗术误导散户，散户投资者的警惕性便随之降低。在利好消息的配合下，股评看好，散户跟进，就在股评和散户的双重帮助下，庄家把股票换成了钞票。投资者把钞票变成了股票。打铁还需自身硬，所有的骗术都有痕迹和破绽，只要提高技术水平，仔细研读盘面信息就能发现他们，从而规避陷阱，避免被套。

参考文献

[1] 曹明成，谭文 . 擒住大牛——一本书看透股市庄家［M］. 上海：立信会计出版社，2015.

[2] 康凯彬 . 跟庄实战技法（第 3 版）［M］. 北京：中国纺织出版社，2015.

[3] 纪垂海 . 庄家控盘核心 2: 进退有度［M］. 北京：中国经济出版社，2013.

[4] 邓睿 . 从零开始学跟庄：新手入门、洞察庄家、跟庄获利操作技巧之道［M］. 北京：机械工业出版社，2012.

[5] 程鹏 . 庄家心里操纵术：散户与庄家博弈的实战兵法［M］. 北京：新世界出版社，2011.

[6] 付刚 . 庄家动向一看就懂 .［M］北京：人民邮电出版社，2010.

[7] 林汶奎 . 庄家操盘全揭秘［M］. 上海：上海财经大学出版社，2010.

[8] 金浩 . 战胜庄家［M］. 合肥：黄山书社，2010.

[9] 付刚 . 看透庄家玄机 .［M］北京：人民邮电出版社，2009.

[10] 阿凡 . 短线攫金：一个操盘手的不败真言［M］. 北京：九州出版社，2007.

[11] 陈长远 . 散户斗庄［M］. 深圳：海天出版社，2001.

[12] 陈火金，文雪峰 . 散户实战中的制胜韬略 . 济南：山东人民出版社，2001.

[13] 高升 . 散户炒股利润最大化操典 . 北京：中国环境科学出版社，2001.

[14] 高升 . 新股民入市必备全书［M］. 北京：中国商业出版社，2007.

[15] 浩潮 . 炒股制胜绝招［M］. 北京：中国建材工业出版社，1999.

[16] 胡程帆，黄家坚 . 跟庄技巧 [M]. 延吉：延边人民出版社，1999.
[17] 季之著 . 谁不会炒股 [M]. 北京：中国经济出版社，2008.
[18] 李云编著 . 高手股经：炒股冠军自爆秘笈 [M]. 深圳：海天出版社，2008.
[19] 吕爱文 . 散户实战中的跟庄技巧 [M]. 济南：山东人民出版社，2007.
[20] 马经文 . 中国股民"散户兵法"[M]. 广州：广东经济出版社，1999.
[21] 祁建平 . 股道天心 [M]. 北京：经济管理出版社，2001.
[22] 善强 . 看透股市：中国股市运行分析 [M]. 北京：中国财政经济出版社，2009.
[23] 邵道明 . 庄家克星 [M]. 北京：经济管理出版社，2009.
[24] 沈正欣 . 股市实战中的雕虫小技 [M]. 上海：上海财经大学出版社，2001.
[25] 宋绪钦 . 套住庄家：散户跟庄高级技巧 [M]. 北京：东方出版社，2007.
[26] 天舒，李辉 . 与庄共赢：借助庄家操盘之力 [M]. 北京：企业管理出版社，2008.
[27] 王都发 . 涨停为王 . 北京：经济管理出版社，2004.
[28] 王丽敏，张文艺 . 心理卫生与健康 365 [M]. 呼和浩特：内蒙古科技出版社，2001.
[29] 夏时 . 涨升响起来沪深股市制胜买点 68. 北京：地震出版社，2000.
[30] 笑天 . 短线炒股入门：新股民快速获利必读 [M]. 北京：中国华侨出版社，2002.
[31] 笑天 . 看盘实战入门：新股民必备普及本 . 北京：中国华侨出版社，2001.
[32] 雄胡，潘浩云，胡明，等 . 股票小户投资宝典（上册）[M]. 北京：光明日报出版社，2006.
[33] 徐文峰 . 股市圣手操练计划：高级教程？实战操作技巧 [M]. 广州：广东经济出版社，2001.

[34] 徐文峰主编. 股市圣手操练计划：高级教程 – 实战操作技巧 [M]. 广州：广东旅游出版社，2007.

[35] 薛敦方. 个股阻击：短线游击战术精粹 [M]. 成都：四川人民出版社，2008.

[36] 杨新宇著. 股市博弈论 [M]. 西安：陕西师范大学出版社，2008.

[37] 一舟. 价量实战技术精要 [M]. 北京：地震出版社，2005.

[38] 尹宏. 赢在策略：股市生存的 17 种经典策略. 北京：经济管理出版社，2004.

[39] 张绍德，任珏，张宏群. 寻庄与跟庄 [M]. 广州：广东经济出版社，2000.

[40] 智富投资创作组. 把握先机：黑马捕捉实战指导 [M]. 北京：电子工业出版社，2001.

[41] 钟中. 智取庄家：识庄跟庄 [M]. 珠海：珠海出版社，2001.

[42] 陈火金，文雪峰，王玉娟编著. 怎样利用消息炒股 [M]. 北京：中华工商联合出版社，2007.

[43] 王都发著. 庄家兵法 [M]. 北京：经济管理出版社，2007.

[44] 刘超，周晓烨主编. 炒股必知必读：选股与跟庄 [M]. 北京：当代世界出版社，2008.

[45] 丰杰. 操盘揭秘：股票分时战法 [M]. 北京：中国科学技术出版社，2007.

[46] 志平. 龙头板块：强势股票特征 [M]. 北京：中国科学技术出版社，2007.

[47] 轻松选牛股：中国式选股策略 [M]. 上海：上海远东出版社，2006.

[48]（英）罗比 – 伯恩斯. 如何从股票交易中获利：顶尖操盘手如是说 [M]. 芝麻，译. 北京：地震出版社，2006.

[49] 建军. 股道：专业化股票交易者的投资胜经 [M]. 北京：经济管理出版社，2006.

[50] 家勋，周勤勇. 抢占先机——股票分时图谱 [M]. 北京：中国科学技术

出版社，2006.
[51]（美）乔治 – 安杰尔 . 短线狙击手［ M ］. 张翎，吴均，译 . 广州：广东经济出版社，2006.
[52] 尹宏 . 纵横股海：各行业股票投资策略与技巧［ M ］. 北京：经济管理出版社，2006.
[53] 赵鹏 . 决胜趋势：股票实战技术［ M ］. 北京：中国科学技术出版社，2006.
[54] 金益 . 股市赚钱秘笈：四类市场信息中蕴藏大牛股［ M ］. 上海：上海远东出版社，2006.
[55] 谷雨 . 股道八探：股票投资读本［ M ］. 北京：中国科学技术出版社，2005.
[56] 志龙 . 金波银浪：股票波段淘金［ M ］. 北京：中国科学技术出版社，2005.
[57] 小期 . 股票期货个人投机精要［ M ］. 北京：经济管理出版社，2005.
[58] 刘澜飚 . 股票价格：经济功能与货币政策反应［ M ］. 北京：人民出版社，2005.
[59] 刘建位 . 巴菲特股票投资策略［ M ］. 北京：机械工业出版社，2005.
[60] 黄久龙 . 大牛有形：股票技术分析［ M ］. 上海：上海远东出版社，2004.
[61] 金锰 . 绝地苍龙：股票价格底线［ M ］. 北京：中国科学技术出版社，2004.
[62] 张智翔，陈静 . 财富的可怕繁殖：彼得？林奇的股票投资艺术［ M ］. 北京：中国时代经济出版社，2004.
[63] 刘金平 . 股票投资心理研究［ M ］. 开封：河南大学出版社，2003.
[64]（美）哈瑞 – 多麦什 . 炒掉你的股票分析师［ M ］. 金马工作室，译 . 北京：清华大学出版社，2003.
[65] 金丹，王刚 . 股市百家实战技巧［ M ］. 北京：中国对外翻译出版公司，2000.

[66] 白青山 . 看赢家怎样炒股：68 位中国证券高手的智慧 [M]. 上海：华东师范大学出版社，2000.

[67] 汪良忠 . 探寻证券市场的理性（证券市场研究系列）[M]. 北京：经济科学出版社，2002.

[68] 陈纬武，柳斌 . 炒股技巧 [M]. 广州：广东教育出版社，2004.

[69] 袁鸿儒 . 炒股决胜 288 [M]. 广州：羊城晚报出版社，2000.

[70] 陶小敏 . K 线实战基础演练教程 [M]. 广州：广东经济出版社，2001.

[71] 刘超，周晓烨 . 炒股必知必读——轻松学炒股 [M]. 北京：当代世界出版社，2001.

[72] 罗振兴 . 跑赢大势（美国基金管理人的投资之道）[M]. 上海：上海人民出版社，2001.

[73] 林鸣，马士华 . 动态联盟：项目管理新模式 [M]. 北京：电子工业出版社，2003.

[74] 张浩等 . 炒股入门 300 问 [M]. 北京：中国国际广播出版社，2002.

[75] 黎航 . 股市实战技巧：捕捉黑马 [M]. 上海：上海科学技术文献出版社，1998.

[76] 刘德红 . 股票投资技术分析 [M]. 北京：经济管理出版社，2004.

[77] 韩金 . 最佳套利点 [M]. 北京：新华出版社，2001.

[78] 王真伟 . 踏波逐浪：中国股市操作策略分析 [M]. 成都：西南财经大学出版社，2001.

[79] 叶林，环仲，保豪 . 股票买卖技巧大全 [M]. 北京：中国经济出版社，1993.

[80] 周鹏安 . 炒股赚钱没几招 [M]. 北京：金城出版社，2001.

[81]（美）辛希尔，瓦格纳 . 长线短炒：从股票的短期投资中取得长期收益 [M]. 关璐，牛波，译 . 北京：中国三峡出版社，2001.

[82] 虞群娥 . 证券投资理论与实务 [M]. 北京：清华大学出版社，2004.

[83] 奚华 . 乘胜追击——寻找能飙升的股票 [M]. 北京：中国商业出版社，2001.

[84] 余杰.发现黑马：基本分析选股指南[M].郑州：河南人民出版社，2000.
[85] 王学武.股票操作基本技巧终结版：选股与选时[M].广州：广东经济出版社，2001.
[86] 黎航.股市操练大全第一册[M].上海：上海三联书店，1999.
[87] 黎航.股市操练大全第二册[M].上海：上海三联书店，2002.
[88] 黎航.股市操练大全第三册[M].上海：上海三联书店，2006.
[89] 陈明贤，董岭.股怎么炒（入门篇）[M].广州：广东经济出版社，2002.
[90] 陶暐拟.慧眼识股——成功选股法则[M].北京：首都经济贸易大学出版社，2002.
[91] 涂人猛，曾健民.现代家庭投资热线——股海淘金[M].武汉：湖北人民出版社，2001.
[92] 尹宏.慧眼识金：精确捕捉黑马的108招[M].北京：经济管理出版社，2005.
[93] 李明义.经商手册（增订版）[M].北京：东方出版社，1997.
[94] 杨基鸿.掌握股市[M].广州：广东经济出版社，1998.
[95] 闻枫，林朝龙.看图炒股[M].广州：广东经济出版社，2000.
[96] 彭砚苹.我能你也能：股市赢家炒股实战宝典（修订第二版）[M].北京：首都经济贸易大学出版社，2004.
[97] 张浩.选股入门100问[M].西安：陕西旅游出版社，2001.
[98] 王学武.选股与选时[M].广州：广东经济出版社，2001.
[99] 张浩.选时专家：选股不如选时[M].北京：光明日报出版社，2001.
[100] 尹宏.赢在策略：股市生存的17种经典策略[M].北京：经济管理出版社，2005.
[101] 天舒，厦艳.预测大势——抢抓股价变化中的机遇[M].北京：企业管理出版社，2000.
[102] 王墨春，徐烈淦，赫守俭.中国证券市场大全[M].东北工学院，

1993.

[103] 笑天．炒作技巧入门：新股民必备提高本 [M]．北京：中国华侨出版社，2001.

[104] 笑天．短线炒股入门 [M]．北京：中国华侨出版社，2002.

[105] 蔡建文．散户赔钱错在哪 [M]．太原：山西经济出版社，2004.

[106] 张昀，徐自亮，刘荣，等．轻松掌握电脑炒股 [M]．北京：清华大学出版社，2007.

[107] 盘子，小娄．短兵相接——决胜超级短线 [M]．北京：中国科学技术出版社，2006.

[108] 阿凡．短线攫金：一个操盘手的不败真言 [M]．北京：九州出版社，2000.

[109] 郑振龙，方建兴．高手过招 [M]．北京：中国发展出版社，2001.

[110] 李波．狗眼看世界 [M]．重庆：重庆出版社，2005.

[111] 胡萍秋，黄春英．股市实战手筋 [M]．上海：上海辞书出版社，2003.

[112] 王学武．股市制胜技法 [M]．深圳：海天出版社，2001.

[113] 牧野．每天赚 5%：散户赚钱绝招 [M]．成都：四川人民出版社，2000.

[114] 邓建富．索罗斯赚钱术 100 [M]．广州：广东旅游出版社，2001.

[115] 章吉．选时专家 [M]．北京：光明日报出版社，2001.

[116] 杨基鸿．掌握股市 [M]．广州：广东经济出版社，1998.

[117] 山海．这样选股一定大赚 [M]．北京：中国经济出版社，2006.

[118] 金稻．众里寻他：发现黑马 8 法 [M]．上海：上海远东出版社，2000.

[119] 徐克非，王嵩．庄股时代：散户投资策略 [M]．贵州：贵州人民出版社，2000.

[120] 陈火金、文雪峰编著．散户与庄家怎样双赢 [M]．北京：中国经济出版社，2009.